1921-2021
厦门大学
XIAMEN UNIVERSITY

厦门大学百年校庆系列出版物

百年学术论著选刊

国际私法

徐砥平　著

厦门大学出版社
XIAMEN UNIVERSITY PRESS
国家一级出版社
全国百佳图书出版单位

图书在版编目(CIP)数据

国际私法/徐砥平著.—厦门:厦门大学出版社,2021.3
(百年学术论著选刊)
ISBN 978-7-5615-3518-9

Ⅰ.①国… Ⅱ.①徐… Ⅲ.①国际私法—研究 Ⅳ.①D997

中国版本图书馆CIP数据核字(2020)第270038号

出 版 人 郑文礼
责任编辑 薛鹏志 林 灿
美术编辑 蒋卓群
技术编辑 朱 楷

出版发行 厦门大学出版社
社 址 厦门市软件园二期望海路39号
邮政编码 361008
总 机 0592-2181111 0592-2181406(传真)
营销中心 0592-2184458 0592-2181365
网 址 http://www.xmupress.com
邮 箱 xmup@xmupress.com
印 刷 厦门兴立通印刷设计有限公司

开本 720 mm×1 000 mm 1/16
印张 34.5
插页 3
版次 2021年3月第1版
印次 2021年3月第1次印刷
定价 138.00元

厦门大学出版社
微信二维码

厦门大学出版社
微博二维码

总序

厦门大学
党委书记 张彦
校长 张荣

二〇二一年四月六日，厦门大学百年华诞。百载风雨，十秩辉煌，这是厦门大学发展的里程碑，继往开来的新起点。全校师生员工和海内外校友满怀深情地期盼这一荣耀时刻的到来。

为迎接百年校庆，学校在三年前就启动了『百年校庆系列出版工程』的筹备工作，专门成立『厦门大学百年校庆系列出版物编委会』，加强领导，统一部署。各院系、部门通力合作，众多专家学者和相关单位的工作人员全身心地参与到这项工作之中。同志们满怀高度的责任感和紧迫感，以『提升质量，确保进度，打造精品』为目标，争分夺秒，全力以赴，使这项出版工程得以快速顺利地进行。在这个重要的历史时刻，总结厦大百年奋斗历史，阐扬百年厦大『四种精神』，抒写厦大为伟大祖国所做出的突出贡献，激发厦大人的自豪感和使命感，无疑是献给百岁厦大最好的生日礼物。

『百年校庆系列出版工程』包括组织编撰百年校史、百年组织机构史、百年院系史、百年精神文化、百年学术论著选刊、校史资料与学生名录……有多个系列近一百五十种图书将与广大读者见面。从图书规模、涉及领域、参编人员等角度看，此项出版工程极为浩大。这些出版物的问世，将为学校留下大量珍贵的历史资料，为学校深入开展校史教育提供丰富生动的素材，也将为弘扬厦门大学『自强不息，止于至善』校训精神注入时代的新鲜血液，帮助人们透过『中国最美大学校园』的山海空间和历史回响，更加清晰地理解厦门大学在中国发展进程中发挥的独特作用、扮演的重要角色，领略『南方之强』的文化与精神魅力。

百年校庆系列出版物将多方呈现百年厦大的精彩历史画卷。这些凝聚全校师生员工心血的出版物，让我们感受到厦大人弦歌不辍的精神风貌。图文并茂的《厦门大学百年校史》，穿越历史长廊，带领我们聆听厦大不平凡百年岁月的历史足音。《为吾国放一异彩——厦门大学与伟大祖国》浓墨重彩地记述厦门大学与全国三十四个省级行政区以及福建省九市一区一县血浓于水的校地情缘，从中可以读出厦门大学在中华民族伟大复兴征程中留下的深深烙印。参与面最广的『厦门大学百年院系史系列』、《厦门大学百年组织机构史》，共有三十多个学院和直属单位参与编写，通过对厦门大学各学院和组织机构发展脉络、演变轨迹的细致梳理，深入介绍厦门大学的党建工作、学科建设、人才培养、组织管理、社会服务等方面的发展历程，展示办学成就，彰显办学特色。《厦门大学校史资料（一九九二—二〇一七年）》和《厦门大学学生名录（二〇一〇—二〇一九年）》，连同已经出版的同类史料，将较完整、翔实地展现学校发展轨迹，记录下每位厦大学子的荣耀。『厦门大学百年精神文化系列』涵盖人物传记和校园风采两大主题，其中《陈嘉庚传》在搜集大量史料的基础上，以时代精神和崭新视角，生动展现了校主陈嘉庚先生的丰功伟绩。此次推出《林文庆传》《萨本栋传》《汪德耀传》《王亚南传》四部厦门大学老校长传记，是对他们为厦大发展所做出了突出贡献的深切缅怀。厦大校友、红军会计制度创始人、中国共产党金融事业奠基人之一高捷成的传记《我的祖父高捷成》，则是首次全面地介绍这位为中国人民解放事业做出杰出贡献的烈士的事迹。新版《陈景润传》，把这位『最美奋斗者』『感动中国人物』、令厦大人骄傲的杰出校友、世界著名数学家不平凡的人生再次展现在我们眼前。抒写校园风采的《厦门大学百年建筑》、《厦门大学餐饮百年》、《建南大舞台》、《芙蓉园里尽芳菲》、《我的厦大老师》（百年华诞纪念专辑）、《创新创业厦大人二》、《志愿之光》、《让建南钟声传响大山深处》、《我的厦大范儿》以及潘维廉的《我在厦大三十年》等，都从不同的角度，引领我们去品读厦门大学的真正内涵，感受厦门大学浓郁的人文精神和科学精神。

此次出版的『厦门大学百年学术论著选刊』，由专家学者精选，重刊一批厦大已故著名学者在校工作期间完成的、具有重要价值的学术论著（包括讲义、未刊印的论著稿本等），目的在于反映和宣传厦门大学百年来的学术成就和贡献，挖掘百年来厦门大学丰厚的历史积淀和传统资源，展示厦门大学的学术底蕴，重建『厦大学派』，为学校『双一流』建设提供学术传统的支撑。学校将把这项工作列入长期规划，在白年校庆时出版第一辑共四十种，今后还将陆续出版。

『自强！自强！学海何洋洋！』一百年前，陈嘉庚先生于民族危难之际，抱着『教育为立国之本，兴学乃国民天职』的信念，创办了厦门大学这所中国历史上第一所由华侨独资建设的大学。一百年来，厦大人秉承『研究高深学术，养成专门人才，阐扬世界文化』的办学宗旨，在实现中华民族伟大复兴的征程上书写自己的精彩篇章。我们相信，当百年校庆的欢庆浪潮归于平静时，这些出版物将会是一串串熠熠生辉的耀眼珍珠，成为记录厦门大学百年奋斗之旅的永恒坐标，成为流淌在人们心中的美好记忆，并将不断激励我们不忘初心继承传统，牢记使命乘风破浪，向着中国特色世界一流大学目标奋勇前行！

张彦　张荣

二〇二〇年十二月

『厦门大学百年学术论著选刊』编纂说明

为反映和宣传厦门大学百年来的学术成就和贡献，挖掘厦大学术丰厚的历史积淀和传统资源，为学校『双一流』建设提供学术传统的支撑，『厦门大学百年校庆系列出版物』丛书下设『百年学术论著选刊』系列，以精选、重刊一批我校学者在校期间撰著的、具有重要价值的学术论著。

为此，学校设立『百年学术论著选刊』编纂组，在以校党委书记张彦、校长张荣为主任的『厦门大学百年校庆系列出版物』编委会指导下具体负责这项工作。编纂组组长：洪峻峰；成员：朱水涌、钞晓鸿、高和荣、蒋东明、石慧霞。

鉴于学校将把收集、整理和重刊我校学术论著列入长期规划，今后分辑继续此项工作，『百年学术论著选刊』系列划定选稿范围，内容为百年来在我校工作过的已故学者在校期间撰写或出版的论著，时间以『文革』之前刊印或完成（稿本）为限；确定刊印形式，为原书、原稿影印出版。编纂组于二〇一九年三月向全校各学院、研究院征集选题，同时利用图书馆及图书数据库检索渠道搜索相关文献、查找合适选题。论著的遴选侧重名家名著，同时关注民国时期稀见版本和未刊稿本，包括未曾正式出版的油印本教材。

经学院推荐、文献检索和专家筛选，学校『百年校庆系列出版物』编委会确定了四十种入选论著。我们随即展开对论著影印底本的选择和寻访，工作得到了有关图书馆、藏书家的支持和帮助。同时，约请我校各学科相关专业的专家学者分别为各书撰写出版前言，介绍作者生平学术和论著内容价值，揭示其学术史意义及在我校的学术传承。各书前言还将汇编成集，同时出版。

论著选刊工作得到了原著作者的亲属、弟子多方面的支持。部分作品的著作权尚在保护期内，我们也征得其继承人的支持并签约；个别作品无法联系到著作权继承人，我们将公布联系方式，敬请他们与出版社联系。

本系列丛书从启动到编成历时两年整。在编纂过程中，学校图书馆、社科处和出版社作为这项工作的协作单位，分别承担了大量的繁杂事务；编纂组秘书黄援生、林灿，以及朱圣明、刘心舜和校图书馆古籍特藏与修复部有关人员，做了许多具体工作。

『厦门大学百年学术论著选刊』的编纂，是对我校百年来学术文献资源的一次大规模的搜集、梳理和开发。厦大的学术底蕴和文献资源极为丰厚，第一次选刊难免挂一漏万。经过这次编纂工作的探索，学校今后的分辑整理出版规划将会更加完善。

厦门大学百年学术论著选刊　编纂组

二〇二〇年十二月

厦门大学百年学术论著选刊（四十种）

《中国文学变迁史略》 刘贞晦 著

《教育学原理》 孙贵定 编

《中国古代法理学》 王振先 著

《石遗室诗话》 陈衍 著

《历史哲学》 朱谦之 著

The Development, Significance and Some Limitations of Hegel's Ethical Teaching（《黑格尔的伦理学说》） 张颐 著

《汉文学史纲要》 鲁迅 著

《马哥孛罗游记》 张星烺 译

《闽南游记》 陈万里 著

《厦门音系》 罗常培 著

《教育概论》 庄泽宣 著

《艺术家的难关》 邓以蛰 著

The Li Sao: An Elegy on Encountering Sorrows（《离骚》） 林文庆 译

《老子古微》 缪篆 著

《教育与学校行政原理》 杜佐周 著

《教育社会学》 雷通群 著

《国际私法》 徐砥平 著

《地理学》 王成组 著

《货币银行原理》 陈振骅 著

《文化人类学》 林惠祥 著

《教育之科学研究法》 钟鲁斋 著

《厦门大学文学院文化陈列所所藏中国明器图谱》 郑德坤 编著
《因明学》 虞愚 著
《实用微积分》 萨本栋、郑曾同、杨龙生 编著
《大学普通化学讲义》 傅鹰 著
《中国文学史》 林庚 著
《史学方法实习题汇》 谷霁光 编
《语言学概要》 周辨明、黄典诚 译著
《英美法原理》 [美]阿瑟·古恩 著，陈朝璧 译述
《中国官僚政治研究》 王亚南 著
《西洋经济思想》 郭大力 著
《古音学说述略》 余謇 著
《明清农村社会经济》 傅衣凌 著
《隋唐五代史纲》 韩国磐 著
《会计基础知识》 葛家澍 主编
《文昌鱼》 金德祥 著
《泛函分析》 李文清 著
《胚胎学讲义》 叶毓芬及山东大学胚胎学教研组、汪德耀 编
《浮游生物学概论》 郑重 著
《海水分析化学》 陈国珍 主编

前言

于飞

徐砥平（一九〇二—一九七九），又名徐之冰，江苏南通人。上海震旦大学毕业，后留学法国，获格勒诺布尔—阿尔卑斯大学法学博士学位。回国后曾任上海法政大学、法科大学、东吴大学法律学院教授。①

一九二九年秋，徐砥平受聘为厦门大学法科正教授并兼任法律系主任，一九三一年秋离开厦门大学。之后，历任国民政府立法院外交委员会秘书，上海法政学院、上海法商学院教授等职。抗战胜利后，任上海高等法院筹备处专员，后担任上海监狱（提篮桥监狱）代理典狱长。一九四六年一月，受聘为暨南大学教授。上海解放后，在上海中华工商专科学校、上海外国语学院任教。一九五七年被错划为『右派』，一九七九年获得平反。②

徐砥平著有《国际私法》一书。另有译著《国际航空公法（平时）》（Joseph Kroell 著，上海法学编译社一九三五年出版）、《公法的变迁》（Léon Duguit 著，商务印书馆一九三三年出版）、《拿破仑法典以来私法的普通变迁》（Léon Duguit 著，上海会文堂新记书局一九三七年出版）等。发表论文《国际公法上之引渡》（《法学季刊》第四卷第二期，一九二九年二月）、《保证有限公司论略》（《建国月刊》第四卷第三期，一九三一年一月）、

《国家责任论》（《建国月刊》第五卷第一期，一九三一年五月）、《两大法系之进展与特质》（《中华法学杂志》第二卷第八号，一九三一年八月）、《六十年来之国际私法》（《申报月刊》第一卷第一期，一九三二年七月），等等。

二

在中国，唐朝就有了历史上最早的冲突规范，也可谓之冲突规范的萌芽。公元六五一年唐《永徽律》第一编『名例章』规定：『诸化外人，同类自相犯者，各依本俗法；异类相犯者，以法律论。』《唐律疏议》解释为：『化外人，谓蕃夷之国别立君长者，各有风俗，制法不同。其有同类自相犯者，须问本国之制，依其俗法断之。异类相犯者，若高丽与百济相犯之类，皆以国家法律论定刑名。』如学者所言：『唐律此条，依疏议所释律义，与近世国际私法之意义，及其前提要件，多相暗合。所谓「各依本俗法」者，即今之所称属人法；所谓「以法律论者」，即今之所称属地法。』[3]然而，直到晚清从西方输入国际私法理论与学说之前，中国古代并没产生过真正的国际私法学说。中国国际私法学的产生和发展，是西方国际私法引入的直接结果。十九世纪末期，中国出现了第一部系统的国际私法译著——《各国交涉便法论》，西方国际私法学从此逐渐被介绍到中国。在西方，国际私法几乎是与国际公法同时诞生的。古代罗马的万民法中，私法甚至发达得比公法要更早一些，而对于一向忽视国民个人权利和利益的中国来说，国际私法则是一个新鲜事物。[4]国际私法此时的传入，其背景是作为晚清当局与外国交涉之用，所以时称『交涉便法』[5]。尽管中国对国际私法的认识是从西方开始，但在二十世纪初至三十年代前，对中国国际私法产生直接影响的却是日本。留日学生大量翻译并出版发行日本国际私法著作或讲义，中国学者的国际私法著作则鲜见面世。这种状况从二十世纪三十年代开始产生变化。一批留学于国际私法学发达的欧美地区的学者，研究探讨西方国际私法的理论，跟踪介绍国际上国际私法的立法动态，针砭分析中国国际私法的立法及相关实践问题，在一定程度上改变了中国国际私法的早期研究态势与风气。民国时期出版的国际私法著作大概有二十余种，⑥其中就包括徐砥平著《国际私法》。

三

徐砥平著《国际私法》由上海民智书局于一九三二年初版，一九四三年再版。著作扉页自署『法国国立格诺勃尔大学法学博士、厦门大学法律系主任』，且在『弁言』中言明其出版背景：『本书系前在厦门大学讲学时之原稿，旋以事未果再往任教，而本稿亦遂中止整理，一月二十八日日寇侵沪，交通断绝，作者适旅居沪渎，不能他往，因于枪炮声中，将本稿重加增改，以成是篇。』表明虽著作付梓时作者已离校，但该书与厦门大学的渊源关系深厚，也反映当时出版的这类著作的共同点，即基本上是各位编著者根据各自在高校讲授国际私法的讲稿修改而成的。⑦

《国际私法》分绪论、总论、各论三编。另附录法律适用条例、海牙协约⑧、中西文名词对照表。

第一编绪论共八章。

第一章『国际私法之意义』。本章阐述了国际私法的产生、存在的条件、定义及名称等。作者通过一例损害赔偿之诉说明，国际私法因解决三个问题而产生，即何地或何国法院对该案有管辖权；确定法院管辖权后，应依何国法律审判；法院依适当法律做出判决后，其效力如何。由国际私法产生的情形，可以推断国际私法存在的条件：内外国人之交通、外国人之权利保护、法律制度之并存、各国法律制度内容之不同、内外国法律之并用。因此，『所谓国际私法者，以研究如何解决某种法律问题，以与数种并峙之法律制度有关，因而同时有数国法院均可管辖，数国法律均可适用时，究竟由何国法院管辖，应依何国法律裁判，并如何在审判法院以外之他国，发生判决效力之学科也』。

第二章『国际私法之性质』。国际私法的性质，主要指国际私法是国际法还是国内法；国际私法是公法还是私法；国际私法是实体法还是程序法。对于这些问题，国际上一直存在争论。本章阐析了不同学者的观点，作者认为，『国际私法一方与国内法有若干相同之点，但非纯粹一体；他方与国际法亦不无密切关系……。以实际言，国际私法为规定管辖法院与适用法律之准则，系国内法之特殊部分』；『国际私法既非纯粹之私法，亦非纯粹之公法，将其特质与真相明悉后，则名之谓超然法可，称之谓另成一格之法律亦无不可』。而且，『国际私法之功用，不合规定权利义务之实质条件，其非实质法，殊无疑义。……从表面视之，似系手续法，但一究其真相，殊觉不类。……国际私法亦非手续法。且以其旨在决定应适用何国法律，故人称之谓规定准据法之法律』。此外，本章还论及国际私法与比较法的关系，认为二者关系密切，但目的不同，『不可径视之为一物耳』。

第三章『国际私法之范围』。对于国际私法的研究范围，学者主张纷杂，迄无标准。法国学者皮勒（Pillet）等认为国际私法的范围包括国籍、外国人之地位、法律之抵触。本章在介绍皮勒等学者的观点后认为，国际私法的范围在于研究如何解决法律抵触，因为『国籍与外国人之地位两问题，既与决定管辖法院，与选择适用法律无关，自与严格之国际私法彼此无涉，而不属其范围。法律之抵触问题则不然，为国际私法所应研究之唯一问题，学者如戴西[9]，司多理[10]等视之为国际私法的替身，而以之名其所著，其重要自可想见』。

第四章『国际私法之根据』。此国际私法之根据指适用外国法的根据。本章主要介绍了三种学说：『义务说』、『礼让说』与『实利说』。义务说为大陆法系学者所主张。主要观点为，根据国际私法的规定适用外国法是法官的义务，法官不可任意取舍。国际私法的性质为国际法，法律抵触具有国际性，实乃国家主权之抵触，适用外国法律，应以相互尊重主权的义务为根据。礼让说创自荷比学派，为英美学者所采从。认为根据国际私法规定适用外国法非法律上的义务，而是对外国法的礼让。实利说则『以实际利益为本，意谓法律关系之决定，以平正利顺为主，涉外国法律关系之解决，苟利于实际，适用内国法律可，适用外国法律亦何尝不可』。故此派主张，纯以实际利益为国际私法之根据。莱纳（Lainé）、力诺尔脱（Renault）等均持这种主张，戴西在其著作中也认为『适用外国法律，乃出于不得已，舍此以外，无论对于本国或外国之当事者，俱不能有适当公正之办法』。

第五章『国际私法之研究方法』。本章认为，国际私法的研究方法，依戴西的观察，可分为理论的研究方法与实验的研究方法，前者为『大陆派』的研究方法，后者为『英美派』的研究方法。进而分别对大陆法系及英美法系的研究方法加以阐析，并总结了两种方法的优点与不足。大陆法系的研究方法能将各国国际私法的共同原则归纳成章，直接可作为各国的准则加以适用，间接也有促进国际私法渐趋统一的功效；『且以理智，平正，适应为主旨，不为因袭惯例所拘束，实为大陆派之优点。但仅凭理论，不务事实，亦难免美中不足之歉』。英美法系的研究方法『以实验为主，由成文的法规判例内，研求国际私法之原则……。且国际私法为国内法，故仅须于本国法规判例内探讨之』。『论其优点，则实事求是，不尚空谈，可免原则与实际互相背谬不通之弊；然专就本国之成文法例，从事研究，既不将各国共通原则与相似规定彼此比较，籍图改进，复置学者主义理论于不顾，而无从互相启发，是亦美中不足之缺点也』。所以，两大法系的研究方法，『各有所长，互有所短，取此舍彼，既非所宜，则惟有并用理论实验，而兼收其利』。

第六章『国际私法之渊源』。本章略述国际私法的六种渊源：法律、习惯、判例、条约、学说、条理。

第七章『国际私法之现状与趋势』。本章内容之一为国际私法的现状。『由国际私法之现状观之，则国际私法非各国共同遵守之法律，乃各国各自具有之特别国际私法』，因而同一法律抵触或冲突问题，因各国国际私法不同，导致法律适用的结果也不同。解决该问题的方法，一是统一各国民商实体法，但这种方法难度大；二是统一各国解决法律抵触问题的规定，『简言之，无非使今日各国牺牲其特别自有之国际私法，而另立各国共守之国际私法，以为替代』，从而维护国际间私人法律关系的稳定。尽管实现国际私法的统一有难度，但是，统一国际私法的努力未尝稍懈。本章内容之二为国际私法的趋势。这部分从『初时各国政府之尝试』『私人方面之努力』『最近各国政府之努力』『欧洲大战与国际私法』四个方面，对政府（如一八六七年由意大利动议与德法比各国的谈判、一八九二年由荷兰政府建议遂于一八九三年及随后数次在海牙召开的国际私法会议、美洲诸国召开的四次国际私法会议）、有关非官方研究团体［如一八七三年成立于比国刚特（Gand）[11]，其目的旨在研究国际私法之共同原则的国际公私法社（Institut de Droit international Public et Privé）〕为统一国际私法所作的努力及成果进行了概括介绍。

第八章『法律抵触之各国立法概况』。本章首先概括各国解决法律抵触的立法的共同点：关于警察与公共治安的法律，适用于在一国领土内的一切人，包括外国人；关于不动产的法律，虽其所有人为外国人也适用之。此为《法国民法典》第三条第一款、第二款所规定，且为世界各国立法所通用。⑫至于身份能力的法律抵触，法律规定与学说意见相差甚殊，争论亦烈。然后，将各国国际私法立法分为英美派、法比派、德瑞派及新兴诸国之立法加以介绍。英美派包括英美两国及佛尼苏拉（Vénézuela）⑬。『英美立法，主张法律为域内性质（Territorialite）最力』，较之大陆立法殊甚落后。法比派『明示或默示以属人法为原则，但与本国之公共利益相关者，适用域内法，藉为限制』。该派除法比两国外，还包括巴西、西班牙、意大利、荷兰、葡萄牙、罗马尼亚等。德瑞派『各国之立法，对于个人身份能力，虽以适用属人法为原则；但其情形，对于本国人，或住居其地者，有何不利益时，主适用域内法，藉以保护』。该派包括德国、奥地利、瑞士、日本等。新兴诸国的立法主要指波兰和苏俄立法。本章介绍了一九二六年的波兰国际私法立法，并特别对苏俄国际私法进行论述，认为苏俄解决法律抵触概以适用苏俄法律为优先；公共秩序的适用范围广泛；对于反致虽无明文规定，但会采用反致办法借以适用苏俄法律。

第二编总论共六章。

第一章『法律抵触』。本章论述了法律抵触的意义，并借用法国学者莱纳的观点：『法律抵触者，法官对于由某种情形所发生之同一法律关系，同时有数国相反或不相容之法律，均应适用之情形也。』法律抵触的种类包括：国际间之法律抵触、各省与各邦间之法律抵触、割让地与受让国之法律抵触、宗主国与殖民地间之法律抵触、立法上之法律抵触、司法上之法律抵触。对法律抵触的研究范围，包括立法与司法上的抵触，以及其他不论何种抵触均应包括在内。

第二章『外国法之适用』。本章包括外国法的性质、外国法的证明、外国法的解释及适用外国法错误的上诉问题。关于外国法的性质，英美学者采『事实说』，意法学者主张『法律说』，德国学者主张『内国法之一部说』。作者分析认为前两种学说均有不妥，第三种学说立说巧妙，既不认外国法为事实，又不视其为法律，『而谓系内国法之一部，惜与理论实际均难解释圆满为憾』。作者的观点是，为达到国际私法的使法律问题得到最公平与便利解决的目的，视外国法为事实、法律或内国法的一部分均可，应以事实上的需要为主，而不必拘泥于『空论之短长也』。与对外国法性质的不同认识相适应，外国法的证明方法也有不同。对外国法的解释，多数学者主张以该法律所属『本国之解释为准』。外国法的错误适用包括应适用外国法而仍适用了本国法、误解外国法或误引条文等，对这些错误，作者认为皆可上诉。

第三章『解决法律抵触之前后各派学说』。本章比较详细地介绍了各派学说及其代表人物。分为『法则学派』，包括法兰西学派、荷兰学派、新法兰西学派，尤其强调新法兰西学派学说对于国际私法的影响，表现在《法国民法典》第三条各项条文『为近代国际私法之基本原则』，标志着『确定纯正国际私法之成立』，『本国法主义之发生』等；『英美学派』；『德意志学派』；『新意大利学派』；『齐峇（Jitta）之学说』；『塞脱尔孟（Zitelmann）之学说』；『皮勒之学说』等。

第四章『适用外国法律之限制』[14]。本章认为，各国虽有国际私法规定，但外国法的适用往往被限制，原因有五：解决法律抵触的规定各国不同，而纯为内国性质之规定；法律制度的性质不同，因而不能获真正之解决；反致条文的规定，间接推翻外国法之适用；公共秩序的观念不同，因而阻却外国法之适用；法律的僭窃，因而推翻外国法之适用。本章因之着重探讨法律抵触规定之内国性，即各国各有其解决法律抵触的办法：

法律品质说（Theorie de Qualification）[15]，即『某种法律制度在法律上具有如何品质之谓也。法律制度之品质与法律抵触问题，有密切关系，盖于解决法律抵触而须适用法律时，应先知关系问题之品质，否则无从着手也』。决定法律问题之品质，『则以诉讼问题之管辖法院的所属国法律为准』。

反致说（Theorie de Renvoi）。作者认为反致说为国际私法上争论最烈，地位最重要的一个问题。其情形为，对于某种法律关系，依某国国际私法之规定，应适用另一国法律时，该另一国法律是指其纯粹内国法而言，还是也包括其法律抵触的规定，如系指前者则无反致可言，如系指后者则反致问题因是而生，并应以该另一国的国际私法所指定的法律为审判之根据。反致分一等反致、二等反致两种。反致说在学理上的讨论主要围绕『外国法律不可分说』、『不可违背外国法律之意愿说』、『统一判决效力说』及『以属人法为准许反致之范围说』等，作者逐一对这些理由进行反驳，认为『反致学说，不问其为一等或二等反致，均非解决法律抵触之正道且足以摇动国际私法之根本』。

公共秩序（L'ordre Public）。作者认为相比各国国际私法的不统一，公共秩序对阻碍国际私法的发展影响更大。『所谓公共秩序者，为关于社会公益与国家组织上之秩序；而公共秩序之法律云者，乃各国立法在国际私法内，明文规定于适用外国法律时，应绝对遵守之例外，而为文明社会之善良组织的必要规定也』。关于公共秩序的范围，区分沙维尼（Savigny）派、意大利派以及皮勒之主张各有不同。公共秩序的效力从『公共秩序对于现在关系国之效力』与『公共秩序对于第三国之效力』两方面分别论述。前者包括消极效力，即本应适用的外国法律因与本国公共秩序相抵触而不予适用；积极效力，即以公共秩序为理由而适用内国法律。后者视是否有碍该第三国的公共秩序为断。

僭窃法律（Fraud a la loi）⑯。『僭窃法律云者，以取巧方法，避免本国法律之适用，藉图取得其本国法律所不准许的保护或利益之谓也』。僭窃法律的条件包括『须有僭窃法律之故意』『须得僭窃法律之利益』『须管辖法院之法律亦有僭窃法律之规定』『须所欲僭窃者即为管辖法院之法律』。僭窃法律成立后，由僭窃法律所成之行为归于无效。

第五章『适用外国法律之范围』⑰。本章所研究的问题有二：一为已得权利（Droits acquis）原则；二为法律不溯及既往问题。作者认为，法律抵触根据其发生时间的不同，可分为纯粹抵触问题与已得权利问题。探讨该问题的意义在于，『纯粹法律抵触之规定，尚不足以解决国际间立法不同之困难，非有已得权利之原则，则国际间之互市必不可能，而常处于飘摇无定之状态中，故须有已得权利之原则以维持之，而适用外国法律之范围，方有一定标准』。已得权利存在的条件为：依原来国家法律正式有效取得的权利；取得该已得权利所依据的法律，为现在主张已得权利所在国家的国际私法认为有管辖权利的法律。已得权利的效力表现在三个方面：已得权利的效力，以依原属国法律取得者为限；已得权利与现在地公共秩序相左者，得因之而丧失其全部或一部分效力；公共秩序对于已得权利仅有消极之阻却效力。此外，法律不溯及既往原则对于国际私法是否适用，学者的看法有别，作者也对此加以介绍。

第六章『国际私法上之用语』。本章对国际私法常用的名词用语加以介绍，主要有准据法、域内法与域外法、属人法、本国法、住所地法、居所地法、法律行为地法、物之所在地法、法院地法、旗国法等。

第三编各论分为『立法抵触』与『司法抵触』两部。第一部实际共六章。[18]本部的安排顺序基本与中国一九一八年《法律适用条例》各章的安排一致，主要探讨不同法律关系的法律抵触及其解决。

第一章『国籍之抵触与住所之抵触』。本章阐述了国籍抵触的原因；解决国籍抵触的准则；一国数法与保护民问题；住所的抵触及其解决准则。

第二章『关于人之法律』。本章探讨了身份与能力、禁治产与准禁治产、死亡宣告问题。前者包括身份与能力的意义、范围，决定身份与能力适用的法律，适用属人法的理由，属人法的种类及其理由，适用属人法的例外，变更国籍对于身份与能力的影响，法人的能力以及各国法律规定身份与能力的派别等。中者包括宣告禁治产的原因、效力等。后者包括死亡宣告适用的法律、效力，在外国宣告死亡的效力等。

第三章『关于亲族之法律』[19]。本章主要论述婚姻家庭关系的法律适用。主要内容有：婚姻的预约，包括婚约的成立要件、形式要件、效力等的法律适用；婚姻，包括婚姻的成立要件（实质与形式要件）、婚姻的无效与撤销、婚姻的效力（身份与财产效力）的法律适用及变更国籍对婚姻效力的影响；离婚与别居，包括同国籍夫妇的离婚、异国籍夫妇的离婚的效力、别居的法律适用等；嫡子，包括同国籍当事人及异国籍当事人的嫡子争议问题的法律适用；私生子，主要涉及认领问题的法律适用；非婚生子女的准正，主要涉及非婚生子女与生父母同国籍者的准正及非婚生子女与生父母异国籍者的准正的法律适用；养子，涉及养子成立要件、养子效力的法律适用；亲子关系，涉及嫡子的亲子关系、私生子的亲子关系的法律适用；以及扶养义务、监护的法律适用等。

第四章『关于继承之法律』。[20]本章集中分析解决继承法律抵触的财产所在地法说、不动产所在地法与动产住所地法说、被继承人的本国法说。

第五章『关于财产之法律』。[21]本章内容由物权的法律抵触与债权的法律抵触两部分组成。前者包括不动产的法律抵触，侧重论述不动产所在地法适用的理由、范围等；动产的法律抵触，论述解决动产法律抵触的原则和例外；无形财产的法律抵触，探讨著作权、工商权利[22]的法律抵触及其解决。后者包括国际私法上的契约、国际私法上的准契约、[23]国际私法上的侵权行为与准侵权行为、国际私法上由法律规定发生之债权、关于票据的法律抵触。对于契约法律抵触，区分为『任意事项之法律抵触』与『必要事项之法律抵触』。『关于契约之任意事项，依当事人之自主意思表示为根本原则』，这类事项根据当事人意思自治决定法律适用，如无意思自治，则适用缔约地法、履行地法、债权人住所地法、债务人住所地法、当事人本国法、法院地法等。『必要事项则须绝对遵守而不可任意变更』，例如有关公序良俗的法律当事人不得以特别约定违反之。对于侵权行为所生之债，大陆法系各国主张适用侵权行为地法；根据『英美法例……需行为地法与法院地法彼此允认者，方准提出』侵权行为之诉。

第六章『关于法律行为方式之法律』。[24]本章主要阐述行为方式的种类及其法律适用，分析场所支配行为原则的真谛等。

第二部共两章。本部分属于国际私法的程序问题，包括管辖权与外国法院判决的效力。

第一章『司法抵触（管辖问题部分）』[25]。本章分析了司法管辖权与立法管辖权的区别，认为『司法上之抵触与立法上之抵触，同属法律抵触范围，而互有密切关系，然其本质，则非一物。盖司法上之抵触，仅在决定本国法院有无管辖权利；不若立法上之抵触，同时应决定本国法可否适用，与应适用何国法律两点』。阐述了解决管辖权冲突的基本原则，并分别对关于人的诉讼、亲族的诉讼、继承的诉讼、财产的诉讼、债权的诉讼、法律行为方式的诉讼、混合性质的诉讼、同时向数国法院起诉的诉讼、同时有数被告人的诉讼的管辖权以及诉讼的同意管辖等进行了分析，论述了涉及外交代表、领事、外国元首、外国国家诉讼时管辖权的例外。

第二章『外国法院判决之效力』。本章比较简略，主要阐述了对外国法院判决承认的条件、对外国法院判决的审核权限、取得承认与未取得承认的外国法院判决的效力、外国法院判决的执行等。取得承认的条件包括：为外国之有效判决、为法定管辖法院之判决、为依请求承认所在国国际私法的规定所为之判决、不违背请求承认所在国之公共秩序。承认不意味着一定执行。『倘欲执行，非经受诉法院或当事人的声请不可，而执行又须经一定手续，法律上始臻完备。执行之方法与手续，依执行地法定之』。

四

二十世纪三十年代出版的国际私法著作或以沿袭法国的国际私法学说为主，或承袭英美法系国际私法学说同时结合大陆法系国际私法理论，或以日本学者特别是山田三良的学说为主进行研究。㉖比较同时期的国际私法著作，本书的主要特点是：

第一，结构合理，体系完整。从结构上看，绪论探讨国际私法的一般问题，总论分析法律抵触及解决法律抵触的各种制度、学派等，各论研究不同法律关系的立法抵触及司法抵触问题，结构堪称合理。全书三大编共计二十二章，范围广泛，内容丰富，构成完整的国际私法体系。

第二，观点明确，重点突出。国际私法为一古老的学科，学者对许多理论问题的争论从未停止过，作者对争论问题明确提出自己的看法。如关于国际私法的性质，作者的观点是：国际私法为国内法；非纯粹之私法与公法，为另成一个之法律；非实质法与手续法，为规定准据法之法律。国际私法的范围，学者主张向来纷杂，作者认为，国际私法的范围在于研究如何解决法律抵触，不包括国籍与外国人的法律地位。适用外国法的根据，作者赞同实利说。关于解决法律抵触的学说，本书对各派学说及其代表人物的观点的阐述与评价堪称详细、有理。国际私法的研究方法，两大法系各有所长，互有所短，只有理论结合实际，而兼收其利。如『弁言』所述，与国际私法的研究范围相适应，结合产生法律抵触的五大原因，作者深入探讨了法律抵触规定之内国性、法律品质说、反致说、公共秩序、僭窃法律以及已得权利与法律不溯及既往问题。国际私法虽为国内法，但对于外国人也不无关系，中国修改完善自己的立法，亦有必要了解不同国家的国际私法。本书对各国国际私法立法的介绍资料详细、充分，尤其论及苏俄国际私法的立法情况，在当时出版的国际私法著作中并不多见。此外，其关于国际私法立法归于统一的趋势符合国际私法发展的实际。

第三，沿袭大陆，结合英美，顾及中国。作者曾在法国留学且取得博士学位，本书沿袭大陆法系也就不足为奇。如对国际私法学说的介绍，以大陆法系的学派与学者为主；对国际私法基本制度的论述，基于大陆法系传统；对国籍的探讨篇幅远远大于住所等，反映大陆法系国际私法色彩。但是，本书也较完美地结合了英美国际私法。如对于国际私法的研究范围，作者没有接受法国学者的观点，反而赞同戴西和斯托雷的观点。英美法系学者认为的国际私法解决管辖权、法律适用、外国法院判决的承认与执行三方面的问题，同样也是作者的主张，并在第三编专列『司法抵触』部分，论述法院管辖权与外国法院判决问题。同时，本书没有置中国国际私法立法于不顾。由于历史的原因，一九一八年《法律适用条例》的作用有限，但它毕竟是中国历史上第一部系统的国际私法立法，本书所涉内容中分别引述《法律适用条例》有关条文，而且，各论中立法抵触部分各章与《法律适用条例》各章的安排顺序一致。

当然，国际私法的产生和发展无法脱离一定的时代背景。由于历史条件的限制，中国当时的国际私法学理论独创甚少，也缺乏符合国情的国际私法学说，本书自难脱窠臼。此外，本书仅列举《法律适用条例》的条文，缺少对有关条文不足与完善的分析，与同时期研究如唐纪翔著《中国国际私法论》（一九三〇年初版，一九三四年再版）所持的立法批判主义相比，[27]不可谓不遗憾。但不可否认，与同时代其他国际私法著作一样，本书是中国国际私法史中不可或缺的组成部分，同样为中国国际私法学的发展做出了贡献。

二〇二〇年八月二十五日，于厦门大学法学院四一三工作室

注释：

①《厦大周刊》第二一一期，一九二九年十月五日。

②侯利标编选：《法潮初涌：厦门大学早期法学论文选（一九二六—一九五三）》，厦门：厦门大学出版社，二〇一一年，第三九页。

③郭云观：《中国国际私法沿革概要》，何勤华、李秀清主编：《民国法学论文精萃·国际法律篇》，北京：法律出版社，二〇〇四年，第一二七页。

④何勤华：《略论民国时期中国移植国际法的理论与实践》，《法商研究》二〇〇一年第四期，第一四〇页。

⑤曾涛：《李浩培与百年中国国际私法学》，《政法论坛》二〇〇七年第一期，第一六八页。

⑥［日］山田三良著：《国际私法》，李倬译，陈柳裕点校，北京：中国政法大学出版社，二〇〇三年，『点校者序』第三～一三页。

⑦［日］山田三良著：《国际私法》，李倬译，陈柳裕点校，北京：中国政法大学出版社，二〇〇三年，『点校者序』第一六页。

⑧即海牙国际私法会议公约。

⑨即 Dicey。

⑩即 Story。

⑪即比利时根特。

⑫《法国民法典》第三条第一、第二款规定：『有关警察与公共治安的法律，对于居住于法国境内的居民均有强行力。不动产，即使是属于外国人所有，仍适用法国法。』

⑬即委内瑞拉。

⑭目录为『适用外国法之限制』。

⑮现多称之为『识别』。

⑯现多称之为『法律规避』。

⑰目录为『适用外国法之范围』。

⑱目录与正文均将『关于亲属（族）之法律』与『关于继承之法律』标为『第三章』，似为误写。

⑲目录为『关于亲属之法律』。

⑳目录与正文均为『第三章』。

㉑目录与正文均为『第四章』。

㉒指专利权与商标权。

㉓指无因管理与不当得利。

㉔目录与正文均为『第五章』。

㉕目录为『司法抵触（管辖问题之部分）』。

㉖［日］山田三良著：《国际私法》，李倬译，陈柳裕点校，北京：中国政法大学出版社，二〇〇三年，『点校者序』第一五页。

㉗何勤华：《中国近代国际法学的诞生与成长》，《法学家》二〇〇四年第四期，第五七页。

作者于飞，厦门大学法学院教授、博士生导师。

國際私法

于右任

上海民智書局發行

徐砥平著《国际私法》，影印底本：民智书局一九三二年十二月初版。

法國國立格諾勃爾大學法學博士
廈門大學法律系主任
徐砥平著

國際私法

上海民智書局發行

明體達用

是謂大同

居正

法學津梁

徐砥平先生著

褚民誼

提要鈎玄

謝冠生敬題

此書乃適用法律之南針也

吳經熊題

弁言

國際私法者，以研究如何解決某種法律問題，以與數種並峙之法律制度有關，因而同時有數國法院均可管轄，數國法律均可適用時，究應由何國法院管轄，應依何國法律裁判，并如何在審判法院以外之他國發生效力之學科也。考國際私法之發生與存在，其主要原因與條件，爲各國間法律制度之對峙，法國學者皮勒(Pillet)更謂係國家主權之抵觸；其主張雖與事實不符，然亦未嘗無一部份之眞理。我國向受領事裁判權之束縛，因此，我國之法律制度不能與他國者相並峙；亦即我國關係此部份之主權，不能與他國者相對抗；故無發生抵觸之可能，遂無研究解決此種抵觸之需要。今則，時勢迥異，向受領判權束縛之東方各國如土耳其等，業巳脫此羈絆。在我國，除德，與，俄等相繼喪失此種不平等之權利外，弩末之領判權，其撤廢亦僅時間問題；則此後國際私法之需要，將日見其迫切，而亟宜有所準備，此作者所以不辭庸愚，而敢有此淺簡之著述者也。

國際私法之範圍，由其性質言，在研究如何解決法律之抵觸；故英美學者，逕稱之謂法律抵觸。至其範圍，自當以此爲準。惟歷觀意法及大多數學者之著述，除法律抵觸問題外，復將國籍及外國人之地位兩問題，列入國際私法之研究範圍。皮勒開宗明義即曰：國際私法者……以確定個人國籍……爲目的者也。又曰：在解決與外國人有關之法律關係應適用何國法律以前，須先知外國人之權利如何；且外國人之地位，與國籍問題，亦有密切關係……故外國人之地位，直接間接均已與國際私法上之其他問題有關，自當合併研究等云。可見其將國籍與外國人之地位兩問題，亦列入國際私法之研究範圍。惟依作者之觀察，該兩問題之性質，殊與法律抵觸無關；既無管轄上之爭議，亦無選擇適用法律之必要，自不宜附會列入，故敢不顧多數學者之主張，而一掃向來之牽强慣例，將國籍與外國人之地位兩問題，毅然摒之於研究範圍以外，惟不知能否免殘缺之譏評耳？

國際私法雖尙在幼稚時代，而猶未達明確完善之境，但各國俱有相當規定，足爲適用外國法律之標準，藉以解決法律上之抵觸。然臻之實際，此亦僅屬表面，而猶未能如我人之想像；蓋一方雖定有若干標準，爲解決法律抵觸之途徑，他方則每以觀念與政策之不同，因將所規定之標準，嚴加限制，而間接搖動國際私法之根本。此種缺點，其原因約略有五：一、解決法律抵觸之規定，各國不同，而純爲內國性質；二、法律制度之性質不同，因而不能獲眞正之解決；三、反致條文之規定，間接推翻外國法之適用；四、法律之僭竊問題，亦爲國際私法之一大障礙；五、公共秩序之觀念不同，因而阻却外國法律之適用。凡此五因，對於國際私法之效用，有重大影響，故本書對此數問題，特加重視，而爲較詳討論，雖未敢謂準確而盡當，但或可供學者與法官之參攷而採擇。此外，已得權利與法律不溯既往兩問題，對于外國法之適用限度，亦殊有注意之價値，故特另爲論述焉。

我國於民國七年，雖已有法律適用條例之頒布，然以向受領判權之束縛，對于國際私法，素無需要，自不免略較疏忽。邇者，立法當局；曾有修改補充之議，雖猶未見實現，然亦勢在必行。緣國際私法雖係國內法律，但對于外國人民，亦不無關係，將來着手制立時，自應參照各國法律，以資借鏡，而免隔閡；故本書將各國國際私法之規定概況，略爲介紹，以便學者之參攷。復次，各國深感國際私法彼此互異之不便，故力謀統一之策，計在海牙開會集議，前後已有六次，且對于若干問題，與會各國業已互訂統一辦法，共相遵守；而新近立法之參照此種辦法，以期一致者，亦不乏其例；故本書除於論述各問題時，將海牙各協約之關係條文引據外，復將各協約之主要條文譯出，列入附錄內，以便翻閱。

關於國際私法之參攷書籍，汗牛充棟，不勝枚舉，衛乙斯（Weiss）所著之國際私法大著（原名可閱參攷書目）內，曾舉有詳盡之參攷書目，惟在國內，均難得手，舉之亦屬無益，但爲學者方便計，於本書之首，姑將主要之參攷書名，略舉若干，以便研究者知所搜羅。

本書內所舉之人名地名等甚多，而同一名詞引用數次者，亦屢見不鮮，若僅用華文譯出，必使讀者如墮五里霧中，而不知其究爲何人，或究係何地，作者本人於翻閱日本派之書籍時，久巳深感痛苦；若每次將中西文名詞並用，亦覺麻煩；故除於各名詞第一次引用時，將其原文及譯文並用外，其餘再引用時，曁人所素知之名詞，則僅舉其譯文；惟爲方便計，于書末另附名詞之譯文與原文對照表，以供需要時之核對。

本書係前在廈門大學講學時之原稿，旋以事未果再往任敎，而本稿亦遂中止整理，一月二十八日日寇侵滬，交通斷絕，作者適旅居滬濱，不能他往，因于槍炮聲中，將本稿重加增改，以成是篇。惟作者學識譾鄙，而又限於時間，內容既極膚淺，誤訛亦必甚多；巴黎大學敎授巴爾當（Bartin）之著國際私法，自謂積有三十年之經驗，則作者之將此篇付印，非惟不自量力，抑且冒昧孰甚；若更以之與國內法家名著，相提並論，則更非作者所能望而所敢望矣。本書繕校，內子慧文分勞爲多，附此誌感。

作者識

國際私法之主要參攷書籍

一般性質之參攷書籍

英文

Story: Conflict of Laws. 8th. Ed. 1883.

Minor: Couflict of laws. 1901.

Foote: Private International jurisprudence, 1904.

Wharton: Conflict of laws. 3rd. Ed. 1915.

Beale: A treatise on the Couflict of Laws, 1916.

Dicey: A Digest on the Conflict of Laws 3'rd. Ed. 1922.

Westlake: A Treatise on Private International Law. 6th. Ed. 1922.

法文

Weiss: Traité Théorique et pratique de Droit International privé VI vol. 2 Ed. 1907—1913.

Pillet: Traité Fratique de Droit, International Privé II vol. 1923.

Pillet: Principes de Droit International Privé, 1903.

Lainé: Introduction ál'étude du Droit International Privé II vol.

Laurent: Droit civil International VIII vol. 1882.

Weiss: Maunel de Droit international Privé, de Ed 1925.

Pillet et Niboyet: Maunel de Droit International Privé, 1924.

Arminjon: Précis de Droit International Privé II vol 1929.

Bartin: Principes de Droit international Privé vol 1. 1930.

Poullet: Maunel de Droit international Privé Belge 1925.

德文

Schaeffner: Entwickelung des Internationalen Privatrechts, 1841.

Saviguy, System des Heutigen romischen Rechts, 1849.

V.Bar: Theorie und Prasis des Internationalen Privatrechts, 2 Auflage ,1889.

Zitelmann; Internationales Privatrechts, 1897u, 1898.

Niemeyer: Positives internationales Privatrecht, 1894.

Meili: Das Internationale Civil und Handelsrecht, 1902—Arthur K. Kuhn 之英文譯本 1905 年出版

Gustave Walker: Internationalen Privatrechts II vol. 1922.

國際私法之關係約章及各國立法概況之參考書籍

Niboyet—Goulé: Recueil de Textes usuels de Droit International II vol, 1929.

Darras—Lapradelle—Niboyet: Repertoire de Droit International vol. VI, VII, 1930.

Recueil de Cours de l'academie de Droit International de la Haye

定期出版物

The British Year Book of International Law.

The American Journal of International Law.

Revue de Droit International et de Legislation Comparee—M.de Visscher, Gand.

Revue de Droit Internatronal Privé et de droit Pénal International — Darras.

Journal de Droit International prive et de la Jurisprudence Comparée — Clunet.

Annuaire de l' Institut de Droit International

Zeitschrift fur Internationales Recht — Niemeyer.

國際私法目錄

第三章 關於親屬之法律……一九五

第三章　關於繼承之法律

國際私法

第一編　緒論

第一章　國際私法之意義

最近五十年來，法律科學中，進步最速，而成績較著者，當推國際私法昔所未見之問題，發現而解決之；素猶不確之規定，闡明而補正之，然臻之實際，距完善明確之境，相去尚遠。國際私法之目的，旣未確定，研究範圍遂無標準；國際私法之性質，尙欠顯豁，故其在法學上之地位，無從釐定；至於命名之錯雜紛異，規定之偏私矛盾，更屬彰彰。凡此缺點，由于國際私法之性質特異，問題複雜而生者，固不在少；若學者研究態度偏於理論，而忽實際，重抽象，而過於籠統，亦爲斯學不振之一大主因，簡而言之，國際私法究爲何物之一問題，至今猶無明確妥善之答案。

第一節　國際私法之發生

欲知國際私法之究爲何物，必先明其如何發生，試舉一實例以明之。

例家：住西班牙首都麥特里特（Madrid）之法蘭西人某甲，旅遊英倫，在英京倫敦駕駛汽車，兜風納涼，車過唐寧街（Dunning Street）時，將意大利人某乙衝倒，折斷腸骨，事後，被害之某乙，向某甲住所地之麥特里特法院訴追損失，請求該法院判令某甲負責賠償。本案當事者，一爲法蘭西人，一爲意大利人，出事地點在英國倫敦，而某甲之住所又在西班牙。如此情形，殊爲複雜，亟待解決之問題不下有三：

一　究竟何地或何國法院，有管轄本案之權？

二　假定西班牙麥特里特法院有管轄權利，應依何國法律審判此項損失賠償之訴？

三　如由麥特里特法院依適當法律判決後，其效力能否及於西班牙領土以外？復次，若該判決能於西班牙領土以外發生效力，其條件如何？效力之範圍又如何？

以上三點，均屬國際私法上須爲解決之問題；而國際私法卽於此種情形之下發生矣。

第二節 國際私法存在之條件

旣知國際私法如何發生，則國際私法之存在條件，卽可於其發生情形內推想之。

一 內外國人之交通

往昔各國閉關自守，拒絕外國人蒞臨本國、亦不准本國人遠適異邦；當此時代，一國領土之內，祇有本國人民，殊無外國人民夾雜其間；僅有本國法律制度，與本國人民間之法律關係。旣無外人之蹤跡與涉外法律關係之存在，自不生爭議管轄權利與選擇適用法律問題。譬如上列汽車傷人一案，若雙方當事者均爲法國籍，同住法國，出事地點亦在法國領土，決無發生爭議管轄選擇適用法律各問題之可能。近世交通便利，往來頻繁，各國人民彼此互市，涉外法律關係隨之大增；於是一國法律，不僅適用於本國人民；而本國之內，亦有適用外國法律之需要，內外國人之法律關係生，而國際私法隨之以起。惟此種關係之發生，實始於內外國人之交通；故曰內外國人之交通，爲國際私法存在之條件，

二　外國人之權利保護

內外國人雖有交通，若外國人不能於其己國之外，享有法律上之任何權利，或各國對於寄留國中之外國人，不爲其保護法律上之一切權利，國際私法必無存在之可能；譬如上列汽車傷人一案。若英法西各國，對於被害之意大利人，不爲其保護法律上請求賠償損失之權利，則根本上無庸研究由何國法院爲之保護，應依何國法律爲之保護等問題，故外國人之權利保護，爲國際私法存在之第二條件。

三　法律制度之並存

如上所述，內外國人既有交通，外國人之權利亦須爲之保障；但若各國

間無法律制度之並存，則仍不發生國際私法上之各種問題。以上例言，若與該汽車傷人案有關之英法意西各國，彼此俱無法律制度並存而對峙；則可由任何一國法院管轄，可依任何一國之法律審判，復何爭議管轄權利，選擇適用法律之可言。故在有領事裁判權存在之國家、殊無研究上列問題之需要，以外國人之寄留其國者，仍由其本國法院或本國領事，依其本國法律審判之，故上列問題，即無發生之可能。何則，有領事裁判權存在之國家，與其他享有是項權利之各國間，無法律制度之並存而對峙故也。因此，法律制度之並存，爲國際私法存在之第三條件。

四　各國法律制度內容之不同

具備上述三種條件後，若各國法律制度之內容，彼此一致，毫無差別，卽不必爭議管轄問題，亦不必選擇適用法律，可由任何一國法院適用任何一國法律審判之，實際上之結果，恆屬一致，而毫無軒輊。上列汽車傷人案，凡英法意西各關係國之法律制度內容，完全相同，更何必討論管轄法院與適用法律等問題。故各國法律制度內容之歧異，爲國際私法發生之一因，亦卽國際私法存在之第四條件。

五　內外國法律之並用

國際私法之存在，並用內外國法律亦爲條件之一。何則，若內外國法律不能並用，卽有涉外法律關係之問題，槪由內國法院管轄，依內國法律審判之，或純由外國法院管轄，依該外國法律審判之。例如以上所舉之汽車傷人案，若英法意西各關係國，各依本國法律規定，管轄而裁判之，則國際私法當然無從發生。惟其須將內外國法律並用，因而何者應由內國法院管轄，何者須讓外國法院審理；何者適用內國法，何者依照外國法，不可不分別決定之，此皆國際私法上之問題，而國際私法卽以內外國法律必須並用而得以存在。

第三節　國際私法之定義

任何科學之發展與闡揚，已達美滿程度者，必有適應精當之定義可尋，國際私法之進展有如阿爾孟雄（Arminjon）所云：尚在幼稚時代（註一），學者所下定義各異其說，互不相同；既難免殘缺不全之弊，又不能臻精確恰當之境。其解釋也，非過於廣泛，即偏於狹隘。與國際私法無關者，故意牽強附入之；而反將國際私法上之重要問題，置之範圍以外。意義既不顯明，論述亦無系統，而終無確當之定義可得。荷蘭學者阿塞（Asser）曰：國際私法學者，法學之一支，凡異國籍者間之法律關係，或在外國所成之行爲，更或將一國法律於他國領土內適用時，所必須遵守之規定也（註二）。法國學者皮勒（Pillet）之解釋曰：國際私法者，公法之一支，以規定個人國籍，外國人之權利，及解決關於權利之發生與遵重的法律抵觸爲目的者也（註三）。然此爲列舉國際私法之內容，而非定義。緣國際私法之發生，由於不同法律制度之並峙，與內

（註一）Rev. de D. I. et Leg, Comp, Tome X. 1929; No. 4; P.680

（註二）Asser-Rivier——Elements de D. I. Pirve. 1834 §1.

（註三）Pillet——Manuel de D. I. Prive.1924, P. 1

外國法律均有適用可能之特殊現象，因而抵觸以生。然學者對於國際私法之論調，則互相分異。或名之謂研究法律抵觸之科學；或視之爲私法關係上解決私法適用領域或決定各國主權及管轄範圍之規定；亞典名教授克拉沙斯（Krassas)更以特定國家爲觀察點，而謂國際私法係某特定國家內，在私法關係上，適用外國法律之準則。克拉沙斯雖不復援用領土範圍，法律抵觸等名稱；但其所下之定義，克氏本人亦自嫌狹隘，而不能包括其他如各省間之法律適用問題(註一)；且僅以外國法律之適用，爲國際私法之研究對象，而置本國法之適用範圍於不顧，亦屬不妥。衛乙斯(Weiss)之解釋國際私法，謂爲解決兩主權國，或兩國人民，私法或私益上所生抵觸之適用準則(註二)巴爾 (De Bar)亦曰：國際私法志在決定私權關係部份各國法律及法院之管轄權利(註三)

(註一) Krassas —— Systeme de Droit civil (Edition Pratsikas 1927). I. §42.

(註二) André Weiss —— Manuel de D. I. Prive. 9E. Ed. Introduction No 6. P. 34;
Traité de D. I. Privê. III. P. 5 et, Suiv.

(註三) De Bar —— Theorie und Praxis des I. P. R. S. I. § 1.

希臘學者斯脫萊得（G.streit）之解釋曰：國際私法者，當數種民法並存對峙時，對於某種私法關係，為之決定應適用何種法律的準則也，換言之，即對於某種私權之成立或不能成立，決定其應以何種法規為解決標準之準則也（註一）。馬利大奇斯（Maridakis）之主張亦然（註二）。學說紛紜，莫衷一是，雖各有相當理由，但俱非確切完善之論。欲明其眞相，惟有以實例為本，不必放言高論，亦無庸牽强附會。凡與國際私法之性質目的不符者、不可拘於因襲慣例，而宜斷然排斥之。其與國際私法之面目相同者，雖向所除外不論者，亦應併合綜述之。則何謂國際私法之問題，當不難迎刃而解。國際私法之發生，前既論之矣；今欲為之立一定義，不妨仍以實例為依歸，茲為明便計，將前例重為申述，藉資論據：

家住麥特里特之法蘭西人某甲，旅遊英倫，在倫敦駕駛汽車，車過唐甯

（註一）G, Streit——Systeme de D. I. Privê I. P. 8.

（註二）Recueil de cours d' Academie de D. I. 1927. V, P. 22. Note. 1.

街時，將意大利人某乙衝倒，折斷腿骨。事後被害之某乙，向某甲住所地之麥特里特法院，訴追損失，請求該法院判令某甲負責賠償。與本案有關之國家，有英法意西四國。今欲決定某乙之請求，究應如何處置，須解決下列三點：應由何國法院管轄？須依何國法律審判？判決如何在管轄法院所屬國以外發生效力？此卽國際私法之眞相，其定義亦可因之而規定。所謂國際私法者，以研究如何解決某種法律問題，以與數種並峙之法律制度有關，因而同時有數國法院均可管轄，數國法律均可適用時，究應由何國法院管轄，應依何國法律裁判，幷如何在審判法院以外之他國，發生判決效力之學科也。

第四節　國際私法之名稱

國際私法之名稱，學者各異其說，然證之國際私法之內容，均欠確當，且不免有矛盾兩可之弊。任何學科之內容，往往隨名稱之不同而分異；則命名之適當與否，亦殊有注意之價值，茲就從來之名稱，略舉其重要者如左：

一　法則區別說 (Theory of Statutes)

考國際私法之研究，始於十四世紀之中葉；其時意大利商業繁盛之城市，如米郎（Milan），錢納（Gene），比斯（Pise）等，雖統治於同一君主之下，然各自獨立；其適用之法律，除羅馬法外，復有各地習慣法規，所謂法則(Statutes）者彼此互異，因而衝突以生，遂不得不研究所以解決之道。其辦法，先將法則分爲屬人法（Statuta Personalia）與屬物法（Sttatuta realia）；然後以屬人法，解決關于人的法則抵觸，以屬物法，解決關於物的法律抵觸。簡言之，以區別法則之爲屬人或屬物爲方法，以解決其抵觸，此法則區別說所由來也。學者本此名稱，以研究今之謂所國際私法者，凡四百五六十年之久，迄十八世紀末葉，此說方始湮滅。

二　法律抵觸論（Confllct of Laws）

一六五三年，荷蘭學者羅登堡(Rodenburg），以法律抵觸論名今之國際私法，鮑爾武愛(P. Voet)伊勃爾(Huber)華希特爾（Wacther）等，亦以法律抵觸論名其所著。英美學者如戴西（Dicey），司多理(Story)，華東(Wharton)亦用此名稱。

雖至今日，利維愛爾(Rivier)仍視之爲斯學最適當之名稱。然一究其眞義，殊與實際不符。夫抵觸者，在物理言，須有二個物體，同時佔領同一之空間，如有水在盂，復注入以水，是之謂抵觸；以法律言，同時須有二國之法律，支配同一問題，方生抵觸。今各國法律之效力，僅及於本國領土範圍以內，則內外國之法律決不至發生何種抵觸。花倫得(Holland)教授曰：茲所研究者，可分爲兩部分；一爲何國有管轄權利，一爲適用何種法律。前者爲管轄問題；後者爲法律之選擇問題(註一)，是則並無何種抵觸之可言。此戴西雖以法律抵觸論名其著作，終亦依花倫得教授之論旨，而曰英國法律之第二部分，並非用以直接規定個人之權利義務，但在規定英國法院之管轄範圍，及適用法律之選擇，俾知究應適用英國或外國法律，爲審判訴訟問題之準則(註二)。惠斯脫拉克(Westlake)教授之解釋國際私法，亦謂無若何抵觸可見(註三)此

(註一) British Year Book of International law, 1926 P. 85.

(註二) Dicey——Conflict of Laws 3d Edition, P. 4.

(註三) Westlake——Private international law, P. 4.

所以自十九世紀中葉以來，漸不復以法律抵觸論名今之國際私法，此外英德學者，間又稱之謂抵觸之規則（Rules of Conflicts, Kollisionsnormen），其欠妥當，與法律抵觸論不相上下，不足採也。

三　外國法適用論（Die Anwendung Fremder Gesetze）

此名稱之創作者爲德人越斯大特（Oerstadt），德國民法草案最初曾採用之，卒又刪去，其不妥亦屬彰彰；蓋國際私法之目的，非僅爲規定外國法律之適用，亦所以明定內國法律之適用與否。復次，國際私法僅在決定由何國法院管轄，依何國法律審判，至外國法律之如何適用，則非所顧慮，故外國法律適用論，非惟偏而不全，抑且與實際不符，故採用之者殊尠。

四　法律之域外效力論（Extra-territorial Effect of Law）

一國法律，有時被他國法官援用，故十八世紀末葉之學者，往往以法律之域外效力爲題，以研究今之國際私法。一八四九年，德人沙維尼（Savigny）更主張國際私法，爲規定法律支配力場所的界限之學，而稱之謂法律之場所的界限論(Die Raumliche Herrschaft der Rechtsnormen)，但俱不甚妥當。何則，國際私法非在討論法律效力之場所，更非規定法律在領土以外之效力，而僅在規定何時適用內國法或外國法。且法律之域外效力論的名稱，有使人誤信一國法律能在他國發生效力之弊，與目前各國法律效力以本國領土爲限之事實絕不相符，故亦不足採取。

五　國際民商法

比國學者洛郎(Laurent)于一八八一年著國際民法論(Droit civil International)，其內容卽國際私法所研究者。瑞士學者梅利(Meili)更著國際民商法論(Das Internationale Civil und Handelsrecht, 1902,)然採此名稱者，殊屬甚尠，考國際私法之規定，不以民商事項爲限。阿爾孟雄曾謂：國際私法之原則及規定，亦可用之於行政法，訴訟法，及刑法等各種問題(註一)。至其性質，亦不似民商法，而不能直接解決民商事項之實質，故國際民商法亦非適當之名

(註一) Rev. de D I. et de Leg, Comp 1929, No. 4. P. 681

稱。

六　私國際法(Droit Internati nal Privé)

歐洲大陸之意法學派，謂國際私法與國際公法同爲國際法；但以其爲規定私法關係，故稱之謂私國際法，藉與公國際法相區別。一八四三年，法國學者弗利克斯(Foelix)卽採此名稱。英美學者如惠斯脫拉克，華東，亦從而倣效之。依此名稱，苟認國際法爲國際私法之一種，而以私字冠其首，當無不可；故其他法國學者，如特孟斜（Demangeat），特斯伯尼(Despagnet)，叔維爾(Surville)，衛乙斯等，無不沿用之。反之，如認國際私法爲非國際法，則自不能以私國際法名之，英美學者，恆視國際私法爲國內法而非國際法，惠斯脫拉克曰：私國際法者爲國內法之一部（註一）。但其著書，仍採私國際法之名稱，是眞矛盾之主張也。

七　國際私法(Das Internationales Privatrecht)

（註一）Westlake——Private International Law 7th Edition P. 1.

國際私法之名稱，德國學者雪夫納(Shaeffner)首創之，始于一八四一年氏所著之國際私法沿革史(Die Entwickelung des Internationalen Privatrechts)，德國判例及學者均採用之。其他德語國家，如奧大利，瑞士等亦多採用。英國學者戴西謂此名稱，較私國際法略爲進步，以其能表明屬于私法之範圍也(註一)。然考之實際，亦不甚切合；蓋國際私法，殊不能以普通私法目之也。

綜上觀之，國際私法之名稱，殊不一致。以各國學者之態度言，德國學者恆用國際私法之名稱；法國學者則名之謂私國際法；後者之不當，前已言之，國際私法之稱謂，亦非完善，以國際私法既非國際共有之法律，亦非一般私法之性質，則國際私法之名稱，自屬不切實際，而欠確當，茲仍採用之者，沿用慣例而已。

(註一) Dicey——Conflict of Laws P. 15

第二章　國際私法之性質

第一節　國際私法是否爲國際法或國內法

國際私法是否爲國際法或國內法一問題，學者論調，約分兩派：大陸學者，主張國際私法爲國際法之一支，而與國際公法對峙。衛乙斯論國際法之分類曰：以國際法解決不同利益衝突之目的視之，則國際法可分爲兩支；由國家利益之衝突而發生者屬公法範圍，凡與國家主權，領土界限，和平戰爭，使領代表有關之問題，其衝突，爲國家本身之利害問題，由國家或以國家名義，參與解決之；至關于個人利害之衝突問題，如法國人在外國結婚，其成立條件，應以何國法律爲準，英國人置不動產於法國，死後之繼承問題，以死者所屬之本國法爲準乎，抑以不動產所在地之法律爲準乎，對于此等問題之解決，國家僅以本國人民利益保護者之資格參加，而與本身無直接利害關係；然不問爲國家或個人之利害衝突，均與國家主權有關，而可統名之謂國際法上的抵觸；惟其利害所屬，一爲國家，一爲私人，故將國際法分爲國際公法與國際私法，籍符事實。依此推論，則國際私法當爲國際法（註一），比國學者洛郞。陸林(Rolin)意國學者提那(Diena)，及法國學者萊納。特斯伯尼之主張亦然，而尤以皮勒之論調爲最著。其言曰：國際法兩支之分異，並不如一般人想像之甚；卽謂國際私法以私法上之關係爲研究目的，但其規定，亦以主權國家間存在之規定爲根據。換言之，卽採自國際法。凡欲使國際私法與國際法分離之企圖，自始必有方法上之錯誤存在其內……因此國際私法範圍內之各種問題，均與國家主權有關；故其本質，由國家主權或其規定一點視之，殊不能與國際公法有何分別，凡屬法律抵觸，卽爲國家主權之抵觸（註二），此最後一句，實皮勒主張之鎖鑰，意謂：法律抵觸，卽國家主權抵觸，解決國家主權之抵觸者，爲國際法，故國際私法當爲國際法。然考之實際，此說殊欠充分；所謂國際法者，是文明國家相互行爲之規則（註三）。

（註一）Weiss——manuel de D. I. Privé——Introduction § 6

（註二）Pillet——manuel de D. I. Privé 1924, § 259

（註三）Oppenheim——International Law vol. I. P. 1

詳言之，國際法爲習慣的及協定的規則，世界文明國家同認其在國際關係上，對于各國具有法律上之拘束效力者也。試觀今日之所謂國際私法，是否已合上列國際法之條件，爲世界文明各國所共認，而具有法律上之拘束效力，此實爲一大疑問。個人身分能力之確定；各國國際私學固已公認，應以屬人法爲準，然大陸與南美諸國，以個人之本國法爲屬人法；英美各國，則以個人之住所地法爲屬人法，名同而實異，而各自爲用。此本國法或住所地法，既未爲文明國家所共認，不能對于各國發生拘束效力，烏可視之爲文明國家相互關係之規則，而以國際法稱之；即此一端，已足證明其非國際法而有餘，若其與國際公法之異點則甚多，茲略舉其主要者如左：

一　當事人之差異

國際私法之主體爲私人，國際公法之主體則爲國家，有時國家亦得爲國際私法上法律關係之當事人，但以私人資格而並非以國家資格參與其間。

二　性質上之差異

國際私法爲指定由何國法院管轄，適用何國法律之規定；國際公法爲解決國際關係上實質問題之規定。

三　目的上之差異

國際私法以間接處理涉外法律關係爲目的；國際公法則以直接處理國際上之法律關係爲目的。

四　立法上之差異

國際私法由一國立法機關單獨制定之；國際公法則由各國之承認或協議而成立者也。

五　適用上之差異

國際私法之適用機關，爲國內法院；國際公法之適用機關，則爲外交官吏，及各國同意組織之機關。

國際私法未能具備國際法之條件，已屬明甚；故伯爾（De Bar），德皮斯答孟脫（De Bustamente）等均一致承認，在目前，對于各國尚未有具有拘束效力之國際私法，至英美學者，除華東以外（註一），他如惠斯脫拉克，戴西，司多理，灰東（Wheaton），福脫（Foote），巴底（Baty）等，均視國際私法爲國內法。考國際私法之制立，與國內法同爲一國立法機關之作品，其適用亦僅在國內法院，卽國家爲當事人時，亦以私人資格參與，絕不能影響國際私法之本質，故惠斯脫拉克愼重論之曰：國際私法之地位，處于國內法的分類之間（註二）。法國學者自大爾强脫萊（D'argentre）始，以至弗利克斯、渥渤利（Aubry）亦甚韙是說。渥渤利曰：國際法者，以研究國際間關係爲目的之法學，至少其淵源必存於此種關係之內；至國際私法，除由條約締結之一部分關係外，均知其以個人關係爲目的，而各國任意規定之也（註三），則國際私法之爲國內法，豈容稍疑，然此亦屬偏見，而非讜論；蓋國際私法與一般國

（註一）Wharton —— Conflict of Laws 2rd Edition 1881

（註二）Westlake——Private internetional Law, Introducicn P. 4

（註三）Clunet——Vol. 27. P. 690

內法，殊非盡同，茲舉其主要之差異于左：

一　性質上之差異

國際私法之性質，在指定管轄法院與選擇適用法律；國內法則無此性質。

二　目的上之差異

國際私法以間接處理涉外法律關係爲目的；國內法則以直接處理國內法律關係爲目的。

三　功用上之差異

國際私法之功用，在如何解決法律之抵觸；國內法則在決定法律關係之實質。

國際私法一方與國內法有若干相同之點，但非純粹一體；他方與國際法亦不無密切關係，塞脫爾孟(Zitelmann)曰：近世國際私法之幼稚，由于國際法之幼稚，其言論殊非無因；但逕視之爲國際法，則不免過分。以實際言，國際私法為規定管轄法院與適用法律之準則，係國內法之特殊部分。斯脫萊得曰：此以國內法處理國際關係（註一）；實為國際私法特殊性質之寫真。

第二節　國際私法是否為公法或私法

國際私法是否為公法或私法一問題，學者意見亦不一致。認為公法者之言曰：國際私法以保護國家之直接利益為職志，其規定在乎分劃各國主權之管轄範圍，藉以解決其衝突；國家主權為公法之根本，而國際私法即在劃分其管轄權限，此實與公法之根本有密切關係。故學者如希米特(K. Schmid.)（註二）維斯(Fr de Wyss)，（註三）寨脫爾孟（註四），均主國際私法為公法，

（註一）Pecu il de Cours D' Académ e de D. I. 1927. V. P. 27.

（註二）K. Schmid——Die Herrschaft der gezetze in thren raumlichen uud Zeitlichen grenzen 1863. P. 8.

（註三）Fritzsche——Das Problom der gesetzgelung uber internationales Privatrecht (Zeitschrift fiir Schweizer Recht XVLI. 1927) P. 11.

（註四）Zitelmann——Internatioales Prnivatrecht. I. P. 199.

而以塞脫爾孟為最。其意謂：凡屬私法必為實質法，國際私法志在劃分私法制度之適用範圍，其地位立於私法之前，當不能視為實質法，故必為公法。法國學者皮勒且謂：非僅國籍及外國人之地位問題，為公法性質，即純粹法律抵觸之關係規定，亦屬公法範圍（註一）。與此主張相反者，則視國際私法為私法。皮爾克哈特(Burckhardt)之論述曰：凡屬實質性之私法，必自定其適用範圍。換言之，分割適用範圍之法律，必為實質法，而實質法恆為私法，故國際私法，為私法而非公法（註二）。皮爾克哈特認國際私法為私法之論述，殊屬不妥，顯將國際私法之規定與實質法混為一物，因而生此謬誤之論。按之事實，國際私法與實質法，殊非一物，譬如：某少年有無能力結婚，由實質法直接決定之；應依何國法律決定該少年能否結婚，由國際私法定之，而與能否結婚問題，無直接關係，則何得視之為實質法，更烏可稱之謂私

（註一）Pillet——manuel de D. I. Priveé 1925 § 12

（註二）Festschrift, I, C. P. 266 und organisation des Rechtsgemeinschaft, P. 411.

法。至認國際私法爲公法，是否確當？應先將何謂公法立一標準，方得據以推論。區別公私法之學說甚多，尙無統一之標準，皮爾克哈特歸納諸說內容，對于分別公私法之標準，不外有三：或以法律所欲保護之利益爲本；或以法律關係當事者之特質爲本；更或以法律本身之特質爲本；而此三者之間，互有密切關係。今姑以第一第二標準爲本，則所謂公法者：以直接保護國家利益，幷以國家或其一部爲法律關係當事者之規定也。準此以觀，國際私法之目的，旣非直接保護國家利益，而國家亦並未以當事者資格參與，自不能視之爲公法，故雖塞脫爾孟終不得不變更其向來態度，且謂國際私法不具實質法之特性，非私法，但亦非公法，而另成一法，可名之謂超然法(Uberecht)(註一)。反之，康伍(Kahn)認國際私法爲另成一格的法律(Droit sui generis)(註二)。以實際論，國際私法旣非純粹之私法，亦非純粹之公法，將

(註一) Zitelmann——geltungsbereich der gesetze. P. 206 U. S.

(註二) Iheringis Jahrbucher XL P. 54 ahn, Abhandlungen, I. P. 296 U. S.

其特質與眞相明悉後，則名之謂超然法可，稱之謂另成一格之法律亦無不可。

第三節　國際私法是否爲實質法或手續法

實質法亦曰主法，乃規定權利義務之實體者也，手續法亦曰助法，乃規定實質法運用上之手續者也。必兩者相輔而行，法之實益乃見；如民法商法等爲實質法，然不能由其法之自身運用，須有民刑訴訟法等之手續法爲之運用，方能見於實施。國際私法之性質如何，皮爾克哈特誤認之爲實質法，前已言其不當（註一）；事實上，國際私法之功用，不合規定權利義務之實質條件，其非實質法，殊無疑義。

然則國際私法是否爲手續法？從表面視之，似係手續法，但一究其眞相，殊覺不類。何則，蓋手續法在規定如何運用實質法，而國際私法係在指定適用何國之實質法，指定之後，仍須依照手續法之規定，方得運用裕如，故

（註一）Weiss——Traité de D. I. Privè VI, VOL.

國際私法亦非手續法。且以其旨在決定應適用何國法律，故人稱之謂規定準據法之法律。

第四節　國際私法與比較法

國際私法雖由一國之立法機關制定，但在制定之初，恆研究各國國際私法之內容，以資借鏡，關於此點，與比較法似甚相近。名學者衛乙斯所著之國際私法專書（註一），於每章之首，先將各國法規分別論述，藉資比較，可見國際私法與比較法，殊有密切關係，然不能即以比較法目之。比較法之目的，在比較對照各國法律，辨其異同，而發明其所以不同之理由，俾於可能範圍內，謀各國法律之統一，而互為參考。國際私法則不然，在研究由不同法律制度所生之抵觸，如何解決之道，故不涉法律之實質，而僅以考求應適用何法為限，惟若比較法企圖統一法律之目的成效愈大，國際私法上之抵觸問題必能減少，國際私法之範圍，亦將漸形狹小；彼此關係，實甚密切，惟不可逕視之為一物耳（註一）。

(註1) Meili——International civil and commercial Law, P. 10—11

第三章　國際私法之範圍

國際私法之範圍如何，學者主張紛雜，迄無標準。皮切德(W. E. Bechett)曰：關于國際私法之範圍（註一），係法學上之分析問題，非依其準確之定義爲根據不爲功（註二）。顧國際私法尚無劃一定義以爲標準，則其範圍之未得確定，自在意中。茲將歷來學者對于國際私法研究範圍之意見，略爲介紹，以資窺測。

第一節　國籍

法國學者皮勒開宗明義曰：國際私法者，……以確定個人國籍，……爲目的者也（註三）；以國籍列于國際私法上各問題之首。英國學者戴西，惠斯

（註一）F. meili——International civil and commercial Law P. 10—11.

（註二）British year Book of international Law 1926 P.85.

（註三）Pillet——mannel de D. I. Privé, § 1.

脫拉克，福脫，將英國法院關于國籍之法例及原則，亦于國際私法內盡量縷述。巴爾，衞乙斯之論國籍，更爲詳盡而冗長。故國籍問題之被認爲屬於國際私法範圍，事實上已爲一般學者所公認。其理由，則謂國際私法上之問題，由內外國人交通而發生，欲知其是否爲由內外國人交通而發生，須先知關係問題之當事者是否爲內外國人；分別其是否爲外國人或內國人，惟有以個人之國籍爲標準。故國籍爲解決國際私法上之一切問題之先決問題，自應在國際私法內研究之。此種論據，殊屬勉強而不合邏輯。與國際私法有關者，豈僅個人之國籍；外國人在中國置有不動產，關於該不動產之訴訟，其管轄權利及選擇適用法律問題，是否亦得藉口該訴訟之管轄與適用法律問題，與內外國人之交通有關，而謂不動產之取得，讓與等問題，均屬國際私法之研究範圍，此夫人而知其不可也。國民爲國家要素之一，國籍爲決定其是否係本國人民之標準，國籍與國家固有重要關係；若其本質，以對外論，則凡國籍之取得，變更，喪失等，應與領土之取得割讓等問題，同屬國際公法範圍；以對內論，國民爲一國之組織要素，本國人民之國籍如何，係國內公法上之問題，而與國際私法無涉。且國際私法之要務，不外解決管轄爭議，選擇適用法律兩項；國籍之取得變更與喪失，既不發生數國法院爭議管轄之事實，亦無於數國法律內選擇適用法律之必要；關於國籍之訴訟，除一小部分以各國法律所規定之國籍標準不同，因而一人同時被兩國認爲國民，或均不之承認的特別情形外，殊無與抵觸情形近似之問題發生，而恆由受訴法院，依其本國法律裁判之。故國籍法與國際私法，非僅目的不同，其解決方法亦異。是國籍上之問題，殊不能列入國際私法之研究範圍以內者也。

第二節　外國人之地位

外國人之地位，或外國人之權利問題，學者每將其列入國際私法之研究範圍以內。皮勒曰：在解決與外國人有關之法律關係，應適用何國法律之問題以前，須先知外國人之權利如何；且外國人之地位，與國籍問題，亦有密切關係；欲增加人口之國家，必使人易於取得其國籍，而嚴厲限制外國人之享有權利；人口衆多之國家，則反是，恆使外國人難於取得本國國籍．但給予較寬之權利，故外國人之地位，直接間接均與國際私法上其他問題有關，自當合併研究(註一)。考之實際，殊不見其充分理由何在，而必認外國人之地位問題，屬國際私法範圍；故雖皮勒本人亦謂：外國人之地位與法律抵觸兩問題，實質上殊不相同；既無管轄上之爭議，亦無選擇適用法律之必要，而純由受訴法院依其本國法律定之，卽謂各國有互相優待對方國民之義務，而應給予相當權利，亦屬國際公法上之問題，而與國際私法無關，阿爾孟雄曰：當各大學添授國際私法之初，以其本身內容淺薄，而範圍狹小，且爲教授上之方便起見，故將國籍，外國人之地位，及法律抵觸諸問題，由同一教授講述，相沿既久，遂成習慣，此卽國籍與外國人地位兩問題，併入國際私法研究範圍以內之原因也(註二)。

(註一) Pillet——Traité de D. I. Prive P. 310 et. S; Maunel de D. I. Privé P.2 ets

(註二) Amminjon——Precis de D. I. Prive T. I. P.30

第三節　法律之抵觸

國籍與外國人之地位兩問題，旣與決定管轄法院，與選擇適用法律無關，自與嚴格之國際私法彼此無涉，而不屬其範圍。法律之抵觸問題則不然，爲國際私法所應研究之唯一問題，學者如戴西，司多理等卽視之爲國際私法的替身，而以之名其所著，其重要自可想見。法律抵觸者，依法國學者萊納之解釋曰：法官對于由某種情形所發生之同一法律關係，同時有數國相反或不相容之法律均應適用之情形也。解決此種抵觸情形，爲國際私法之要務，故曰法律抵觸爲國際私法上之惟一問題。法律抵觸之名稱，本不甚妥，前已論其不當（註一）；惟一般學者均之採用，已成習慣，故仍沿用之；至法律抵觸之範圍，究竟如何，俟於第二編內詳論之。

（註一）見前第十一頁

第四章　國際私法之根據

國際私法乃對于涉外法律關係，就內外國法律中決定其應適用何國法律以爲解決之準則也，涉外法律關係：有時涉及外國地，有時涉及外國人；故適用法律，視情形之不同，有時適用內國法，有時亦適用外國法。適用內國法，無特別可供研究之點；適用外國法之根據如何，殊有注意之必要，蓋此卽爲國際私法之根據也。學者對此，主張不一，約略有三：

第一節　義務說

此說爲大陸學者所主張，其意略謂：依國際私法規定之結果，而適用外國法律，法官不應任意取捨，須視爲本國法律，而有適用之義務。蓋法律爲主權之作用，國際私法之性質爲國際法，法律抵觸之發生與數國主權有密切關係，故法律抵觸具有國際性質，而卽爲國家主權之抵觸。旣與國家主權有關，則解決此種抵觸時，應互相尊重各國主權，適用外國法律，卽以互相尊重主權之義務爲根據者也（註一），登勃格（Dernburg）之意見亦然（註二），沙維尼之議論曰：本國法院適用外國法律，以國際間法律關係之共同利便爲根據；外國法律最適宜時，依法應適用之（註三），意大利學者加脫拉尼（Catellani）甚韙沙維尼之說，而曰：國際私法以各國公共之法律觀念爲主；外國法律較適當時，依法自應適用之（註四）。徐爾克（Gierke）之論調，最爲顯豁，其言曰：適用外國法律亦法律也，某種問題應適用外國法律時，本國法院須視之爲本國法律而適用之。此爲近代國際私法之第一原則（註五）。是卽利維愛爾所云：依國際私法之規定而適用外國法律，爲法律上義務之

（註一）Pillet-Manuel de D. I. Privé § 289

（註二）Pandekten I. § 45

（註三）Savigny——Systeme de Droit Romain VIII. P. 27.29.

（註四）Catellani——Del Conflitto Fra Norme di diritto Internazionale Privato P. 50. 1897.

（註五）Gierke——Deutsches Privatrecht P. 212

謂也（註一）。

第二節　禮讓說

此說創自荷比學派，而爲英美學者所採從；其意略謂：因國際私法規定之結果，而適用外國法律，不能認爲法律上之義務；一國法律之適用區域，以本國領土爲限，否則，卽侵害他國之主權。且一國之法官，祇有適用本國法之義務，絕無適用外國法之義務，故適用外國法律，乃對於外國之禮讓；否則，本國主權勢必以適用外國法律而被侵害，戴西曰：英國法官適用法國法律，乃對于法蘭西共和國之禮貌（註二）。脫惠斯(Travers Twiss)爲荷蘭學派之忠實同志，主張法律以本國領土爲範圍，在域外殊無必爲適用之義務（註三）。美國學者因據此而推論曰：外國法之適用，殊非義務，而純係禮讓問題，法

（註一）Cited by Meili——International Civil and Commercial Law. P.139.

（註二）Dicey——Conflict of Laws 2 rd. Edition P.10--11.

（註三）Travers Twiss——Law of Nations I. P. 258--259

官自得任意裁奪取捨之；又謂：此純粹爲國際間之友誼，絕無義務可言，而國際禮讓的名稱，實爲表示一國法律在他國領土適用之最適當的名稱。故此派主張，以國際禮讓，爲國際私法之根據。

第三節　實利說

此說以實際利益爲本，意謂法律關係之決定，以平正利順爲主，涉外國法律關係之解決，苟利於實際，適用內國法律可，適用外國法律亦何嘗不可。在原則，一國法律之適用區域，以本國領土爲限，一國法官原無遵從外國法律之義務；但若某種法律問題，非適用外國法律，不能達平正利順之目的時，則適用外國法律，事實上亦屬必要，對于國家主權，殊無妨礙可言，瑞士楚立克（Zurich）私法典內規定曰：內國法對于本國人與外國人均適用之，但遇特種問題，外國法律可在內國適用，內國法律亦可在外國適用，實爲適當之規定。個人之身分能力，以屬人法決定之，不動產以其所在地法爲準；何則，以屬人法決定身分能力最合實際，而最有利益；以不動產所在地法決定其法律關係，亦以其最能處置公平，而最有實利；既非法律上之義務，亦非禮讓問題。故此派主張，純以實際利益爲國際私法之根據。

義務說者謂：適用外國法律，與適用本國法律同爲法律上之義務，法官不可任意取捨等云；雖無禮讓說之缺點，但證之一國法律效力不踰國境，一國法官無適用外國法律之義務的原則，彼義務說者之理論，似不免過分，而欠正確。至云法律抵觸，即國家主權抵觸，國際間有互遵主權之義務，故適用外國法律，即以尊重外國主權爲根據，亦屬不當；是其所言，勢必以尊重國家主權爲唯一前提，反將國際私法之本身問題置之次要地位，至適用法律之當否等問題，更不暇顧及矣。義務說者，本欲爲國際私法立一鞏固根據，其結果適得其反，不無事與願違之歎。禮讓說不脫封建時代之臭味，視適用法律可以任意出之，而以喜怒好惡爲國際私法之根據，實屬不當。勞利梅(Lorimer)曰：國際私法上之法律關係，雙方權利義務之關係也。因此勞氏對于禮讓說，譏之謂老婦之杜撰（註一）。且適用外國法律，以本國主權行之；

故萊納謂：由抵觸之內外國法律中選擇外國法律而適用之，對于本國主權，絕無侵害（註二）。戴西教授終亦不能不改變其態度。而曰適用外國法律，非可以私見出之，既不能任意取捨，亦非國家元首互相表示好感之禮品（註三）。力諸爾脫（Renault）曰：如立法者對于某種例案，令法官以外國法爲決定法律關係之準則，並非出於友好之禮讓，乃以完善之司法行政爲前提，故將較爲適當之外國法律，視爲本國法而適用之（註四）。則禮讓說之不足採，自屬無疑。實利說不持高論，亦不用意氣，純以實際利益爲本，藉達平正利順之目的，實爲三說中最當之主張。戴西曰：適用外國法律，乃出於不得已，捨此以外，無論對于本國或外國之當事者，俱不能有適當公正之辦法

（註一）Lorimer——Institutes of The Law of Nations I. P. 375

（註二）Arminjon——Précis de D. I Pirvé T. I. P. 35

（註三）Dicey——Conflict of Laws 2rd Ed. P. 10——14

（註四）Arminjon ——Précis de D. I Pri é T. I. P. 33——35

(註一)。此寥寥數語，將適用外國法之理由，全盤托出，誠不易之論也。

(註一) Dicey——Conlict of Laws 2rd ed. P. 10——14

第五章　國際私法之研究方法

國際私法之研究方法，依戴西教授之觀察，可分爲兩種：理論的研究方法，與實驗的研究方法是也。前者爲大陸學者所採用，故名之謂大陸派的研究方法；後者爲英美派所採用，故亦以英美派的研究方法名之。玆將兩派研究方法之特點，約略述之：

第一節　大陸派之研究方法

大陸學者認國際私法爲國際法，而爲文明國家所共同默認；即或各國之規定互有不同，亦宜設法消除之。且可用理論方法，立一基礎，據此以發現國際私法之原則，備各國遵守，幷可藉此判別各國現行國際私法之是否正當。簡言之，大陸派之研究方法，以樹立若干合理而聯繫之規定，或與一般國際私法之規定相符，或與精當之原理相通，俾使各國遵循。例如個人之身分能力，以其本國法定之。其理由謂：身分能力之關係法規；其目的，在保護個人，使之能充分活動；保護個人，乃其所屬國家之責，且惟其本國能爲有效之保護，故雖對于個人之國際的法律關係，依國際法論，自亦應適用個人之本國法律以保護之（註二）。關於財產之法律，其目的，在保護一國之領土主權，故應以財產之所在地法，管轄財產之關係問題。法律行爲之方式，以行爲地之法定方式爲準，其理由，則各異其說；波勒諾阿（Boullenois），梅郎（merlin），范萊沙米（Vareilles-sommeres）等，以該行爲作成地之立法主權爲應依作成地法定方式之根據。鮑爾武愛，弗利克斯，司多理等，推定爲當事者之本意如是。巴爾則謂：法律行爲之方式，以作成地法者爲準，乃各國共認之慣例。解釋雖不相同，方法則不外以推理爲主。他若債權之準據法，塞脫爾孟謂：債務人照約履行，蓋服從其本國之命令，故應以債務人之屬人法爲準，巴爾曰：債務關係之必要事項，應以債務人之住所地法爲準，蓋此必要事項之目的，在保護債務人之利益，斷不能以其在外國借債，而喪失此種保

（註二）Pillet——Manuel de D. I. Privé. §423.

障（註一）。諸如此類，無不以理論方法，樹立國際私法上之規定者也。

大陸派理論之研究方法，能將各國國際私法之共通原則，歸納成章，直接可爲各國之準則，間接亦有促進國際私法漸趨統一之功效；且以理智，平正，適應爲主旨，不爲因襲慣例所拘束，實爲大陸派之優點。但僅憑理論，不務事實，亦難免美中不足之歉。戴西教授曰：大陸派學者，對于法律抵觸事件，惟在探求原則，冀使各國依從，僅研究國際私法應如何規定，而不顧實際，將法律之如何與應該如何兩問題混而不分，實屬缺點。司多理曰：大陸學者，竭盡精神能力，期爲各國對于本問題，制立共通原則，惟恐事與願違，結果與期望相差太遠；此種原則，即或爲各國採用，於實際亦必不能適應而平正利順（註二），此實爲大陸派研究方法之最大弱點。

第二節 英美派之研究方法

（註一）Recueil de Cours d' academie de D. I. 1928. I. P. 462 et S.

（註二）Story——Conflict of Laws P. 26.

英美派之研究方法，以實驗爲主，由成文的法規判例內，研求國際私法之原則，故人又名之謂成文的研究方法。此派學者，以國際私法之本身亦爲法律，法律之效力，乃由國家主權之立法司法兩方面發生者，故欲探求國際私法之準則，不能不於法規判例內，用實驗方法以研究之；而不宜用理論方法，以立抽象空洞之原則。且國際私法爲國內法，故僅須於本國法規判例內探討之。至其他各國之國際私法如何，各國之共通原則如何，均可不問。簡言之，英美學派之研究方法，旨在以各本國之成文法規，爲研究之根據與範圍，以求國際私法之原則；並無研究國際私法應該如何之目的，而僅欲知其事實上之如何規定。例如英國以住所地法決定個人之身分能力；意大利則以個人之本國法爲準。此不同之規定，斷不能以同一之原則解釋，意大利爲單一國家，以其本國法決定其人民之身分能力，最統一而最適當，故應適用其本國法；英國爲非單一國家，無統一之本國法得以遵從，事實上非適用住所地法不可。此雖同爲國際私法上之規定，但一爲意大利法規，一爲英國法規，而絕非各國共有之公共法規。不動產之法律關係，適用其所在地法，以其對于該不動產知之最切，而關係最密，但不必以國家主權爲根據。法律行爲之方式，以行爲地法定者爲準，以當事者對于行爲地法定者，最易知曉，不易受欺，且與當地風俗習慣較相符合，而能免彼此由隔膜所生之一切妨礙，殊不必高談理論以爲張目。故雖大陸學者，亦不得不認行爲方式以行方地法定者爲準；此係根據事實之規定，而非由理論推演而來（註一）。凡此均足證明英美學者之研究國際私法，純以成文法例爲研究之本，以實驗爲研究之手段者也。

論其優點，則實事求是，不尙空談，可免原則與實際互相背謬不通之弊；然專就本國之成文法例，從事研究，既不將各國共通原則與相似規定彼此比較，籍圖改進，復置學者主義理論於不顧，而無從互相啟發，是亦美中不足之缺點也。

（註一）Pillet——見 Clunet 1891 P. 28.

大陸英美兩派之研究方法，各有所長，互有所短，取此捨彼，既非所宜，則惟有並用理論實驗，而兼收其利。惠斯脫拉克，非利麻亞（Phillimore）固以英美判例爲推論原則之根據；而沙維尼，巴爾，亦未嘗不借助於成法焉（註一）。

（註一）Recueil de Cours D' academie de D. I. 1924 II. P. 157.

第六章　國際私法之淵源

國際私法之淵源，約有六種，茲分別略述如左：

一　法律

法律爲隨時代變化之暫時規定，故以前之法律，往往爲以後法律之模範。不但內國法，可爲國際私法之淵源，外國法亦可。如日本之舊法例爲其現行法例之淵源，此即以內國法爲淵源之例也。我國法律適用條例，以日本一八九八年六月十五日公佈之法律適用法爲模範，是即以外國法爲淵源之例也。

二　習慣

一切法律，無不以習慣爲淵源，不過其痕迹有明顯與不明顯之分耳；且當習慣未成爲法律以前，往往與法律有同一效力，甚或習慣之效力，較法律所有者，更爲强大。習慣之于國際私法，亦爲淵源之一。特斯伯尼曰：對于國際私法有重大影響之各國使節在法國享有特權的事實，係由法國與其他各國之國際關係習慣造成之也（註一）。故習慣亦爲國際私法之淵源。

三　判例

社會事物之變化與進步，永無止境，而片刻不息；法律之規定，不能日日修改，俾與社會狀態相適合，故有賴于判例之補充。故法律僅爲原則上之規定，遇有缺略之時，全賴法官一方根據法律之精神，一方參酌社會情勢與慣例而爲裁判。此種判例，經立法者之採取，而熔入于成文法規內，故國際私法之制立，往往以判例爲淵源也。

四　條約

條約爲二個以上國家之同意表示，亦爲國際私法之淵源。各國間以國際私法上之問題，而締結條約者，不勝枚舉，如歷次海牙關於國際私法之會議，其所締結之協約，各國雖無必爲遵守之義務，但於制立國際私法時，每以

（註一）Despagnel——Précis de D. I. Privé, 5e Ed.

之爲參攷資料，而加以採取，故條約亦爲國際私法之淵源。

五　學說

法律之規定與發展，往往受學說之鼓動，而以之爲根據。學說之對于國際私法，其影響更屬顯著，特斯伯尼曰：法學家對于國際私法之權力與供獻，甚爲可觀，殊非虛語，足見學說亦爲國際私法之主要淵源。學說之來源，或由于著書，或見于雜誌，或由于學會之研究，各國法學家關于國際私法之名著，指不勝屈，而雜誌之發行，與學會之組織，更風起而雲湧，此等組織與著作，直接爲學說之淵藪，間接即爲國際私法之淵源。

六　條理

條理者，事物自然之理也，比道德正義略廣，自古及今，莫不以條理爲法律之淵源，況以國際私法之幼稚，尤不能不將條理爲補救之具，民國二年大理院上字第六四號判例曰：判斷民事案件，應先依法律之所定，法律無明文者，依習慣法；無習慣法者，依條理。國際私法尚在幼稚時代，明文旣不完備，慣例亦不盡有，故制定國際私法時，自應斟酌之於條理，以資補充，故條理亦爲國際私法之淵源。

第七章　國際私法之現狀與趨勢

第一節　國際私法之現狀

由國際私法之現狀觀之，則國際私法非各國共同遵守之法律，乃各國各自具有之特別國際私法，因而有英國法國比國等國際私法之名稱（註一）；此雖與國際二字甚不相符，然事實如此，在今日之世界，殊無統一辦法焉。故同一之法律抵觸問題，或他項難點，其在各國之解決方法與結果，因之互異，此亦自然之結果也，試舉例以明之。

例一：設有一外國人，于其死亡時，在數國領土內置有財產，由是而發生繼承問題上之法律抵觸，因而同時向比國及意國法院，請求解決。其結果，比國法院之解決辦法，與意國法院者彼此互異。蓋依比國法律，凡屬不動產，由其所在地法規定之繼承人享有之；但照意國法律，則

（註一）A. Weiss——Traite' de D. I. Privé. T. III. P. 180——242

由死者所屬本國法規定之繼承人承受之。比意兩國，關於不動產繼承之規定不同，一以不動產所在地法爲主，一以死者之本國法爲準，因此，對于同一問題之解決，結果互不相同，殊非偶然。復次，使與他國之法律亦生抵觸，而該國之規定，更或以死者之住所地法爲主，則問題之複雜，結果之分異，益形甚矣。

例二：設有廿二歲之墨西哥人（依墨法爲未成年人），住於比國（比法以廿一歲爲成年），與他人訂立契約，該約是否有效？以上問題，如在比國法院，該約勢爲無效。蓋比國規定，關於個人之能力，依個人之本國法（此處即爲墨國法）定之。若在英國法院，則反是，而該約爲有效。蓋英國法律，認個人之能力問題，應以個人之住所地（此處即爲比國法）爲準者也。

由以上二例觀之，可知國際私法非各國共有之法律，而因國家之不同，彼此互異其規定。此種情形，殊有礙法律行爲之穩固與效力；同一人之行爲，在此國爲有效，在彼國爲無效。例如同一結婚行爲，在甲國爲合法，在乙國爲非法。類似情形之發生，一則由於各國法律內容之不同，再則由于各國國際私法之規定又不同，人事之是非，純憑偶然，不便執甚。補救之道，約有二法：非將各國不同內容之法律廢止，而另制各國統一之民商等法；即須廢棄各國之特別國際私法，而另立共同適用之國際私法。第一種辦法如能達的，則根本上可不生何種抵觸；惜在今日，猶屬夢想，雖如國際運輸，票據，專利，商標等，已有各國共守之規定；但以地位，習慣，歷史等之互不相同，欲將全部法律，各國統一，事實上定難如願也。第一種辦法既不可用，則惟有採用第二種辦法，即將各國解決法律抵觸問題之規定統一之，則國際間之私人法律關係，從此亦可確保其穩定。此種方法，簡言之，無非使今日各國犧牲其特別自有之國際私法，而另立各國共守之國際私法，以爲替代。如是以後，各國之民商法制等，雖不相同，但遇內外法律抵觸時，所有解決抵觸問題之規定，各國一致，則國際間私人之法律關係，仍可維持其固定，而不至因國而異。故自十九世紀之中期以來，對此計劃，謀促進者殊不乏人，然迄猶未達目的者，蓋有困難在焉。

國際私法統一之第一阻礙，爲各國之自私觀念，咸視其本國所規定之國際私法較他國者爲優。因此，不願犧牲其己國之規定，而採用他國者。所謂較優，非僅指學理而言，事實上亦然；例如瑞士之外國人甚衆，故關於人的問題，瑞士主適用住所地法，而不採個人之本國法，因之能使外國人較易歸化。不獨此焉，其最大難點，以各國之因襲不同，歷史亦異，强之從同，顯有削足適屨之弊，彼此相左之點，其較著者，英美大陸兩派之根本不同。在昔法國民法，向不統一，各地有各地之習慣法規，故有所謂巴黎之習慣，勃勒答尼(Bretagne)之習慣等名稱，而南部則又適用羅馬法。意大利，比利時之情形，亦復如是。德國新民法典，僅始於一九〇一年一月一日；瑞士之有民法典，始于一九一二年一月一日。由此種因地因省互異之法律現象，而生同一國內各地法律之抵觸問題，所謂法則區別說，即彼時企圖解決以上問題之學說也；延至今日，成爲法意德比諸國國際私法之根本原則。故大陸各國只因有相似之過去情形，關於法律抵觸之法規，間有不同，大體上尚屬彼此接近。至若英美各國，則情形迥異。英國法律，向甚統一，不若大陸各國內部有不同之習慣法規，亦無解決習慣抵觸之規定，籍爲今日國際私法之根源。設有如大陸之習慣抵觸事件發生，定必羣相詫異，故即至近代，在美國而援用外國法律之規定，以解決法律問題，仍爲可駭之事。英國學者之態度，對于此等事件，亦不若大陸學者之司空見慣。美國之情形與英國相似，美國雖有各邦法規之互殊，而有內部之法律抵觸，但以其爲英國之流派，對于此種問題，向無準備，故亦不免棘手，名學者司多理，關於解決法律抵觸之大著（註一）。其內容，均採自大陸學者之著作，藉爲解決法律抵觸之利器。故英

（註一）Story——Commentaries on the conflict of Laws foreign and domesic in regakd to contracts, rights and remedies, and especially, in regard to mariages,divorces, wills, successions and Jugements, Boston, 1834,

美派國際私法之原理原則，多係大陸之舶來品，惟未能如大陸學者之盡量發揮，益以英國封建思想之根深蒂固，國際私法之未能進步，非無因焉。

第二節　國際私法之趨勢

國際私法統一之阻礙，雖猶無法消除，然公私雙方之努力促進，未嘗稍懈，而殊有歸于統一之趨勢，茲略述其概況於下。

一　初時各國政府之嘗試

政府方面之初試，首推一八六七年由意大利動議，而與德法比各國之談判，期訂立關於法律抵觸問題之條約，共謀統一之解決辦法，幷冀其他各國共同加入，以圖一致（註一），但最後以政治上之阻礙，致未成就。

一八七四年，荷蘭政府（註二）重提意大利政府之原議，而加以釐正，主張召集國際會議，對于各國法院之管轄權利，及對于外國法院判決，在各國

（註一）瑪志尼(mancini)對于談判之意見，得于Clunet, 1874 P. 253 et s;內見之。

（註二）Clunet 1874, P. 159 et 5.

執行之問題，規定統一條文，以資遵守。贊成者頗不乏人，法國則持異議，故會議未成。法國對于荷蘭之提議，認為有重大困難；蓋一國法院之判決，在他國執行之成約，須互有徹底之諒解，而必須各國加以特別考慮；其結果，法國代表力諾爾脫聲稱：法國對于他國法院之判決，未敢有如是之信任。

一八八一年，意大利外長瑪志尼(Mancini)作倆創制歐洲國際法典(註一)，卒以該外長之去職，及他種複雜情形而罷實。其，欲圖關於法律抵觸問題統一法規之成就，須先謀各學者意見之一致；若各國根本相左之點不除，則政府之努力亦終歸泡影也。

二 私人方面之努力

一八七三年，國際公私法社(註二)成立于比國剛特(Gand)地方，社員雖屬有限，但各國學者均來參加。其目的，在研求國際私法之共同原則，每年

(註一) Clunet 1886 P. 35 et s.

(註二) Institut de Droit international Public et Privé

或每兩年開會一次。其研究問題，及討論結果，自一八七七年以來，恆於年報（Annuaire）內發表之。

同年（一八七三年）十月十日，復有美人作倫之國際法改良與編纂學會（註一）在比京市政廳開會。其組織，與國際公私法社不同，會員資格與人數無一定限制，此即今日簡稱之國際法學會（註二）是也。規定每年于歐美兩洲之任何一國內開會一次，幷將其經過情形，及議案等公佈，俾衆週知。

在研究之團體外，復有私人出版之刋物，由學者主持，以討論關係問題，俾得交換意見；在比國有國際法與比較法學雜誌（註三），在剛特地方出版，首創者爲阿塞，陸林捷華意孟（Rolin Jacques Hymans）二氏；繼之者爲意孟（Hymans）及樊特黑佛爾（Van den Heuvel）而經理其事者爲德維雪（M.De

（註一）Association for The reform and the Codification of the law of Nations

（註二）International law association

（註三）Revue de Droit International et de L'egislation Comparée.

Visscher)。

在法國，出版物有二：一為國際私法及比較法雜誌(註一)克留納(Clunet)於一八七四年創辦於巴黎者也。其內容，關於各國法院之判例蒐集甚富，而學理上之討論，亦占重要部份；一為國際私法及國際刑法雜誌(註二)，于一九〇五年出版，創辦者為戴拉氏(Darras)繼之者為拉潑拉特(M. de lapradelle)其研究範圍，以國際私法與國際刑法為準，不若克留納所辦者旁及國際公法各問題，以上出版物，其目的，亦在謀各國立法之一致，以助各國政府之速成。

三　最近各國政府之努力

一八九二年，荷蘭政府復向各國建議，召集國際會議，共策進行，先後遂於一八九三年及一八九四年，在海牙開會，各國政府，除英國外，均來會

(註一) Journal de Droit International Privé et de la jurisprndence Comparée.

(註二) Revue de Droit International Privé et de Droit International Penal.

參與，其結果，對于結婚，離婚，監護，破產，繼承，遺囑，及訴訟手續之一部，採取若干規定，但未更進一步，結約遵守；其後，經各國政府考慮之下，對於該會議決案件，不無採取之處，幷于一八九六年十二月十四日，互訂協約，其內容，爲關於訴訟與非訴訟文件之交換手續，及調查之互助，締約國人民訴訟担保 (Cautio judicatum solvi) 之免除，拘束身體之禁止等規定，此約後經一九〇五年條約，加以修改，而由凡爾塞 (Versailles) 條約第一八七條規定施行。

鑒於第一次之成功，荷蘭政府復於一九〇〇年，在海牙召集新會，討論關於結婚，離婚，及幼年人監護等之法律抵觸問題，其決議，於一九〇二年六月十二日協約內正式規定之。

一九〇四年之會議，蓋爲修改一八九六年之協約關於訴訟手續諸問題而召集者也，會議畢後，於一九〇五年七月十七日復締兩約：一爲關於結婚契約；一爲關於繼承問題。

自一九〇四年開會以後，久未開會，一九二一年，荷蘭又擬召集開會，徵求各國之意見，定於一九二四年開會，然屆期因準備未能竣事，故延期至一九二五年十月十二日開會；議決關於破產，外國法院判決之互相承認及執行，繼承，遺囑，結婚，離婚，別居，訴訟手續之修改等協約。

一九二八年，荷蘭政府又邀請各國開會，于是年一月五日集議於海牙；討論關於國際私法上之各種問題，期訂彼此一致之協約；其結果，除議決關於繼承，遺囑之法律抵觸的草約，及訴訟救助與免費給發身分證書之草約外，均係補充或修改以前歷次協約之規定（註一）

歐洲各國固有統一國際私法之宏願，美洲諸國亦不敢讓人，關於國際私法之會議，前後有四，列舉如左：

里馬（Lima）會議南美諸國因企圖國際私法之統一，由秘魯政府舉議，

（註一）關于海牙歷次議決之草約全文，可閱J.P.Niboyet-P,Goule-Reueil de Textes usuels de Droit International T,II. 1929.

於一八七八年召集各國，開會議於里馬；討論關於國際私法，訴訟法，及刑法等條約案，議決之條約案計八章，共六十條，此等條約案，雖經各國簽字，但未得實行。

蒙脫維特渥 (Montevideo) 會議。此會議，由阿根廷，烏拉圭兩國舉議，於一八八八年至一八八九年，開會於烏拉圭首都蒙脫維特渥，該會議內分四股：為民法股，商法股，刑法股，及訴訟法，文藝所有權，發明，及商標股，由此四股分別審議，其結果，所議決各種條約，出席各國均經簽字；惟布拉圭，智利二國，對于國際民法，及國際刑法二條約，未予簽字。

第一次全美會議。自蒙脫維特渥會議以後，法律統一之計劃，漸有成效。美國不欲南美諸國協定統一之法律，乃自動於一八九一年，召集南美與中美各國，開全美會議於華盛頓，企圖全美之國際私法，與國際公法均歸統一；除國際私法之外，並協議關於經濟，財政，交通等問題，規定每二年，開會一次。

第二次全美會議。此會議，係繼續第一次會議而召集者。目的在使國際私法及國際公法之統一更進一步，然其目的過於廣泛，故難發生實際上之效力。

四　歐洲大戰與國際私法

大戰之暴發，國際私法之進步殊被阻遲；幸研究團體，如國際公私法社，及國際法學會等，重振旗鼓，且不問爲中立國，或參戰國之人民，均共同合作，故能繼續努力。在原有組織團體外，在海牙和平宮，成立國際中介社（註一），此爲荷蘭之創立品。其訪員，徧佈世界各國，以蒐集而無條件的供給與政治經濟內外法律有關國際的參攷材料爲目的，——見該社章程第二條——但不爲肯定之表示，俾不背研究之態度，美國富豪加納齊（Carnegie），爲謀世界和平計，獨資創立國際法學院（註二）於海牙。此議始於一九〇七年

（註一）Institut Intermédiaire International

（註二）Academie de Droit International

第二次和平會議之際，迨一九一四年夏間成功；而開課講授，則始於一九二三年七月十四日。其目的，在組織國際公私法各關係學科之研究中心，態度公正，不雜私見，俾對于國際問題得爲深切之研究——見該院章程第二條——延聘各國碩學之士，從學理，實際，立法，判例各方面，講述最重要之問題，而尤注重國際之議案，及仲裁判例。其辦法，與普通大學不同，來院聽講者不限國籍，且均係已有相當造詣之士；其性質純爲國際性質，目的則在研究各國法規之歧異原因，而謀如何統一之道。

在國內方面，大戰前，國際法學會之分會，于一九一〇年分設於荷蘭；於一九一二年，設立於德國，而第一次會議，則實於一九一三年十一月二十七日。一九一七年，復有德國國際法學會之出現，巴黎政治學校，亦於一九一三年成立法國國際法學會。在美國，亦有美國國際法學會。出版物之關於國際法者，殊不在少；如一九〇六年出版之美國國際法雜誌；（註一）一八九

(註一) American Journsl of International Law

一年德國之國際私法與國際刑法雜誌（註一）。首創者爲博艾亨（Boehen）；繼之者爲尼梅憶（M. Niemeyer），故改名爲尼梅憶國際法雜誌（註二），意大利則有一九〇七年成立于羅馬之國際法雜誌（註三）英國則有一九一九年出版之英國國際法年刊（註四）；復次，一八八九年初次在華盛頓開會之大美洲會議，及一九一二年十月十二日成立之美洲國際法社（註五），南北美洲學者，參與者殊屬不少，但以研究國際公法之部分爲較多。

（註一）Zeitschrift Fur internationales Privat und strafrecht

（註二）Niemeyers Zeitschrift Fur Internationaes Recht

（註三）La Rivista di diritto internazionale

（註四）British Year Book of International Law

（註五）American Institut of International Law

第八章　法律抵觸之各國立法概况

關於法律抵觸之解決標準，各國立法，有一共通之點：即關于警察與保安之法律，凡在一國領土內者，雖外國人，亦必遵守之；又關于不動產之法律，雖其所有主爲外國人，均以當地法律，即不動產所在地法律爲準。故法國民法第三條之第一第二兩項規定，——我國法律適用條例第一條及第二條之第一項上半條，惟僅云物權，而未將不動產特別指出，——不僅爲法國法規，且爲世界各國之通則；惟其解釋與適用範圍，各國互異其說耳。

至於身分能力之法律抵觸，法例學說之意見，相差殊甚，而爭議亦烈。有主以個人所在地法爲準者；有主張除關于公共利益之限制外，以適用屬人法爲原則者；更有一方主以屬人法爲準，但以本國人之利害關係爲其限制者。復次，東方各國，爲領裁判權所束縛，對于歐美各外國之人民，全部適用其屬人法者。然此種畸形制度，已屬强弩之末，終將消滅。土耳其於洛桑

(Lausanne) 條約後，已將外國人享有之領事裁判權廢止；我國亦正在努力，達的之期，當不在遠，故不再爲論列。茲將各國分爲三派，及最近關於國際私法之立法，分別略述之。

第一節 英美派

英美派，姑以英美兩國，及佛尼蘇拉之立法述之。

一 英國與美國

英美立法，主張法律爲域內性質 (Territorialite) 最力。英國學者惠斯脫拉克與戴西(註一)之意曰：已過與現時存在之英國法，對于將來，仍適用之。在英國發生之法律事項，非僅關於個人之年齡與成年，及任何與身分能力有關之問題，凡須由法律或判決確定者，均應以適用英國法爲原則，而摒絕一切外國法律。故浪費者，雖由外國法院判決宣告其爲禁治產，在

(註一) Wertlake——A Treatise on Privite international Law 4th editon §402,

Dicey-Le Statut Personnel anglais-Emile Stocpuart之法文譯本。

英國則不承認此種判決，而仍有私權上之行爲能力。外國人，依其屬人法規定爲成年人或幼年人；爲有能力者或無能力者；此種身分能力之確定，在英國不能主張之。美國學者司多理亦曰：監護人對于未成年人之身體財產所有的權力，僅能于設立該監護制度之國家領土內行使之。外國未成年人之身體，及一切財產，依其本國法置於監護制度之下者，如來美國，仍須依照美國法律以定之（註一）。

英美法律由其規定與解釋觀之，較之大陸立法殊甚落後，採絕對之域內法主義，而否認一切屬人法之主權，不脫封建時代之色彩，恰如法國法則區別學說以前中世時代之立法。惠斯脫拉克曰：英國學說未受法則區別學者之影響，蓋普通法(Common Law)所定之原則，在法則學說發現以前，早已確立在先（註二），殊非虛語。惟英國普通法之規定，自經大陸以國際禮讓爲本之

（註一）Story-Commentaries on the Conflict of Laws §490

（註二）Westlake —— A Treatise on Privaite International Law 4th ed. §149

學說傳入後，普通法規定之嚴格制度，已爲之影響，而多所變通。英美各國每將屬人法與住所地法相混，而適用之於身分能力，結婚，離婚諸問題，雖屬不免含混，但爲純粹域內法主張之變通明證，亦殊無疑。

二　佛尼蘇拉

一九一六年佛尼蘇拉民法典第二〇條之規定，有傾向絕對域內法律之顯明表示。其文曰：在佛尼蘇拉之外國人與本國人，享同等私權，應特別遵從憲法之規定，本共和國之一切法律，及與他國所訂之國際條約。

第二節　法比派

此派態度，明示或默示以屬人法爲原則，但與本國之公共利益相關者，適用域內法，藉爲限制。此派除法比兩國外，巴西，西班牙，意大利，荷蘭，葡萄牙，羅馬尼亞等，均屬之。

一　法國與比國

法國主張，關于法律抵觸之規定，得于民法典內見之。其第三條，即爲根本原則之規定。第一項曰：警察與保安之法律，凡住居于法國領土者，均應服從之。第二項曰：不動產雖爲外國人所有，仍受法國法律之支配。第三項曰：關于法國人之身分能力，雖寄居外國，仍由法國法律支配之。此法國立法之大概也。其淵源與本質如何，學者意見不一。有謂爲法則區別學派之脫胎；有反對此說，而認爲獨自規定之解決標準，與舊時學說，並無關係；更有主折衷說，而兩可其間者（註一）。議論紛紜，莫衷一是，論範其適用圍，可分法國人在外國，與外國人在法國兩部觀之。

甲　法國人在外國

第三條第三項曰關于法國人之身分能力，雖寄居外國，仍由法國法律支配之。身分者，個人對于家庭社會所處之地位。能力者，由身分所生之權力。所謂身分能力，包括個人法律上地位之全部，均由身分能力之關係法律規定之。至身分能力之法律，或屬人法，是否爲本國法抑係住所地法，則以

（註一） Weiss——Manuel de D. I. Privé P, 405—407

本國法之規定爲準。第三條第一項之規定，雖未謂寄居外國之法國人，應受當地法律管轄，但屬當然。否則，必至侵害他國主權，而妨害其公共秩序。第二項規定所重者，爲在法國之不動產。至法國人在外國所有之不動產，當在規定之外。此外，民法典第四七條，一七〇條，九九九條場所支配行爲(Locus regit actum)之原則，及八九五條，與一一三四條自由意思之原則，雖在外國之法國人，亦準用之。

乙　在法國之外國人

關于警察保安及不動產，在法國之外國人，當然應遵從法國之規定。至外國人之身分能力，應依何法決定，第三條第三項未有明文。不准外國人適用其屬人法乎？抑默示准許之乎？學者意見有三：雪沙(Mailher de Chassat)謂：外國人在法國，絕對不能適用外國法律以決定其身分能力(註一)。華雷脫(Valette)(註二)，特馬隆勃(Demolombe)等，主外國人以屬人法決定其身分能力爲原則，但與法國人之利益有害者，不在此限。例如依屬人法爲無能力之外國人，與法國人締結契約，若認此契約爲無效，法國人之利益勢將受損，處此情形，不認其屬人法之適用，而維持該約爲有效，藉以保護法國人之利益。惟特馬隆勃主張之限制根據，較華雷脫所主張者略嚴。其意謂：應以法國之利害關係人，無輕率不愼之過失，爲限制之標準。第三派之主張謂在法國之外國人，其身分能力，均適用其屬人法。若與法國之公共秩序有損，或志在僭竊法律之用意者，不在此限。此爲較合事理之主張。

比國民法與法國無異，其法律抵觸之規定，當亦相同，茲不另述。

二　巴西

巴西于一九一六年一月一日公布之民法施行法，其第八條曰：個人之能力與家庭權利等，由本國法律定之，亦以屬人法爲原則。其例外，則於第一七條內規定之。而曰：來自外國之法律，命令，判決，及私人之協議約定

(註一) Mailher de Chassat——Traite des Statuts, No. 236 et.S.

(註二) Valette—Sur Proudhon ——Traite de l' Etat des Personnes T. I. P. 83 etS.

等，有損本國主權，公共秩序，或善良風俗者，不發生任何效力。

三 西班牙

一八八九年民法典內，有解決法律抵觸之規定。其原則，得於第九條內見之。凡規定家庭權利義務，個人身分地位之法律，雖寄居外國之西班牙人，亦應遵從之。動產適用所有主之本國法，不動產以其所在地法爲準（第十條）。合法之繼承與遺囑，不問財產之性質與地位，依死者之本國法定之（第十條）。契約，遺囑，正式行爲之方式，以作成地法爲準；但西班牙人依西班牙之法定方式，在本國之外交代表或領事駐在所作成者，亦有效（第一一條）。屬人法與場所支配行爲原則之適用，以公共利益之需要爲限制。警察與保安之刑事法律，凡在西班牙者，均應服從之（第八條）。關于公共秩序與善良風俗之禁令，亦同。

四 意大利

一八六五年民法典通則第六條，規定個人之身分能力與家庭關係，由其所屬國之法律定之。第一一與一二條之規定，爲對于第六條原則之限制。該條文曰：刑法，警察與保安之法律，凡在意大利帝國領土者，均應服從之。又曰：外國之法律，法令，判決，以及私人之協議約定，不論情形如何，對于帝國公共秩序與善良風俗有關之法規，均不得違背之。

意大利解決法律抵觸之規定，採屬人法主義，且不問內外國人，明文規定其身分能力，以其本國法爲準。不若法國僅片面規定本國人之身分能力，故能免却法國立法對于外國人，由無明文規定所生之爭議。但非絕無缺點，蓋若外國人之本國法，主以住所地法爲準時，將何以處置之，意國民法則未之預見也。

意大利民法第七條，規定不動產以其所在地法爲準，與法國民法第三條第二項相同。關於法定繼承及遺囑之規定，於第八條內見之，其文曰：關於繼承之行次，繼承權利之部分，及成立條件，不問財產之性質與所在地位如何，統由被繼承者之本國法規定之。至於債權行爲之實質與效力，以其行爲地法爲準。但當事者之國籍相同者，準用其公共之本國法，惟有相反之明白表示者，不在此限（第九條）。場所支配行爲之原則，亦准適用，惟同國籍之當事者，欲依其本國法定之方式時，聽其自由（第九條第一與第二項）。

五　荷蘭

一部分學者謂荷蘭立法，仍採絕對域內法主義；故在荷蘭之外國人，其身分能力，不得請求以其屬人法爲準。一八二九年五月十五日法律第九條曰：帝國之民法，對于外國人與荷蘭人同等適用，但法律有明文之相反規定者，不在此限，即爲絕對域內法之明證。

反對此說者曰：第九條非解決法律抵觸之規定，乃外國人享有權利之根據，使內外國人同等享受私權而已。至法律抵觸之標準，則爲第六條之規定。其內容，與法國民法第三條第三項相似。其文曰：關於個人權利，身分，能力之法律，雖在外國之荷蘭人，亦應遵從之。而荷蘭法院之解釋，與法國法院亦相近似；對于在荷蘭之外國人，其身分能力，根據同樣原則，適用其本國法，惟須不背荷蘭之現行刑法與警察法令（第八條）。第七條規定不動產以其所在地法爲準；第十條爲法律行爲之方式，依其作成地法之規定方式，即場所支配行爲之原則也。

六　葡萄牙

葡萄牙立法，對于外國人之身分能力，在不背公共秩序之限度內，適用其本國法（民法第二七條）。其商法第一二條之規定，原則相同；葡人在外國締結之商業契約，與外國人在葡萄牙締結之同等契約，及其在商業上之能力，依各當事者之本國法定之。但其法律與葡萄牙之公法相反者，不在此限。惟民法第二六條，略將上列原則變更其意謂：除有法律或條約明定者外，凡外國人在葡萄牙所成立之行爲，而將在葡萄牙發生效力者，應依葡法定之。場所支配行爲之原則，亦被採用，得於一〇八五條（結婚），一九六五條（囑），二二四五六條（身分法令），及二四三〇條（法律行爲之證據）內見之，惟爲任意性質。

七　羅馬尼亞

在羅馬尼亞之外國人，其身分能力，以其本國法爲準。惟其本國法有礙羅馬尼亞之道德，與公共秩序者，不在此限。故凡婚姻，嫡子等一切家庭關係之法規，均以外國人之屬人法爲準。至若外國奴隸之來羅馬尼亞者，得不依其原來法律，以脫離其奴隸地位，因羅馬尼亞無此制度，且認爲與公共秩序相反者也。

民法第二條第二欵規定，不動產雖爲外國人所有，以其所在法爲準。個別(Ut singulis)動產，與不動產同以羅馬尼亞法律規定之；概括(Ut universitas)動產，將如何處置　學者意見不一：或謂法無明文，應依動產隨人(Mobilia Personam Sequuntur)之通則，適用所有主之屬人法；或謂以其所在地法爲根據，迄未有劃一辦法。

法律行爲之方式適用作成地法，卽場所支配行爲之原則(第二條末段)

第三四條，一五二條，八八五條）。對于不動產抵押之訂立，撤銷，或酌減等行爲，在外國訂立或作成者，非經關係不動產所在地法院院長核驗，不能在羅馬尼亞發生效力（第一七七三條　一七八九條）。

第三節　德瑞派

第三派各國之立法，對于個人身分能力，雖以適用屬人法爲原則；但其情形，對于本國人，或住居其地者，有何不利益時，主適用域內法，藉以保護。

一　德國

德國一八九六年通過，而於一九〇〇年一月一日公布施行之民法有詳細規定。其施行法第七條至第三一條，不啻爲國際私法之法典，茲譯述如下：

第七條。個人之締約能力，依其所屬之本國法定之。成年或曾有法定成年身分之外國人，取得德國籍者，雖依德國法爲未成年者，仍維持其原來之成年地位。對于某種法律行爲，無能力或限制能力之外國人，在德國作成該行爲時，如依德國法爲已有能力者，認爲有能力者之行爲。惟對于家庭關係，繼承，及支配在德國之不動產有關之行爲，不適用之。

第八條。外國有人之住所或居所於德國者，得依德國法律宣告禁治產。

第九條。失蹤者，如其失蹤之初爲德人，得依德國法律宣告其死亡——如其失蹤之初爲外國人者，得依德國法律宣告其死亡，而對其依德國法律規定之法律關係，及其在德國之財產發生效力……

第十條。依外國法設立而具有能力之會社，非合民法第二一條與第二二條之規定，且經聯邦委員會勅令承認，不得在德國取得法定能力而認爲具有能力者。

第一一條。法律行爲之方式，依構成該行爲目的之法律關係之法規定之；但遵照行爲作成地法律規定者，亦爲有效。第一項第二欵之規定，對于確定財物上權利，或處置財物權利之行爲，不適用之。

第一二條。依據在外國所爲之不法行爲，以之對抗德國人時，其權力範圍，不得大於德國法律規定之許可範圍。

第一三條。締結婚姻，雖僅一方爲德國人，各以所屬之本國法爲準。外國人之在德國締婚者亦同——依第九條第二項宣告死亡者之妻，締結婚姻，依德國法定之——在德國締婚之方式，純依德國法定之。

第一四條。德國夫婦間屬人的法律關係，雖其住所在外國，均依德國法定之——夫喪失德國籍，而妻保留之者，德國法律仍適用之。

第一五條。夫婦間財產制度，締婚時夫爲德國籍者，依德國法定之——夫於締婚後取得德國籍，或外國夫婦在德國有住所者，其夫婦間財產制度，依締婚時夫所屬國之法律定之，但依該法律規定，不得締結財產契約時，夫婦仍可締結之（指財產契約而言）。

第一六條。如外國籍之夫婦，或締婚後取得德國籍之夫婦，若有住所於德國者，得依類推方法，適用民法第一四三五條之規定，依外國法律締結之法定財產制度，使之爲由契約規定之制度——如對於第三者利益，較依照外國法律爲更有利益時，則適用民法第一三五七條，一三六二條，及一四〇五條之規定。

第一七條。離婚，依起訴時夫所屬國法律定之——夫爲他國國民時期內，所生之事實，雖依他國法律構成離婚或分居之原因時，亦不認該事實爲離婚原因。起訴時夫喪失德國籍，而妻爲德國人者，準用德國法。如非依外國法與德國法均得離婚之訴訟，不得在德國依照外國法律審判離婚或分居之訴。

第一八條。嫡子關係，如嫡子生時，其母之夫爲德國人，或死於其出生以前，而死時爲德國籍者，依德國法律審判之。

第一九條。父母嫡子間之法律關係，如父或父死時，其母爲德國籍者依德國法定之。父母喪失德國籍，而子仍保留之者，亦然。

第二〇條。私生子與母之法律關係，如母爲德國人，依德國法定之。母喪失德國籍而子保留之者，亦然。

第二一條。父對于私生子之扶養義務，及對其母償還姙娠費用，及扶養之義務，依私生子出生時母所屬之本國法律定之。但他國法律，較德國法律所定之權利更大時，得依該法主張之。

第二二條。私生子之立正及養子，如立正時其父，或招養時其養父，為德國籍者，適用德國法律。如立正之父或養父為他國籍，立正之子或養子為德國籍，且未依德國法律取得兒童本人，或與兒童有家庭關係者之同意，其立正或招養，不能在德國發生效力。

第二三條。外國人依其本國法有監護之需要，或曾在德國被宣告禁治產者，如其本國法不為設立監護人者，德國得為設置之——為之設置監護之德國法院，在未設置以前，得為之規定暫時辦法。

第二四條。德國人之繼承，雖其住所在外國，依德國法律規定之——德國人死時，其住所在外國者，對於死者繼承部份之債務，其繼承者，得以死者之住所地法爲準——作成或撤銷其最後處分之外國人，取得德國籍者，其作成或撤銷之效力，依其作成或撤銷時所屬國法律定之。因死亡所爲之處分，其處分能力雖未達德國法定年齡，仍保存之。此與第一一條第一項第二項之規定並不相反。

第二五條。外國人死時，有住所於德國者，其繼承，依死時所屬國法律定之。但德國籍者，得根據德國法律之規定，主張其繼承權利。惟該外國人所屬國法律，對於德國人住於其國者之繼承，純粹適用德國法者，不在此限。

第二六條。由外國開始繼承之財產，委托德國官廳分給於依外國法律規定之繼承人時，他人不得以繼承權利爲根據，而反對之。

第二七條。如依外國法律規定，認爲應適用本法第七條第一項，第一三條第一項，第一五條第二項，第一七條第一項，及第二五條之規定時，則適用之。

第二八條。第一五，一九，二四條第一項，二五，及二七等條之規定，依法應之適用；但其目的物不在德國，及依目的物所在地法，另有特別規定者，不適用之。

第二九條。不屬任何國家之人民，其法律關係，雖應適用本國法之部份，依其最後所屬國法律定之。若向無國籍者，依考慮關係問題時之住所或居所地法律定之。

第三〇條。外國法律，與德國之善良風俗，或法律目的相反者，不適用之。

第三一條。得聯邦委員會同意後，對於外國國家及其人民，或其法定繼承者，由帝國首相命令，採取報復手段對付之。

二　奧國

一八一一年之奧國民法典第四節謂：國家公布之民法，對其國民均適用之。故本國國民在領土以外之一切事務與行為，凡其能力經限制，或其事務與行爲須在領土內生效者，均受民法之管轄，本法對於外國人適用之範圍如何，于次章述之。

第三四節。規定曰：外國人關於民事行爲之能力，普通依該外國人住所地現行法律；或無實在住所者，以其現在所屬國法律規定之。但若該法律對於特種情形，別有規定者，不在此限。

第三五節。外國人在奧國，對其授與權利而無償之承諾行爲，適用本法典，或該外國人之所屬國法律，以兩法中對於承諾行爲之成立，最有利益者之一法爲準。

第三六節。內外國人在奧國締結之雙務契約，一律適用本法典……

第三百節。關於不動產，適用其所在地法。動產，則以其所有主之屬人法爲準。

三　瑞士聯邦

一九〇七年十二月十日之瑞士民法典第一〇條，規定個人之能力，無論何地，統依其本國法定之。并云：本法之規定，不問瑞士人民在本國或外國，一律適用之。外國人之能力，亦以其所屬國法律爲準。但其末段，有一限制，與德奧相似。意謂：外國人在瑞士締結法律行爲時，依瑞士法律爲已具有能力者，雖依其本國法猶爲無能力，其行爲亦爲有效。

一八八三年一月一日之債務法，曾將此規定適用之於匯票，其第八二二條曰：但依瑞士法律，爲有能力之外國人，雖依其本國法爲無能力時，應在瑞士担負匯票上之責任。

一八九一年六月二十五日關於寄留者之民事關係的聯邦法律，經一九○七年法典末章第六一條保存而補充者，亦有關於法律抵觸之規定。其立法本旨，與以前者相同，先將各邦抵觸規定後，復將本國人在外國者，與外國人在本國者之民事關係，分別制立解決之標準。

第二八條。下列規定，對於瑞士人之個人，家庭，繼承等權利，除有國際條約特別規定者外，雖住在外國者，亦準用之：

一，瑞士人在瑞士之不動產，雖依外國法律應適用外國法時，仍以其原屬邦（Canton）法律爲準，幷由原屬邦之法院管轄之。

二，如依外國法律規定不適用外國法時，依其原屬邦法律定之，而由原屬邦法院管轄之。

第二九條。在監護制下之瑞士人，離去瑞士時，在設立監護之原因存在時，監護者繼續行使監護職權。——依第一五條，原屬地所賦予之監護權力，亦維持之。

第三〇條。對于不在本國者設立監護人時，由原屬邦之主管機關設立之。

第三一條。最初住所在外國之瑞士籍夫婦，其金錢上之關係，如不能適用外國法律，則以原屬邦之法律爲準。——瑞士夫婦移住外國，在瑞士訂立之婚姻財產制度，若該外國無反對其繼續存在之仍規定時，維持之。——由外國將其住所遷回之瑞士夫婦，其原有夫婦關係，仍依在外國時之規定，而繼續有效。但得依第二〇條之規定，隨意行之。其對於第三者之地位，依第一九條第二項定之。

第三二條。本法之規定，依類推方法，對於住在瑞士之外國人適用之。

第三三條。在瑞士爲外國人設置之監護，得因其原屬地主管機關之請求而移交之，但以相互准允爲條件。

第三四條。對於已有或將有條約者之外國人，則保留條約之適用。

一八九一年之法律，將各邦法律抵觸之解決原則，擴張之於國際關係。原則維何？即一八七四年聯邦憲法第四六條所確定者也。其規定曰：在瑞士者，其民事關係，以住所地立法之規定爲準。既以住所地法爲準，故幾將衆所共認之本國法廢止，但非絕對性質而已。

一九〇七年民法典，將附屬於一八九一年法律者，于其補充規定(7C)內確定之曰：婚姻當時者之一人或雙方爲外國人者，婚姻之成立，依各本國法定之。此外，離婚之原因，亦適用其本國法（7g&h）。一八九一年法律第三二條，對於各邦人民或外國人之在瑞士者，關於個人地位，親族，扶養義務等之法律抵觸，以同樣辦法解決之。

對於在外國之瑞士人民，依第二八條第二款之規定，僅於當地法院不願適用其本國法時，方以住所地法爲準。

一八九一年法律，對於在瑞士之外國人，是否以瑞士法爲其住所地法而適用之？是則不然。例如：有夫之婦之能力，遺囑能力，親權，監護，婚姻財產制度，動產之繼承，均不在其範圍。一八六九年六月十五日瑞士法國間條約，對於監護及動產之繼承，在此兩國間，另有特別規定。

四　日本

日本之有國際私法，始于一八九〇年之和律，計共一七條。迨一八九三年，復經考慮研究，幷參酌國際協會之歷次決議，制一草案，後卽變爲一八九八年六月一五日之和律，至今仍在適用，共計條文凡三〇。關于法律抵觸問題者，爲第三至三〇各條，依民法典各編之次序依次規定各該編關係法律抵觸之準則。

關于個人之國籍之抵觸，以其最後取得者爲準（第二七條）。其立法態度甚屬新穎，視大陸各國似較進步；但亦不無缺點，蓋由採用血統主義與屬地主義所發生之抵觸，時間上並無先後之別，將何以解決之？進一步言，後取得之國籍，亦未必爲當事人所最心願者，以各國立法每將本國國籍加之於他國人也。至抵觸之兩國籍中一爲日本國籍時，則從日本國籍；當時人無國籍者，依其住所地法；住所不明時，依其居所地法；一國之內各地法律不同者，依當事人所屬地方之法。

關于住所之抵觸，和律內規定甚精巧之辦法：如兩住所之間，其一在日本者，從日本之住所（第二八條二項）；如兩方之住所均不在日本者，以其後取得者爲準（第二條二項）。惟同時兩國法律賦予一人之住所發生抵觸時，則未有辦規定，爲可憾也。

和律第二九條，爲關于反致法之規定，其認許反致法之範圍較廣；凡有住所于日本之外國人，如于適用屬人法時，其本國法規定應適用住所地法者，均可適用日本法律。但以一等之反致爲限，蓋和律並未規定遇此情形，更宜以外國法爲準也。至關于繼承問題，雖以適用死者之本國法爲原則，但其關係之不動產或動產在日本者，則不動產依其所在地法，動產依在日本之住所地法。換言之，均以日本法爲準。第三〇條爲關于公共秩序之規定，意謂適用外國法而有背于日本之公共秩序與善良風俗者，仍不適用之。

關于身分與能力之法律抵觸，以適用屬人法之個人本國法爲原則；但爲保護本國人之利益計，立一例外（第三條）即依外國人之本國法爲無能力，但依日本法爲有能力，其在日本所爲之法律行爲，仍爲有效。惟關于親族，繼承，及在外國之不動產的行爲，不受上列例外之限制。

禁治產（第四條）與準禁治產之原因，依被宣告者之本國法。但被宣告者有住所或居所于日本者，亦可依日本法以宣告之。惟日本法所不規定之原因，不能在日本據之以宣告禁治產（第四條第二項）。禁治產如在日本宣告者，其效力亦依日本法定之（第五條）。

第六條爲關于失蹤之規定，祇對于在日本有財產，或依日本法律之法律行爲，得宣告其失蹤。

婚姻之成立要件，依未婚夫婦之各該本國法（第十三條）。婚姻效力之關于身分者，依夫之本國法（第十四條）。惟外國男子與爲一家之主的日本女子結婚，與經日本人招養而爲其婿者，其婚姻之效力，依日本法律定之（第十四條二項）。依常理，妻取得夫之姓而廢置其原有者，但若妻爲家主時，則主從之地位互易，夫當改取妻之姓氏。

婚姻之方式，依結婚地法（第十三條）；但在日本駐外使領機關依日本法定方式之婚姻，亦爲有效（第十三條與民法第七七七條）。

婚姻財產制，依婚姻成立時夫之本國法（第十五條一項）；但外國人所娶之日本女子爲一家之主，或經日本人招養爲婿者，依日本法（第十五條二項）。

離婚，依所根據事實發生時夫之本國法（第十六條第一項）；惟離婚之原因，亦須爲日本法律所承認（第十六條第二項）。

子之身分，依出生時夫之本國法。夫于子出生時已死者，依其父死時之本國法（第十七條）。

私生子之認領條件，依各當事人（父，母，子）之本國法（第十八條），其效力則依父或母之本國法（第十八條）。

父——父死時爲母——與子，或私生子與母之法律關係，依父或母之本國法（第二十條）。

養子之成立要件，依當事人之各該本國法。養子之效力與解除，依招養者之本國法（第十九條）。

扶養義務，依扶養義務者之本國法（第二一條）。

未成年人之監護，依被監護者之本國法。但外國人在日本有住所或居所時，如依其本國法有監護之原因，且無任何人爲之設立時，其監護受日本法之支配（第二三條）。

成年人之監護，適用未成年人之監護規定（第二四條）。

關于契約之成立與效力，以自由意思之原則決定之（第七條一項）。惟當事人之意思不明時，則用締約地法。由電信締結之契約，其成立與要件，依要約地法。若受要約人，于承諾時，不知其發信地者，以要約人之住所地視爲行爲地（第九條）。由事務管理與不當得利所發生之債權，依事實發生地法（第十一條）。

由不法行爲所生之債權，依不法行爲地法；但以日本法亦認爲不法者爲限（第十一條二項）。根據外國法律發生之不法行爲，在日本請求賠償損失時，以日本法律所認許者爲限（第十一條第三項）。

法律行爲之方式，依適用於行爲之效力的法律（第八條一項）。但依行爲地之法定方式者，亦爲有效（第八條第二項）。上列規定，對于成立物權或登記行爲之方式，不適用之（第八條第二項）。

動產與不動產之物權，依其所在地法（第十條）。有形物權之取得與消滅，依其原因事實完成時物之所在地法（第十條）。

債權之讓與，對於第三者，依債務人之住所地法（第十二條）。

繼承依死者之本國法（第二五條）。遺囑之要件與效力，依立遺囑時立遺囑者之本國法。其方式則可依立遺囑地法律之規定。如日本人在外國欲依日本法立遺囑，可在日本領事前為之。

第四節　新興諸國之立法（註一）

一　波蘭

波蘭之國際私法，自一九一八年復國以後方成為問題，而始討論及之。至制為法規，首推一九二四年十一月二一日之票據法令，其內容曾有關於法律抵觸之規定。至解決國際間法律抵觸之主要部份，則于一九二六年八月二

（註一）此處僅略述波蘭與蘇俄之立法其他各新國之國際私法規定可閱 Reprétoire de D. I. Tomes VI, VII.

日之法律內規定之。

波蘭一九二六年八月二日關於法律抵觸之法律，爲各國國際私法中之最新近者。其立法主旨，則以屬人法爲原則，雖不無例外與變通之處，然其解決法律抵觸之規定，固仍以屬人法爲根本者也。茲將此最新近之法律抵觸法規之內容，略述於下，以供參攷。

一九二六年八月二日法律第一至第四各條，爲關於人的準則法規。人分爲自然人與法人兩種：自然人之能力，以個人所屬之本國法支配之；法人及一切會社之能力，以其本店所在地法爲準。但此僅爲原則，故對于無國籍者，依住所地法決定其能力(第一條第一項)。對于商人之商業事務，且得以其營業機關所在地法爲準（第二條）。第三條基於公共秩序理由之例外，係仿傚德國民法施行法第七條，及法國一八六一年大審院里石提（Lizardi）案件之判例。其文曰：依屬人法爲無能力之外國人，在波蘭作成幷須在波蘭發生效力之法律行爲，如對于善良貿易之保障上，認爲有必要時，則由波蘭之現行法律支配之。

對于變更國籍事件，一九二六年八月二日法律之態度，傾向於已得權利之主張，故第二條第二項規定曰：變更國籍之效力，不能影響以前已得之成年地位，而使之喪失。

最後關於失蹤與死亡問題，第四條第二項曰：在必要情形之下，與對于波蘭發生效力部份，波蘭主管機關，得依波蘭法律，宣告外國人之失蹤與死亡，此亦爲屬人法之例外，且亦以公共秩序上之理由爲根據者也。

第五條爲關於法律行爲之方式的準據法，採場所支配行爲之原則。第一三條關於結婚之方式，亦採此同一原則，而與德國民法施行法第一一條規定相似，其文曰：法律行爲之方式，依支配該行爲實質之法律定之；但法律行爲作成地不確定時，則依照現行法律之規定爲已足。關于物權之準據法，則于第六條內規定之；該條第一項曰：佔有及物權，以關係目的物所在地法律定之。第三項曰：關于在波蘭之不動產物權的取得，變更，消滅，及爲取得，變更，或取消該物權之一切法律行爲的方式，純由波蘭現行法律支配之。但由家庭關係所生之義務，及繼承權利之問題，則不適用之，以原則言，以物之所在地法爲準者也。

債權部份之準據法，波蘭一九二六年法律論之綦詳，同時顧及任意條件與必要條件兩大部份。第一〇條規定必要條件，其文曰：在前條（第七至第九條）規定之情形內，當事者應受法定禁條之拘束，違反此由國家規定之禁條的法律行爲，如該行爲之債務人住於該國，或須在該國履行義務者，則此種違反禁條之行爲爲無效。

任意條件于第七條內規定之。權利義務之當事者，得任意於本國法，住所地法，行爲地法，履行義務地法，及目的物所在地法內，擇一爲準。當事者未有明確表示而約定時，則用推定方法，於第八條內，分別規定各種契約行爲之準據法則，以資遵守。惟人事複雜，列舉之情形當不能包括一切，故于第九條內，復爲補充之概括規定，視契約之性質，是否爲單務或雙務，及是否當場締結，而定其準據法。單務契約，以債務人之住所地法爲準；雙務契約，適用締約地所屬國法律；非當場締結之契約，適用接受建議地之法律。此外復有補充規定凡三：第一謂：依住所定準據法時，若無一定住所，則以締結契約地法爲準。第二，單務契約之債務人，如未自動規定管轄法律時，以其住所地法爲準；如無住所，以締約地法爲準。第三，商人之住所，對于商業事務，以營業機關爲住所；有數個營業機關時，以出面締約之一個機關，爲其住所。

由侵權行爲所生之債務，以侵權行爲地法爲準（第一一條）。

一九二六年法律第一二條至第一七各條，爲關于婚姻之準據法規。其內容，很受一九〇二年與一九〇五年海牙條約之影響，但非全部移植，而根據波蘭之社會情形與慣例，爲之增損者也。第一八至二三各條，爲規定父子關係之準據法；第二四至二七條，爲監護制度之準據法。

繼承問題之準據法規，於第二八條至三五條內規定之。其內容，採取海牙條約所規定者不少，且視一九〇四年一九二五年及一九二八年海牙歷次關于繼承問題之規定，更爲進步。蓋關於繼承問題，以死者之本國法爲準，且由死者之本國法院管轄之（第二八條）；雖不無變通之處，然原則上實爲統一適應之辦法。對于財產之繼承，且不分不動產與動產，均適用同一法律，使之一致。遺囑亦以死者之本國法定之（第二九條）。

第三六條以下，係適用該法律之一般規定。第三六條規定反致法之適用，亦准許一等與二等反致情形之存在，而適用波蘭法律。第三八條，爲限制外國法適用之限制。其文曰：外國法之規定，對于波蘭公共秩序或善良風俗之原則有妨害時，不適用之。第四〇條，爲對于外國或其人民施以報復手段之規定。其文曰：關於私權部份，外國對于波蘭人民之待遇，視待其本國人民或其他外國人民較薄，更或不以一般文明國家之保護方法，以保護波蘭人民時，內閣會議得以具有法律效力之命令，詳定報復手段之主旨與範圍，以對付該外國及其人民。

一九二六年法律之立法要旨，以本國法爲解決法律抵觸之主要準則，凡關于人，婚姻，父子關係，監護制度，繼承權利，無不以本國法爲支配之具，即與物權部份，亦不無關係（第六條末段）。凡屬物權，及與不動產有關係之問題（第八條第二項，一九條三項，第三〇條），以物之所在地法爲準則。至住所地法，有時視爲補充辦法之規定（第一條第一項，第三九條）；有時則不賦予强制性質；有時亦視爲主要規定（第九條）。即未經第八條明文規定之情形，則首先推定其以住所地法爲準，然後方及於締約地法，幷分別明定必要事項與任意事項（第七至第九及第一一條）。

此外，第五條規定塲所支配行爲之原則。第三六條爲反致條欵。第三八條爲關於公共秩序之規定。第四〇條則爲報復手段之規定。波蘭一九二六年八月二日之法律，以其全部言，係採用屬人法主義爲根據者也，然例外及變通之處，亦甚不少，故不能視爲純粹之屬人法派。第三條內所舉之例外，與德國民法施行法第七條殊相類似，故似可視之爲德瑞派之一國。

二　俄國

俄國自一九一七年革命暴發以後，原有之一切社會制度，與經濟組織，均根本推翻，法律制度亦大經變異。關于國際私法部份，蘇俄猶未有具體法規制定。在今日足爲研究之基礎者，據斯托潑尼司基 (Arsene Stoupnitsky) 之研究曰（註一）：蘇俄關于國際私法之主要淵源，散見于：一，法律與行政慣例；二，條約；與三，國際習慣，三者之內。玆將蘇俄國際私法制度之概況及態度約略述之。

一　蘇俄法律居先之原則

蘇俄國際私法之制度，從由關係法令分析觀之，與其他各國之國際私法制度不同，而據有特殊之地位。其特點，卽對于一切法律抵觸問題，雖一般立法均主適用當事人之住所地法或締約地等法律者，但在蘇俄，概以蘇俄法律爲解決之準則。此種原則之形成，一則以蘇俄拒絕與他國合作；二則以蘇

（註一）Répertoire de D. I. T. VII, P. 107 et S.

國內法律之特異，故有此結果。

一　蘇俄與其他各國缺乏共通與合作觀念之表徵

蘇俄之一切立法，及法律，政治，與經濟上之學說，均受馬克斯主義之影響，而採擷唯物史觀之精粹，故蘇俄之立法者與政治家，均認國家爲各階級利害衝突之產物，而爲歷代階級鬥爭之結果，而蘇俄則爲無產階級抵抗有產階級之器械，蘇俄與其他各國之間遂生敵視之觀念而不可相容。蘇聯成立正式之宣告後變爲一九二四年一月三一日蘇聯組織法一部之文曰；溯自蘇俄共和國奠基以來，世界文明國家分爲兩大派別：一爲資本主義派；一爲社會主義派。在他們資本主義之國家內，充滿民族讐恨，不平等，奴視殖民，虛僞，殘暴，與帝國主義戰爭等之觀念；在我們社會主義國家之派別內，則互信，和平，民族自由，一律平等，和平共存，及友愛合作之精神，溢于遐邇；則資本主義國家與蘇俄之互相水火，實爲此種觀念之當然結果。故當共產主義者之軍事時期內，蘇俄政府視與他國通好，爲違反其根本原則之舉動，直至一九二二年，軍事時期告終，方與各國發生正當關係；但其動機，亦僅爲經濟上之必要，其原有態度，固未嘗改變也。依蘇俄法律與其外交政策之趨向視之，目前仍爲過渡時期。至一九一八年七月十日憲法所標榜之目的，換言之，即社會制度之社會主義組織化，與社會主義在各國戰勝，以解除資本之束縛的企圖，固絕不放棄之也。

二　蘇俄國內立法之特異

關于蘇俄之國內立法，應注意之點有二：一爲民法上之主觀法權；一爲私法上若干制度之特別組織。玆分別述之。

甲　主觀法權之觀念。

當軍事共產主義期內及新經濟政策之初時，蘇俄立法內，尙無主觀法權之形像。自新經濟政策實施以後，法律方准私人交易，而公民之私權亦被正式承認。惟一九二三年一月一日民法典所規定之主觀法權，在當時尙無如一般近代法律所賦予之性質。該民法所據爲基礎之主要原則，並非爲個人主義，而係集團主義。故蘇俄民法典所承認之私人關係，其惟一目的，在發展國家之生產力量（民法第四條）。因之，凡與此經濟上之目的相反的私人關係，法律不予保護（民法第一條）。而工農者之國家，對于此種主觀權利，有變改其內容，或全部加以取消之權力（民法第八與第三六四條）。總之，蘇俄立法所規定之主觀法權，其性質為公而非為私。此種觀念對于國際私法，當有重大影響；例如我人所習知之個人意思之原則，在蘇俄民法內，自不能完整使用。其結果，則惟有盡量適用蘇俄之本國法律，而除少數情形外，竭力阻却外國法律之適用。

乙　蘇俄私法上若干制度之特別組織。

復次，蘇俄私法上若干制度之特別組織，更使其國際私法制度顯示特異。制度維何？即關于親屬，婚姻，與親權等制度是也。此等制度由一九二七年以後之親屬法典規定。其所根據之原則，顯與各國類似制度之精神不同，甚且抵觸，而毫無融洽之可能。因此，蘇俄法官遇有上列制度之關係間題時，只能適用其本國法律，而不得不置外國法律于不顧矣。

二　公共秩序之觀念

蘇俄與其他各國既乏合作可能，而其國內立法又視他國特異，因此公共秩序之適用範圍，遂形擴大。據俄當道所派代表潑萊脫斯基(Pereterski)（註一）之論述：判別法律是否爲公共秩序性質之標準，曾由蘇俄共和國憲法第九，第一三，第二二條，及蘇俄民法第一條規定之。各該條文之規定如下：

第九條。在目前過渡時期，蘇聯之根本問題，在建立窮苦鄉民及各城市無產者之狄克推多，用全俄蘇維埃重大權力，以達下列目的：完全打倒資產階級，推翻人類之互相剝削，而樹立無階級亦無國家權力存在之社會主義的國際。

第一三條。爲確實保障勞働者之信仰自由，將教會與國家及教會學校分開，凡屬公民均有宣傳或反宣傳宗教之自由。

（註一）Pereterski——Etude de D. I. Privé, P. 31—32.

第一二三條。蘇聯共和國對于一切公民，不問人種國籍，一律享有平等權利。凡經設立或准許之一切特權或優先權利，以及壓迫少數民族或限制其權利等，不問其根據何在，概視爲違反蘇聯根本法律之行爲。

第一條（民法典）。民法上之權利，除以其實施有背經濟上目的色彩外，受法律之保障。

總而言之，據潑萊脫斯基之意見，依照蘇聯公共秩序之觀念，凡適用外國法而將發生下列情形之一者，概不得適用外國法律。情形維何？即減損無產階級之狄克推多；侵害蘇聯之經濟制度；人類剝削人類之事實；更或如基于人種國籍之不平等的外國法律；以及有宗教偏見與足以樹立違反社會經濟目的之特權的一切外國法律，一律拒絕其適用。潑氏又謂：適用外國法律與上列規定相反，而足以減損無產者之狄克推多者，視爲反革命行爲。此即刑法第五七條所規定之反革命行爲，而將受相當之處罰者也。

二　反致法

關于反致法問題，並無明文規定。據潑萊脫斯基之意見：蘇俄既以其本國法律居先為原則，則凡有適用蘇俄法律之可能時，自必准許適用反致之辦法。（註一）郭克巴（Goichbarg）曰：本問題於對于在外國所締結契約與行為將適用外國法律時發生之……對于此種契約與行為，應絕對適用各該國之國內法規，而不應適用其他外國立法管轄之規定（註二）

（註一）Pereterski——Etude de D. I Priv，P. 40.

（註二）Goichbarg——Droit International P. 41.

第二編　總論

第一章　法律抵觸

第一節　法律抵觸之意義

法律抵觸之名稱，與事實殊不相符，前已言其不當（註一）。但一般學者均之採用，已成習慣，故仍沿用之。法律抵觸問題，爲法學上之最難問題。郭奇爾(Guy-Coquille)稱之謂：無線索之八陣圖，與頭惱之蒸溜器。十八世紀名學者弗勞郞(Froland)曰：對此問題，不知在何處祭壇前宣誓後，方得言之適當。波意愛(Bouhier)曰：最精銳之頭惱，亦不免誤解之危險。按之事實，殊非過甚其辭。譬如，有一訴訟問題，其雙方當事者，一係比國籍女子與一美國男子，在法國結婚後，同往荷蘭居住，比美法荷四國法律均有關係，裁判時，應選擇其一，而不能同時並用。復次，若此夫婦二人，在德國，意

（註一）見以上第十一頁。

大利，西班牙，葡萄牙各國，均置有財產，迨後以夫婦之死亡，而繼承開始時，將從以上關係國中之何國法律爲準，而處置之？若其夫更以商業上之往來，曾在各國訂立契約，則關於契約之成立與效力，數國法律均可適用，將何以解決之？觀此二例，法律抵觸之繁複，已可概見，至抵觸所由發生之情形，約爲下列三種：

一　法律行爲之地位

某國人在其本國以外之國家內有何法律行爲。例如，法國籍之一男一女，在英國結婚，將以法國法抑英國法規定其法律關係乎？若更置其住所於意大利，則有三國法律之抵觸矣：一爲當事者之本國法（法國法），二爲法律行爲地法（英國法），三爲住所地法（意國法）。

二　不動產之所在地

法國人在意大利購置田產，法意兩國之法律均有關係，將何所適從？此由不動產位于他國而生之抵觸也。

三　當事者之國籍

英國籍者與法國籍者訂立契約，英法兩國之法律均有關係，此由當事者國籍不同而生之法律抵觸也。

法律抵觸之發生，不外上列數種情形。至其存在，亦須有下列兩條件：

一　法律關係或法律行為之存在。例如：契約，繼承，監護等。

二　數國法律均可援引之情形。

由此觀之，所謂法律抵觸者，即法國學者萊納所謂：法律抵觸者，法官對于由某種情形所發生之同一法律關係，同時有數國相反或不相容之法律，均應適用之情形也。（註一）

第二節　法律抵觸之種類

一　國際間之法律抵觸。

同一法律關係，有兩國以上之法律均可適用因而發生之抵觸也。

（註一）見 Foignet — Manuel de Droit international Privé, P. 206

二　各省與各邦間之法律抵觸。

一國之內，各省法律互異；聯邦國家之各邦，往往各有其法律制度，故同一法律問題，同時有兩省或兩邦以上之法律均可適用，將以何者爲準？此各省或各邦間之法律抵觸也。

三　割讓地與受讓國之法律抵觸

受讓國之法律與割讓地之法律，每不相同；今同一法律問題，可適用以上兩地法律者，爲由割讓所發生之法律抵觸。

四　宗主國與殖民地間之法律抵觸。

宗主國之法律，每與殖民地所施行者異。同一法律問題，因同時可適用以上兩種法律而生之抵觸，爲宗主國與殖民地之法律抵觸。

五　立法上之法律抵觸。

立法上之法律抵觸，一名適用上之法律抵觸。關于法律問題之實質，有二國以上之立法均應適用，由此情形所生之抵觸，爲立法上之抵觸。

六　司法上之法律抵觸

司法上之法律抵觸者，管轄上之抵觸也。同一法律問題，有兩國以上之法院均可管轄，由此所生者，爲司法上之法律抵觸。

第三節　法律抵觸之研究範圍

立法上之抵觸與司法上之抵觸，當在論述範圍以內，毫無疑義。至其他各種抵觸，究以研究何者爲準？學者對之，其意見約分兩派：主以國際間法律抵觸爲限者，其論據曰：法律抵觸即國家主權之抵觸，國家主權惟國際法上認爲獨立自主之國家有之，故法律抵觸之研究範圍，以有國際性者爲限。（註一）主不論何種抵觸均在研究範圍以內者，謂各種法律抵觸，其目標或有不同，其性質則彼此無異，均爲于數種中選擇一法之問題。由英法兩國人結婚所生之法律抵觸（國際的法律抵觸），與由亞省人（Alsacien 按爲由德國奪回之一省）與巴黎人結婚所生者（各省間的法律抵觸）有何不同？即由讓與

（註一）Pillet——Manuel de D. I. Privé, 1924, P.329—332.

國人與受讓國人結婚所生之法律抵觸，及由本國人與殖民地人結婚所生者，亦無軒輊。故法律抵觸者，法律制度 (Systemes Juridiques) 之抵觸，(註一) 初無關于國家主權，而均在法律抵觸之研究範圍。茲將雙方之主要辯難，畧述于下。

一　國內法律雖有不同而生抵觸，但國內法律之抵觸問題，有全國最高司法機關，得爲統一之解釋或裁判。國際間之法律抵觸，則無此機關以統率之，此顯有不同。故惟國際間的法律抵觸，有特別研究之必要。反之者，謂有無最高統一機關，係司法組織上之問題，而法律抵觸之本質，並不以此而有何岐異，故不足爲限於國際間法律抵觸之理由。

二　國內法律雖彼此互異，但任何區域之法院判決，得無條件於其他區域執行。甲國法院之判決在乙國領土，則不能無條件即得執行。然此係國際間偏私之見，亦不足爲限於研究國際間法律抵觸之理由。

(註一) Arminjon——Précis de D. I. Privé, 1927,T.I. P. 19 et s.

三　關于公共秩序之意義與範圍，各國之解釋彼此甚異，國內之法律雖有不同，但對於公共秩序之觀念，決不如國際間相差之甚，此國際間法律抵觸與其他抵觸不同之又一明證，宜有所區別。然此亦非充分理由，我人分別事物，應以本質爲主，不可以差別之程度畧有不同，即據之以强爲判別是非。復次，一國之內，關于公共秩序之解釋，亦往往相差甚巨，例如法國於一八一六年以前不許離婚，視禁止離婚之條文爲公共秩序之性質；今則反是，視准許離婚之條文爲公共秩序之性質。我人豈可據之謂以前爲國際間抵觸，今日則爲國內的抵觸耶。

四　各國法律解決國際間抵觸與國內法律抵觸之規定，每不相同。例如法國關于繼承問題之國際間法律抵觸，以財產所在地法律爲準；而亞洛（Alsace—Lorraine）二省與其他國內各地關于同一問題之抵觸，則以死者之所屬地法爲準。又如英國，對于國際與國內法律抵觸之觀念，向不甚顯，但關于破產（註一），及婚姻之無效（註二）問題，英蘇（蘇格蘭）法律抵觸，及英國與其他各國關于同樣問題之法律抵觸，其解決準標殊非一致，自不能不有所區別。但此種理由，亦不充分，美國各邦間之法律抵觸，其解決標準與國際間法律抵觸之解決辦法，殊無大異，此人所共見也。復次，解決國際間法律抵觸之辦法，亦甚有不同，例如關于個人之身分能力，有以本國法爲準，亦有以住所地法爲準，此與國際或國內性質，有何關係？此不辯自明者也。

(註一) Dicey——Conflict of Laws 3rd. Ed. 1922, Rules 122, 123, 129.

(註二) Dicy——Conflict of Laws 3rd. Ed. P. 833.

第二章　外國法之適用

第一節　外國法適用之性質

一國之法官，依國際私法規定之指示，有時須適用外國法律，然其所適用者，究爲法律耶？抑係事實耶？對此問題之性質，學說有三：

一　事實說

此說爲英美學者所主張，其意謂：一國法律在他國不能發生效力，若承認外國法能在內國發生效力，勢將侵害內國之主權，故依國際私法規定之結果，而適用外國法，在國內不能認其爲法律，而僅能視之爲事實。且內國之法官，祇有適用內國法之職務，絕無適用外國法之職務，既無適用外國法之職務，則其爲非法律而純係單純之事實也無疑。因此，雖經當事人要求適用外國法時，法官仍有自由適用與否之權。

二　法律說

此說爲意法學者所主張，其意謂：法律抵觸即國家主權之抵觸，國際間互有尊重主權之義務，法律爲主權之表現，故適用外國法律，意即尊重外國主權，爲解決法律抵觸而適用外國法律，即以其爲法律而適用之，而並非僅爲適用之事實，且即以尊重外國主權之義務爲根據者也。故依國際私法規定之結果，而應適用外國法時，雖當事者不請求適用時，亦宜視之法律爲而自動適用之。

三 內國法之一部說

德國學者之主張，則謂依國際私法規定之結果，而適用外國法律，不得認之爲法律，否則殊與內國之主權有損；但亦不能認之爲單純的事實，而可自由適用或拒絕之。以實際言，適用外國法律，爲本國國際私法規定之結果，實視爲內國法之一部而適用之耳。

以上三說，第一說視適用外國法律爲單純之事實，而外國法可自由適用之與否，此純係英美派以禮讓爲國際私法根本之口吻，仍不外視適用外國法律爲國際間之友誼禮品，而可以喜怒好惡出之，其不妥前已言之（註一）。第二說視適用外國法律爲法律上之義務，籍以尊重外國之主權。法律抵觸非主權之抵觸，前已一再言之，而視外國法律爲法律而適用之，亦與實際不符，抑且有反向來法律不能在他國發生效力之慣例。第三說立說巧妙，既不認爲事實，又不視爲法律，而謂係內國法之一部，惜與理論實際均難解釋圓滿爲憾。其實，國際私法之目的，在使法律問題能得最公平與利便之解決辦法爲主，如能達此目的，則視適用外國法律爲事實可，視之爲法律亦可，更視爲內國法之一部，又何嘗不可，以事實上之需要爲主，固不必拘拘于空論之短長也。

第二節　外國法之證明

適用外國法律，須由當事者證明與否，以學說之不同而結論互異。主適用外國法律爲單純之事實者，則事實自應由當事者證明後，方可適用。蓋既

（註一）見前第三六頁。

爲事實，管轄法院殊無研習外國法律之義務而自動適用之，若當事者不之證明，即自己放棄權利（註一），管轄法院逕可適用其本國法律以爲裁判。故英國法例，對此證明問題，有詳細之手續規定（註二）。主適用外國法律爲法律上之義務者，則雖當事者不請求適用，而不爲證明，法官亦應自動適用之，此爲義務性質之當然結果。否則，即爲違反法律(Deni de Justice)（註三）。蓋外國法律亦爲法律，法官應知之而不必待當事者之證明者也。以實際言，證明法律爲獨立的事實問題，與有無適用外國法律之義務無關（註四）。適用外國

(註一) Darras—De la connaissance, de l'application et de la Preuve du D. I. Prive —Clunet 1901, p. 442—456 et 672—680

(註二) Westlake—Private International Law. 4th Ed. P. 393 & seq. ; Darras—Clunet 1901 P.450 et s.

(註三) Arminjon—Précis de D. I. Privé T. I. P. 280.

(註四) Meili—International Civil and Commercirl Law; P. 140.

法律，有證明之需要與利益，適用內國法亦何獨不然，法官于適用內國法有不明時，何嘗不可令當事者證明之。反之，適用外國法律時，若法官知之甚稔，更何必須當事者證明，故曰此爲獨立之事實問題。至其辦法，則屬訴訟法之範圍，各國均可自由規定之。英美學者謂：外國法律之適用，須由當事者證明之；否則，法官無適用之必要。是將外國法之適用與外國法之證明，混爲一談，殊屬謬誤。大陸學者矯枉過正，認適用外國法律爲義務，不問法官知之與否，須自動逕行適用之，亦不免過當。以實際言，有須當事者證明之必要時，則使之證明；否則，自不必故示嚴格而多此一舉。惟各國立法千差萬別，官法殊不能一一研究，而知之明確，故最近五十年來，各國咸有研究外國法律之進行與組織，以備法官隨時諮詢，一八六九年巴黎創設比較法學會(Societe des Legislations Comparee)，并刊行外國法規之年報(Annuaire)與月報(Bulletin)；一九〇八年比國比較法協會(Insititut Belge de Droit Compare)成立，自一九〇八年起至一九一四年，曾刊行雜誌(Revue)七大册；一九二二年起，復行續刊而改爲季刊。英美亦有類似之刊物；法國之司法部，且設外國法規課（Loffice de Legislation Etrangere）；海牙亦設國際中介所（Insitut Intermediaire international）以資利便。一八九一年國際法協會在德國漢堡（Hambourg）開會，并議決組織國際正式機關，收藏各國法律，以備法院之參考（註一），則適用外國法律之必見漸易，自在意中，而證明問題卽可不決而自決矣。

第三節　外國法律之解釋

適用外國法律而須解釋時，將以該法律所屬本國之解釋爲準乎？抑以管轄法院之解釋爲標準？多數學者主以其本國之解釋爲準，其理由有二：以實利言，一國之法學家，對于本國法律，當然較爲熟稔，其所下解釋，必與該法律之立法原意，較爲適合；以切當言，亦依其本國之解釋，較爲正確。否則，同爲一國之法律在各國適用，以各國法院之解釋不同，而結果迥異，殊與立法本旨相乖。例如意國比國法典之每一條文，均採自法國法典，但解釋

（註一）Annuaire T, XII 1891, Sessicn de Hamburg P. 328.

則不必相同，今若以意比之不同解釋以說明法國民法典第九七〇條之規定，其結果必與該條文之原意相異，豈非大可憾乎。法國比國民法典第九七〇條，文字雖同而解釋則異；比國法院對于錯誤日期之遺囑，不主撤銷，法國之解釋則反是，法國杜愛（Douai）法院對于某比婦所爲之遺囑有效與否，從比國之解釋而認爲有效（註一），卽從外國法律所屬本國之解釋者也。說者或謂，由此以言，則一國之法官，須對于各國之解釋均能熟稔，殊不可能。但此不足爲依照管轄法院解釋之根據，其詳業於適用外國法之證明問題內言之，且已不乏補救之道（註二）。故唐實(Danz)主以德國之解釋以說明外國法律眞意所在之主張，終未見採用也（註三）。

解釋當包括立法解釋與司法解釋而言；至解釋之範圍，亦包含一切法規

（註一）Clunet—1901, P. 810, Note.

（註二）見以上第一二〇至一二二頁。

（註三）Danz—Die Auslegung der Rechtsgeschafte 1897, P. 147.

，成文與習慣均在其內。他如條約，是否亦在被解釋之範圍？學者意見畧異：有謂條約爲雙方同意性質，與法律不同，而非立法機關之作品，一方之解釋，當然不能拘束對方，故有爭議時，惟有由外交上之協議方法解決之（註一）。此種理由，未見充分，條約之成立，事實上均由國會間接或直接批准之，所不同者，僅在雙方同意一點，對于雙方當事國之拘束效力，殊與法律無異，故學者中不乏主以條約亦在解釋之列（註二）。法國判例之趨勢，分條約爲私人利益與國家關係者兩種，前者，法院得解釋之；後者，須經政府決定；此種辦法，亦未見妥當，蓋無論爲私人利益，或國家利益，締結條約均由國家的代表爲之，固無公私之分別也。他若法律關係之性質，當事者之眞意等，當然亦在解釋範圍以內。

以上所云，係指有文可據者而釋。若無任何文書可據者，將何以解釋

（註一）Laferriere——Juridiction Administrative 2e Ed. T. II, P 49 et 51.

（註二）Meili——International Civil and Comm rcial Law, P. 146.

之？如須為解釋之點，為某法律行為之原則上問題，則從該法律制度之全部關係規定內探求之；若為枝葉問題，則較為困難，得由其概念條件等及各觀察點內找尋之（註一），或更以類似制度之習慣用語為助；例如關於船舶契約（註二），往往可于習慣用語內，探求其真相。惟若用語雖同，但以各地之習慣與法律互不相同，而其命意亦異時，則依各法律行為作成地之習慣或成例，以解釋之（註三）。總之，解釋法律與解釋法律行為時，必須合于邏輯，此為不易之道。普魯士法律（註四），規定曰：由通信所結之非正式契約，雙方當事者所居地之法定方式彼此互異時，其契約之方式有效與否，依對于該行為最有利益之法律定之。奧國民法典第三五節，留聲納（Lucerne）私法典第

（註一）Savigny-VIII, P. 265.

（註二）V. Bar-II, P. 219.

（註三）Story — § 270.

（註四）Landrecht I, 5, § 113.

二五節，亦有類似規定，均以合理爲解釋之標準者也。

第四節　適用外國法律之制裁——上告問題

關于不適用外國法律，或雖援用而有錯誤時，可否上告問題，得分別各種情形而論述之。

一　本國法律明示或暗示規定，應適用外國法而仍適用本國法。前者，如比國民法第九九九條規定，在外國依照作成地之法定方式所立之遺囑爲有效，但比國法院則依比國法律宣告其無效。後者，如法國民法典第三條第三項規定關于個人身分能力之法律，雖在外國者亦適用之，由此可知外國人之在法國者，其身分能力亦依其本國法定之，但法國法院則依法國法律以定外國人之身分能力。以上兩例，均爲違反本國法律應適用外國法而仍援引本國法之情形也。此種不適用外國法之違法情形，學說與判例，一致認其有對之提起上告之權。蓋如此種情形，本國法院不僅違反外國法律，實爲背叛本國法律之規定，當可上告。

二　雖無明文規定，但依公平與合理之原則，應適用外國法而仍適用本國法時，是否亦爲違法，而得對之提起上告？各國判例對于此點，尙無確定標準。法律不問成文與否，其主旨不外公正與合理，應適用外國法律而不之適用，雖無明文，但顯與立法本旨相反，與上列第一種情形，實際上殊無軒輊，故以理論言，亦可上告。

三　應適用外國法律而適用之，但誤解外國法之意義，或誤引條文。例如，在決定荷蘭某少年是否成年時，誤引其舊時以二三歲爲成年之規定，而否認二二歲之荷蘭少年的成年身分，此種誤引荷蘭舊法律之情形，可否對之提起上告？一般學者與判例，均認此種情形，既非不適用外國法律，亦非違反適用外國法之規定，僅屬解釋上之錯誤，而爲事實問題，故不能上告。蓋上告法院，以審判法律問題爲專職，事實問題當不在其管轄範圍；況一國之最高法院，爲統一本國法律之解釋機關，外國法律之解釋錯誤，非所顧問。此種論理，不見充分。適用外國法律，應適用其現行有效之法律，非僅在敷衍了事。如雖適用之而不免誤解，與不適用外國法律有何軒輊，奚爲不能上告。學者更有主以本國法有無規定適用外國法之明文，爲對于解釋上之錯誤可否上告之標準，其理由之淺薄，前已言之，自不足採也。

第三章　解決法律抵觸之前後各派學說

第一節　法則學派　(Ecole de Theorie des Statuts)

法國學者萊納曰：法則學派，爲十三世紀至十八世紀中間，解決各地習慣法則與內外國法律抵觸之各派學說的總名稱(註一)。法則(Statuta)云者，係中古意大利各城市特別法規之名稱，而與全國共有之法律相並峙者也。法則學說即以解決由各城市特別法規所發生之抵觸爲主要目的之學說。迨後國際交通日形發達，內外國人民互市亦漸頻繁，因而發生國家與國家間之法律抵觸，但猶無解決此種法律抵觸之辦法，遂於法則學說內研求解決之道，因此法則之範圍無形擴大，法則且變爲法律之同義字，但其來源，爲解決法則抵觸之學說，故學者仍以法則學說名之(註二)。

(註一) Poullet—Manuel de D. I. Privé Belge 1925, P. 24.

(註二) Weiss—Manuel de D. I. Privé P. 355—356

法則學派共分三派：意大利學派，法蘭西學派，及荷蘭學派是也。此三派，非同時存在，而爲相繼發現者。意大利學派發現於十四世紀，其趨向較屬自由而寬泛。法蘭西學派盛行於十六世紀，其態度與前派相反，甚爲狹隘。荷蘭學派爲十七世紀之產物，其主張之狹小，視法蘭西學派爲更甚。此三派，雖以其所屬國家名之，但僅爲大概情形，蓋十七世紀時代，意大利學派不乏法國之附和者，而十六世紀之荷蘭並未採用荷蘭派之學說焉（註一）。

一　意大利學派 (Ecole Italienne)

意大利學派，又稱意大利後期註釋 (Post—Glossateurs) 學派，因其以波勞納 (Bologne) 爲該派之研究中心地點，故又稱之謂波勞納學派。由其學說之內容與態度觀之，則爲屬地法與屬人法之持平派，盛行于十四世紀至十七世紀時代。

意大利學派之主要人物。

（註一）Pillet—Manuel de D. I. Privé No. 278

此派學說首創于意大利，在法國之勢力亦甚浩大，直至大爾强脫萊爲首之新派出世，方形失勢。此派學者甚衆，而以巴爾托利（Bartolus）爲最著，巴氏雖非該派之首創者，但其供獻與影響，實在其他學者之上，故人稱之爲該派首令，茲將前後代表人物畧述于左：

萊維尼（Jacques de Revigny）生于一二七四年，卒于一二九六年，係凡爾登（Verdun）之主教。

勃爾彼西（Pierre de Belle Perche）生年未詳，卒于一三〇八年。

畢斯托（Cinus de Pistoie）生于一二七〇年，卒于一三三六年，先後講學于意大利，及法國之蒙不利愛（Mont Pellier）。

巴爾托利（Bartolus）生于一三一四年，卒于一三五五年，或謂卒于一三五七年。

巴爾德（Balde）生于一三二七年，卒于一四〇〇年，爲巴爾托利之學生，曾在白魯斯（Perouse）任教。

沙利西（Salicet）生年未詳，卒于一四一二年，爲波勞納之大學教授。

加斯脫落 (Paulus de Castro) 生年未詳，卒于一四四一年，係巴爾德之學生。

基爾底 (Rochus Curtius) 生年未詳，卒于一四九五年，爲拜爾 (Paire) 大學之教授。

意大利學派在法國之代表人物如左：

馬斯南 (Jean Masner) 生年未詳，卒于一四四九年，爲 Practica Forensis之著作者。

爵聲納 (Chasseneuz) 生于一四八〇年，卒于一五四一年，係愛克斯 (Aix) 法院院長。

帝拉鴿（Tiraqueau）生于一四八〇年，卒于一五五八年，係巴黎法院院長 (Coutume du Poitou)，之註解者。

意大利派學說之根據

意大利學派之研究根據，以羅馬法爲本，蓋當時捨羅馬法外，別無他法足爲根據。其研究焉，始于一二二八年之阿爾基斯（Glosse d' Arcusse）的註釋——或謂始于阿爾特虫基（Aldricus）之註釋——阿爾基斯（Arcusse）者，意大利之法學名家，生于弗洛郎斯（Florence），亦羅馬法革新者之一，嘗于許斯抵尼恩（Justinien）法典內所載之克拉丁（Gratien）勿郎底尼（Valentinien）及德惡獨斯（Theodose）諸帝的憲規中，見有關于（Sainte Trinite）之信誓規則，甚足爲研究法律抵觸之資料，遂據之以探求解決各城市特別法則抵觸之辦法，故其所下準則，均由許斯抵尼恩法典或法律大全（Digest）內之規定脫化而來；如法律行爲之效力與方式，以法律行爲作成地之法律爲準，卽以（Si fundus）法律關于買賣之保證，以買賣行爲地法則定之的規定爲榜樣者也；又如當事者之能力，以住所地法爲準，卽以（de Tutoribus et Curatoribus）法律規定，各省長官惟對于住在各省者得爲之指定監護人或扶助人之規定脫胎而來。其解釋雖未免牽强而欠自然，但其以羅馬法爲研究之本，則不容疑爲。

意大利學派之方法

意大利學派雖以羅馬法爲研究之根據，但在實際，羅馬法對于法律抵觸問題，殊不能有何供獻，故其解決方法，以良知（Bon Sens）爲本，而以法律之分類與選擇爲手段，茲畧述之于左：

法律之分類 (Classement des Lois)

萊納曰：註釋學派之研究方法，視各種法律之性質如何，而定其適用範圍（註一）。——此說與皮勒之社會目的派主張相似——見後第一七二頁以下——將各種法律分爲若干組，而定以最合事理之解決辦法。巴爾托利將法律分爲契約，侵權行爲，遺囑等類，即爲此種辦法之明證，而純以事實爲準，與大爾強脫萊及法國學派以推理爲出發點者不同。皮勒謂註釋派以類別方法，爲解決法律抵觸之捷徑，且以事實爲本，不尙空論，爲其優點。

（註一）Lainé—Introducticn de D. I. Privé T. I., P. 93—267.

適用法律之選擇 (Choix de la loi Competente)

對于各種法律抵觸問題，應以何種法律爲解決之根據，則應于各關係法律中選擇其適當者爲準。選擇適用法律，無一定規則，而以良知或公正爲本，亦卽視事物之性質爲移轉，故無概括意思而不成系統。

意大利學派關于法律抵觸之三大原則。

第一原則。關于人之法律關係，應以個人之住所地法爲準據法，而稱之謂人法 (Statuta Personalia)

第二原則。關于物之法律關係，應以物之所在地法爲準據法，而稱之謂物法 (Statuta realia) ——關于動產，未有獨立之準據法，故恆視爲人格之一部份，而適用個人之住所地法。動產附着于人 (Mobilia Ossibus Inhaerent)，與動產隨人 (Mobilia Sequuntur Personam) 等之辭句，卽表現動產爲人格之一部份的意思。

第三原則。關于行爲之法律關係，應以行爲地法爲準據法，而稱之謂場所支配行爲（Locus regit Actum）之原則。

巴爾托利之個人特別主張

此外巴氏個人，復揭兩問題，以立適用法律之準則。

第一問題。一地方之法則，對于不屬於該地方之人民，能否適用？

巴氏對此問題，主張關于下列各項，得適用之於他地方人民：

一　契約本身之效力，若能實現其結果者，依契約地法；不能履行者，依履行地法；延遲或過失問題，以法院地法爲準。

二　法律行爲之方式，依行爲地法。外國人依照行爲地法定方式所爲之行爲，亦爲有效，而不必遵守其固有之屬人法；蓋方式之規定，爲尚個人之實用與利便，殊無以內國人爲限之必要，外國人亦應使之享受此種利益。

三　訴訟之程序，依訴訟地法。

四　遺囑之實質，視與契約等，適用遺囑地法；至遺囑之方式，則以行爲地之法定方式爲準。

五　無遺囑之繼承，依其標的物之所在地法。

六　關于物權，以物之所在地法爲準。

第二問題。　一地方之法則，其效力能否存在於領土之外？

對此問題，巴氏主張關于下列諸事，其效力得存在於領土之外：

一　個人之權利能力與行爲能力，依其本地方之法律定之，故本地方人在其他地方締結契約，欲知有無締約能力，以其本地方之法律規定爲準，而不適用契約地法。

二　關于婚資及夫婦財產之契約，依夫之住所地法，而不從契約地法。

三　在某一地方，如有「關于遺囑能力之規定，他地方人民不准適用之」的明文時，即指本地方法則對于本問題，得在他地方適用之謂。

四　限制個人行爲之規定，若對其人有不利益時，則該人一出邊境，即不能對之復適用此不利益的規定。若爲有利益者，則雖至境外，仍適用之。

五　本地方法則如云「長子繼承財產」，其用意注重在人，則財產雖在境外，亦不依財產所在地法。

上列各原則，不僅風靡於當時之法學界，其影響且波及於後世各國之立法；但此大三原則之區別，頗屬曖昧，而遊移不定，例如主張關係人之法律關係，應依個人之住所地法；但一切法律關係莫不與人相關，所謂關于人之法律關係，其意義與範圍如何？茫然無定，殊屬可憾。他如關于物之法律關係，關于行爲之法律關係，其觀念如何？均無具體之解釋，實爲缺點。且同一法律關係，往往與人，物及行爲均有關係；例如不動產之繼承問題，屬于人法之管轄範圍耶？抑或應受物法之支配？殊無一定標準，而甚難摸捉。因此，巴爾托利遂倡文義解釋論以補救之。將長子繼承不動產（Primogenitus Succedat In Omnibus bonis）之條文，與不動產歸屬長子（Bona decendentium Veniant In Primogenitum）之條文，兩相比較，以分別其用意所在。在前條文內，其主體爲長子，故爲關于人之法律關係，當然以人法爲準；在後條文內之主格爲不動產，其法律關係，必爲屬於物之性質，不能不以物法爲準。此種文義解釋方法，將意義本屬相同之條文，故爲不同之解釋，實屬牽强附會之論，因不免後世之嗤笑。雖然，若譏之謂一無供獻，亦非至當；蓋其解決法律抵觸之規定，仍有適用之於今日者；例如：個人能力依當事者之屬人法；訴訟程序，依訴訟地法；場所支配行爲之原則；物權制度之適用法律等，均屬不可泯滅；而關于繼承法律之規定，尤爲現代學者之先導，是均不可掩沒者也。

二　法蘭西學派

法蘭西學派，包括態度不同而主張對峙之兩系：一爲提摩耶（Dumoulin）之主張；一爲大爾强脫萊之學說。前者之主張，與意大利派相近，故恆將其列入該派學者之內。但巴爾德（Balde）洛耶等，則視爲與法蘭西派較近。此姑不論，玆將其與大爾强脫萊相提幷論，以觀其意見不同之所在，藉明立法者之趨向與態度，以資參攷。

法蘭西學派之代表人物

提摩耶（Charles Dumoulin）於一五〇〇年生於巴黎，卒于一五六六年，身任律師兼充教授，爲有名學者。其學說得於所著之 Summa Trinitate 註解內見之。

大爾强脫萊（D'argentre）于一五一九年生于維脫萊（Vitre）卒于一五九〇年。爲勃勒冬（Breton）地方之爵士（Seigneur），而浸潤于封建思想之學者也。主法則屬地說甚力，而猛攻意大利學派之自由主義；著作等身，關于法律抵觸之學說，得于勃萊冬之習慣法則之註解一書內見之，爲封建思想之結晶。此派學者在十八世紀有三人：爲波勒諾阿，波意愛，弗勞郎是也；均係大爾强脫萊之後繼者，但亦提創屬人法律說，故人稱之謂進步之法學家。

波勒諾阿（Boullenois Louis）生於一六八〇年，卒一七六二年，在巴黎執行律務，曾著法律之屬人性與屬地性一書，雖以屬地法爲主，但將屬人法之範圍擴大。

弗勞郎 (Froland Louis) 生年不詳，卒於一七四六年，著有法則性質論，於一七二九年出版。

波意愛 (Bouhier) 生於一六七三年，卒於一七四六年，爲翰林院會員，著有波爾郭尼 (Bourgogne) 習慣法則考一書，主法則性質不明時，推定其爲屬人法之性質。

提摩郎 (Charles Dumoulin) 之學說。

提氏爲意大利學派之熱烈擁護者，其目的，欲藉法律之統一以建設法蘭西之統一國家，博學而具有遠大眼光，爲國際私法之有數學者。但當十六世紀時代，屬地主義之在法國，仍甚流行，各地間之交通需要殊亟，處此情況，欲盡廢各地特別法規，事實上殊難成功，而欲隔絕異地人士之往來，亦爲時勢所不許，故提氏雖採取意大利學派之方法，但不無改良調和之處，其主張之要點如左：

一　法律行爲之方式，應以行爲地法爲準據法。

二　契約之實質，依當事者之意思決定之；若意思未有明白表示時，則由締約當時之一切狀况內探究其意思。

三　關於物，應依其所在地法。

四　關於能力，應依個人之本國法。

提氏學說雖爲巴爾托利學說之後繼者，但條理清晰，視巴氏有過之無不及，尤以契約不以契約地法爲準之主張爲獨有見地，遙樹後日國際債務法中「意思自由原則」之先河；對於解決法律抵觸之辦法，其供獻不可滅也。

大爾强脫萊(D'argentre)之學說。

與提摩耶同時而對峙者，爲大爾强脫萊，係擁護封建思想之一員驍將，極力攻擊意大利學派，斥從來之學者爲腐儒，責難從來之原則爲虛僞，其主張之要點有三：

一　法則之二分，　氏將法則分爲屬人法與屬物法，并謂：凡屬法則，若非屬物法，必爲屬人法，二者必居其一。屬物法者爲關於物之法則；屬人法者爲關於人之法則；例如：關於財產權取得之法律爲屬物法；關于結婚年齡之法律爲屬人法。

二　法則之適用次序。　法則以屬物法爲原則，以屬人法爲例外。意謂對于法律抵觸，應盡量適用屬物法，而以屬人法爲補充之具。且爲縮小屬人法之範圍起見，大爾强脫萊復將同時關于物與人之法則，名謂混合法則 (Statuta Mixta) 者，亦置之於屬物法範圍以內，而屬人法所包括者，爲純粹關于人之法則。

三　適用屬人法之根據。　法蘭西學派對于屬人部份，適用個人之屬人法時，認爲應當之義務，而非任意之謙讓；蓋謂依公正原則而適用個人之屬人法，係法律上需要，殊不能視之爲對于他國之禮讓。大爾强脫萊主張之法則二分辨法，意在避免註釋派學說之曖昧與遊移；但在實際，其內容亦甚空洞，僅憑推理而擅將法則不自然的分爲屬人法與屬物法，殊屬牽强而狹隘；蓋社會事物，千變萬化，不能以一二法則，包含全部，故此二分辦法，殊不免捉襟見肘之歎也。

以屬物法則爲原則之主張，未免封建色彩過于濃厚，而不問法律之性質如何，擅分別其地位之高下，亦屬欠當；且每將屬物(Realia)與屬地 (Territorial) ，及將屬人 (Personalia) 與域外 (Extra-Territorial) 視爲同義字，更屬錯誤。其結果，不免將法律之目的與適用範圍，混爲一談，而分別不清。大爾强脫萊之用意，一方欲使域內或本地法院必須適用屬物法；他方更圖不准域外法院援引之。例如提榮 (Dijon) 法院必須并且只可適用其本域之屬物法，以爲裁判。此種態度直將個人之已得權利完全否認（註二），實屬不當之至。

關于適用屬人法律之根據，雖甚正當；但與其主張之根本原則，不易解

（註一）Pillet——Manuel de D. I. Privé No.7; No. 335.

釋。勞塞爾(Loisel)曰：既以法則爲屬物性質，而另立例外，殊屬矛盾。此實爲大爾强脫萊主張之缺點。

法蘭西派兩系主張之總評。

法蘭西派之兩大代表學者提摩耶與大爾强脫萊，其主張，根本上立于對峙地位。提摩耶主張尊君統一，欲悉舉王權治下之國土，受統一法律之管轄。反之，大爾强脫萊爲封建思想之熱烈擁護而鼓吹者，以全力爲各地及其本鄉之自主奮鬥。故前者採屬人法主義，關于法律之適用，認各地法則一律平等，視法則之性質不同，并以公平爲本，以定其適用範圍。後者，竭力排斥屬人法主義，堅以屬地法爲原則，主張法律在原則上爲屬物法。此兩者持論各異，而互相敵對，其所以分異若此者，蓋以有政治意味之背景在焉。

提摩耶將意大利學派之原則採納外，更進一步而提倡國際私法上自主之原則(Le Principe de l'autonomie)以當事者之自由意思決定契約之實質，其功績殊不可掩。所憾者，依法規之性質以定其適用範圍的辦法，實欠合理；蓋法規係一切人事之準則，不僅關于人或物，但關乎人者，同時亦關乎物，故其適用範圍，應基于法律關係之性質，而不宜以法律之性質爲決定之標準，此層提摩耶與法則學者均未窺及，實爲共同之缺點。

大爾强脫萊以屬物法爲原則，屬人法爲例外，又主張混合性質之法則，亦爲屬物法，而謂對于在其域內者，均援用屬物法以管轄之。欲達政治上之目的，而以適用法律爲手段，雖屬別具苦心，但終不免牽强。且此種以極端封建思想爲基礎之屬地法主義，根本上與國際私法之目的及精神背道而馳；蓋國際私法之發生，係由封建制度下之極端屬地主義所迫成，緩和之道，首在盡量擴張屬人法之適用範圍；今大爾强脫萊之主張適與此種目的與精神相反，因而阻礙國際私法之進展，不能不視爲一大遺憾。

三　荷蘭學派

荷蘭學派爲十六世紀法國大爾强脫萊學說之採納者，係由波爾郭納（Bourgoine）及羅登堡二人攜往而傳入荷蘭者也。大爾强脫萊之二分法則，累無以自圓其說之弊；武愛（Voet）父子有鑒于此，思有以校正之，故關于法律之分類及適用範圍，仍採大爾强脫萊之三分辦法，與法則爲屬物性之原則，至適用他國法律之根據，則不復以法蘭西派之公正與道義爲理由，而代之以國際禮讓（Comitas gentium）主義。

荷蘭學派之代表人物。

波爾郭納（Bourgoine）生于一五八六年，卒于一六四九年。

羅登堡（Rodenburg）生于一六一八年，卒于一六六八年。

鮑爾武愛（Paul Voet）生于一六一九年，卒于一六七七年。

錢恩武愛（Jean Voet）爲前者之子，生於一六四七年，卒于一七一四年。

伊勃爾（Ubric Hubert）生于一八三六年，卒于一六九四年。

荷蘭學派之學說。

荷蘭派之學者中，以伊勃爾爲最著，茲將彼所主張之三大原則，揭示于左：

一 凡一國法規，於不妨害他國君主之主權或其人民之權利時，各國統治者須顧全國際間之禮讓，而應保全其效力。

二 一國之法律，對于在其境內之任何人民，均有拘束效力；但在國境以外，則不生效力。

三 凡在國境以內者，不問為永久居住，或係暫時寄留，概稱之謂臣民。

綜上觀之，其學說純採絕對屬地法主義，偶或容認外國法之效力，則純為顧全國際間之禮讓，而絕無義務可言。

荷蘭學派之主張，為極端的屬地主義。大爾强脫萊雖主以屬物法為原則，但亦略讓一步，而闢一例外，以容許屬人法之適用。荷蘭學派幷此例外亦未規定，其態度視大爾强脫萊之主張更為狹隘。對于外國人之成年身分等，雖亦認為一定而不必隨地變更，但以國際禮讓為保全其效力之根據。荷蘭學派之主張，雖無大爾强脫萊以公正與義務為本的籠統之弊；但所謂禮讓，可以好惡出之，其遊移上下，更足可慮，充其量言之，勢必將國際私法根本搖動，而使之沉淪莫救。伊勃爾所倡之三大原則，在實際上，殊甚空洞，而毫無稗益。故荷蘭學派之對于國際私法，僅有阻礙其進展之效力，而一無供獻之可言。

四　新法蘭西學派

迨十八世紀時代，提摩郎屬人法主義之在法國，視大爾強脫萊之屬地法主義較佔優勢，故以屬人法為原則，而以屬地法為例外，適與大爾強脫萊之主張相反。若在究應依屬人法或屬地法不甚明瞭之際，則以屬人法為準，以解決關係問題之法律抵觸。至關于公安與公益者，視為屬地法；其餘則為屬人法，此為新法蘭西派學說之大校。

新法蘭西派之主要學者。

阿克沙 (Aguesseau) 生于一六六八年，卒于一七五一年。

巴底愛(Porthier)生于一六九九年，卒于一七七二年。

梅郎（Merlin）生于一七五四年，卒于一八三八年。

新法蘭西學派之主張

新法蘭西派學者主張屬人法較勝於屬物法，其理由謂：人較物爲貴，法規之存在爲保護人之利益，故應視爲屬人性質。其主張之精義，即法國民法典第三條規定之內容，試揭示之，以觀其究竟。該第三條共有三項，其規定如左：

一　凡關於警察及保安之法律，拘束領土內居住之一切人民。

二　不動產雖屬他國人所有，仍受法蘭西法律之管轄。

三　凡關于人之身分及能力之法律，對於在外國之法蘭西人民，仍支配之。

第三條各項之條文，爲近代國際私法之基本原則。第一項乃表示國家主權之特色，不問其爲外國人或內國人，凡關於警察及保安者，均應服從法蘭西之法律，不許援引他國法律，而妨害其公安與秩序，此與我國法律適用條例第一條之規定相當。第二項乃表不動產物權之準據法，應以物之所在地法爲準，與法律適用條例第二三一條相當。第三項係屬人法之原則，在該條文內，對于外國人雖未有明文規定，但由文義及平等原則解釋，對於住在法蘭西之外國人的身分能力，自亦應以其本國法爲準，此與法律適用條例第五條相似。

新法蘭西派學說對于國際私法之影響

新法蘭西派將進步之主張，用條文確立之，以應時代之需要，其最足注意者，約有三點：

一　確定純正國際私法之成立　巴爾托利以來至法蘭西民法典編纂成立爲止，所謂法律抵觸問題，以國內各城市特別法律之抵觸爲研究對象，迨法蘭西民法典編纂告成，國內法律統一以後，國內之法律抵觸從此消滅，原來各城市法則抵觸之研究，一變而爲內外國法律抵觸問題之研究，純正的國際私法卽由此而實現。

二　本國法主義之發生。　在昔一國之內各地法律不同之時，事實上只能以個人之住所地法爲屬人法；法蘭西民法典因國內法律業已統一，遂以個人之本國法爲屬人法；故學者有謂以本國法爲屬人法，乃國內法律統一之結果，此言不無相當理由。

三　對於各國國際私法之影響。　近代文明各國之民法，咸以法蘭西民法爲模範；國際私法之規定，亦以法國民法典內關於國際私法之條文爲榜樣，故法國民法典第三條不啻爲國際私法之成文法規，所異者，其他各國或不如法蘭西將國際私法之條文規定之於民法典中，而以特別或以單行法出之，但均倣効法國之規定者也。

第二節　英美學派

英美學派一名屬地法律派，主法律爲屬地性質，係荷蘭學派之繼承者，意謂一國法律在領域以內，有絕對効力，初不問人與物之情形爲如何。英美向以普通法 (Common Law) 爲唯一主要之法規，而以條理法(Statute Law)，或衡平法（Law of Equity）爲補充之具。關于法律抵觸問題之國際私法，則素未顧及，且英國內部，法律向屬統一，殊不若大陸各國以內部法律紛歧而生抵觸，故無解決法律抵觸之需要，此英美對於國際私法研究之所以落後也。迨十八世紀，英國學子之負笈荷蘭者，接踵而往，因將風靡荷蘭學界之伊勃爾的學說攜之俱返；且該學說之絕端屬地法原則，又與封建色彩濃厚之英國社會，甚相匹配，因而大爲英國學界所歡迎；然其採納焉，僅就適于英國國情而與其立法原則不相衝突者爲限；如物權以物之所在地法爲準，因與英國向日尊重土地權之主義相合，故採用之。至關於身分能力適用屬人法，法律行爲之方式以行爲地法定者爲準之規定，因與英國慣例相反，均歸拒絕而未之採取。他如荷蘭學派以國際禮讓爲適用外國法律之根據，與英國待遇外國法之態度相合，故亦採用之。

美國爲英國之後裔，其法律制度頗多沿用英國之舊，故其國際私法，亦傾向於荷蘭學派之主張。一八三四年美國學者司多理在所著之國際私法內，曾發表下列三大原則，足證其態度亦係荷蘭學派之流亞：

一　各國在其領土內，有唯一之主權與審判權，故凡在其領土內者，不問內外國人或任何事件，均由該領土之法律支配之。

二　一國之法律，不能拘束在自己領土以外之人民與事物。

三　在自國領土以內，認許外國法律之效力，乃基於國際禮讓之好意，但以不違反自國之政策及利益者爲限。

據此以觀，其原則係絕端的屬地法主義，雖偶或適用外國法律，亦僅以國際禮讓爲根據之例外，而並非法律上之義務。

雖然，態度執中之英美學者，不無厭棄禮讓主義之趨向，將來或有與大陸各國一致之可能。惠斯脫拉克曰：予對于大陸與英美，一以禮讓一以公正爲根據之對時情形，不甚了解，故氏謂適用外國法律爲眞正之義務，而非禮讓。戴西亦攻擊禮讓主義，認爲與實際不符；氏對于外國法律之適用，以保護已得權利之必要爲根據；一八九六年在其所著之法律抵觸大全內，樹立關於國際私法之六大原則，其主旨謂：依各文明國法律適當取得之權利，在英國法院亦應承認而爲之執行，但其執行與下列三項有抵觸時，則不在此限：

一　與在外國發生效力之英國成文法抵觸時。

二　與英國法之政策，英國法支持之道德，或英國制度之維持存在有抵觸時。

三　與英國主權者之權力有抵觸時。

戴西又謂：在文明國法律之下取得的權利，不能不依據取得該項權利之法律定之；但對於應認許當事者自由意思之法律關係，則依當事者之自由意思，以定其適用法律。

英美學派以國際禮讓爲適用外國法律之基礎，雖關于禮讓之意義，未必與荷蘭學者之意思全同，然其根本思想，則仍以荷蘭派之主張爲本，故凡對於荷蘭學派之觀察，均足爲對于英美學派之批評。禮讓主義之在大陸各國，殊少成績，即其發源地之荷蘭，亦已完全將其摒棄，且十九世紀末年，主張以締約方法編纂國際私法典者，卽爲荷蘭，故今日採此主義者，殊屬甚尠，少數學者雖有使其再興之野心，但無成效，一八四三年名律師弗利克斯，及最近之范萊沙米，均有此意，惟全歸失敗，則英美學派主張之不合潮流而不爲人所贊許，殊無疑義也。

第三節　德意志學派

迨十九世紀，學說之中心移於德意志，法學人才輩出，新頴之學說亦相繼發明，對於國際私法方面，亦創立不少原則，以解決法律抵觸。學者之較著者有四：雪夫納，革希特爾，沙維尼，與巴爾是也，而尤以沙維尼爲最著。

一　雪夫納。

雪夫納(Schaffner)于一八四一年著國際私法之沿革(Entwickelung des internationalen Privatrechts)一書問世；其用意，在排斥從來之學說，而主張法律關係成立地說之新主義。其意謂：一切國際私法上的法律關係 (Rechtsverhaltniss)

如有明文規定者，適用明文規定；否則，應依各該法律關係之成立地法爲準。換言之，即適用法律關係之發生地法。故如契約，依契約成立地之法律；關于物權，如爲概括的財產 (Ut universitas) 之法律關係，應依財產所有人之向來住所地法；若爲個別的財產(Ut singuli) 之法律關係，則以物之所在地法爲準。人之能力及地位，依個人向來之住所地法定之；行爲之方式，以行爲地法爲準。

此說缺點，在欠明爽而不準確。所謂法律關係之成立，既未言明其究以何時爲成立時期；且謂法律關係之發生地即成立地，亦屬籠統。復次，法律關係往往于偶然之地點成立，今遽以偶然之地點，以定法律關係之適用法律，殊非合理之妥當辨法。

二 華希特爾

華希特爾 (Wachter) 生于一七九一年，卒于一八八〇年，著有 Archiv-fur civilistische Praxis 于一八四一及一八四二年出版。對于解決法律抵觸之準據法，曾立三大原則，以爲標準：

一　法官適用法律，須依內國法所明示之原則。法官非立法者，若有適用內國法之原則存在，自然依照之，縱令依內國法之規定，對于法律關係之裁判，在客觀方面，不甚充分而合理，但仍應適用之，且不能不適用之。

二　無明示之原則時，法官應從關于各法律關係之內國法律的意義及精神內，探求適用法律之何在，至該法律關係是否發生于外國或內國，則非所究問。適於內國法之精神者，適用內國法；否則適用外國法。其主要意旨，不外將內外國法律之適用基礎，悉由內國法之意義與精神內找求之。

三　若從內國法之意義與精神內，仍不能找得適用法律之標準時，則適用本國法。換言之，絕對不能發現準據法時，勢將無法可施，處此不得已之境地，惟有適用本國法以解決之。

此說缺點，在偏私而不顧國際交易上之安全與信用。內國有明示之原則，雖明知其不甚適當，亦必適用之，殊屬不公之至。在無明示之原則時，外國法之適用，亦由內國法之意義及精神內找求其基礎，殊屬有礙國際交易上之安全與信用。至於無法可施時，適用內國法律，雖云不得不然，但以理性言，不問法律關係之本身性質如何，遽給內國法以優先權利，亦屬不甚可解。

三　沙維尼

沙維尼（Savigny）生于一七七九年，卒于一八六一年，爲德國之法學家，其先世爲法國籍，一六八五年法王路易十四撤回耶教法令（Edt de Nantes）遂徙於柏林而居焉。沙氏以研究羅馬法著稱，嘗執教鞭於柏林大學，著作等身，關于法律抵觸問題之學說，得於所著之System des heutigen romischen Rec-Irts內見之，該書曾由克諾克斯（Guenoux）譯爲法文，名謂 Traite dedroit Romain。

沙維尼學說之內容。

捨棄法則之二分辨法。

法蘭西學派之法則二分辨法，其缺點甚爲明顯，對于國際私法之發展遲緩，殊不能除其咎戾。沙維尼則一變態度，對之痛加攻擊，不可謂非獨有見地。沙氏謂：僅用推理方法，擅將法律分爲兩類，殊不能包含法律之全部。十八世紀法則學派對于此點之缺憾，已昭然若揭。以事實言，固有以人爲目的之屬人法，與以物爲目的之屬物法，但除此以外，旣不關人又不涉物之法律，亦復甚多，二分法則之辨法，殊不完善，而向來關于二分法則之紛議，至沙維尼方爲之下最後判斷。

適用外國法律爲法律上之義務。

十七世紀之荷蘭學派，以國際禮讓爲適用外國法律之根據，殊爲沙維尼所不滿，謂爲違反法律，而係搖動國際私法根本之謬論。蓋適用外國法律，爲法律上之義務，除此以外，別無其他相當辦法，殊無所謂禮讓；法官應適用爲個人而制定之本國法律，否則卽爲違法，蓋除此以外別無更適當之法律，故亟應援引之也。其主張雖非新頴，但經沙氏爲辯護後，而以法律上義務爲適用外國法之根據之說，益形鞏固而光大矣。

規定法律適用範圍之方法

關于法律適用範圍之規定，沙維尼不無力不從心之憾。氏將法律分爲人的法律與法律關係之法律兩部：關于人的問題，依其住所地法解決之；若個人進而有何法律關係，則人的法律（卽個人之住所地法）應讓步，而以法律關係之法律解決之。至若何者爲法律關係之法律？沙維尼則曰：凡屬法律關係必有一定所在之地，所在地之何在以個人自願服從之意旨定之。因此，締結契約者推定其爲情願服從締約地之法律；關于不動產問題，則推定其爲情願服從不動產所在地之法律，據此以觀，所謂自願服從者，實際上僅爲一種確認而已，旣曰必以不動產所在地法律爲準，復何自願之足云。

照此辦法，仍有不少法律關係，無從解決；故沙維尼及其生徒，更以事物之本質（Natur der Sache）爲彌補之手段，但因此而更墮入五里霧中矣。其學說之最大缺點，亦卽在此。事物之本質云者，籠統飄蕩之意念也，絕不能依之而有何準確解決辦法可得，註釋派曾患此病，沙維尼亦染此症，故其後輩，對于法律抵觸問題之解決辦法，竭盡蒼狗白雲之變，而毫無一定。譬如關於身分之法律，主適用住所地法者有之，主本國法者亦有之，互以主觀的事物本質爲其根據，因而持論紛紜，莫衷一是，誠遺憾也。

四　巴爾

巴爾(De Bar)爲沙維尼之嫡派學者，而祖述沙氏之主張，惟關于各種準據法之決定，不若沙維尼以法律關係之所在地爲本，而主以事物之性質爲判別之根據，換言之，視法律關係之性質如何，而酌定其所當適用之法律。并謂宜以個人之國籍，住所，物之所在地，及法庭所在地等爲研究之基礎，進而酌定其各該法律關係之準據法。例如關于身分能力，沙維尼以當事人之住所地爲法律關係之所在地，而主適用個人之住所地法；巴爾則謂由事物之性質觀之，應以個人之本國法以定其身分能力，最爲適宜。又如債權問題，沙氏主以契約地法爲準；巴爾則主由當事人之自由意思決定之，倘意思不分明時，則從債權者意思決定之。至於物權，雖與沙氏同樣主張以物之所在地法爲準，然其所根據之理由則不同，此巴爾學說之概要也。

以實際言，巴爾之事物性質說，視沙維尼以法律關係之所在地爲決定準據法之說，較爲合理，而有補充沙氏學說之功，其能在國際私法之學壇上佔有相當地位，非偶然也。

第四節　新意大利學派

繼德意志學派而起者，爲新意大利學派，以其主張有偏重本國法之趨向，故又稱之謂新本國法主義。首創者，爲意大利名學者兼政治家之瑪志尼（Mancini），瑪氏於一八五一年在都郎（Turin）大學舉行開學典禮時之演講，乃其主義之第一聲。

瑪志尼以後，學者陸續輩出，有愛斯彼松（Esperson），洛瑪那郭（Lomonaco），菲渥爾（Fiore），及加脫拉尼（Catellani）等，對於近世國際私法之規定，頗有重大之影響。

一 瑪志尼

瑪志尼基於熱烈的擁護國籍主義，力主以當事人之本國法爲屬人法，而同一民族，應互相一致，以建設統一之國家。故瑪氏對於當時意大利同一民族之各相分離，而成爲數個國家，視爲違反自然原則之現象，因高倡建設統一之王國。關於以本國法爲屬人法之一點，瑪氏謂：法律乃人格之表現，人格依國籍定之，故法律卽不啻爲國籍之表現。人格與國籍，雖在外國亦不能不承認之，故各國人民無論到何處，均應受本國法律之支配；惟關於公益之特別情形，而不能適用本國法律時，則適用屬地法。此爲瑪志尼主張之大概。要而言之，國際私法之唯一原則，卽以個人之本國法爲屬人法；關於一切公益之特別情形，則將本國法略加限制，此爲新意大利派學說之主旨。

該派思想，在一八六五年意大利民法編纂之際，已被採入於民法典，計爲第六條至第十二條之規定，此爲該派主張之條文化。

瑪氏之本國法義，復爲法蘭西之衛乙斯及比利時之洛郎所採取，而成爲有力之學說，且爲一般人所共同歡迎。

二　衛乙斯（Weiss）

依衛乙斯之意見，謂法律因個人而制定，故任何法律之關於個人或私益者，均爲屬人性質，而能在域外生效。準此以言，中國人之法律行爲，在任何國家以中國法律決定之；外國人在中國之法律關係，亦以其本國法爲準。

主張法律屬人性質之理由有二：一爲以國籍爲本之政治上的理由，其意謂：國家係同國籍之個人集合而成，國家之法律，即同國籍者共有之法律，國籍不因個人之往來而變更，其共有之法律亦然。二爲法律上之理由，其意謂：國家爲個人根據契約關係所成立之團體，國家雖以領土與主權爲成立之要素，但人民亦爲要素之一，而不可隨意侵犯之。換言之，不可以其變更所在地址，而遽變更其法律上之地位。且人民爲國家成立之主要要素，領土之重要則較爲略遜，蓋有無領土之人民，而絕無無人民之領土，故法律必須爲人屬性質，方能保護個人之地位，此主張法律屬人性質之理由也。

屬人法之例外

衛乙斯雖以屬人法爲原則，但非絕對，故亦有三大例外。

一　國際公共秩序。對於一國之公共秩序有礙者，則不適用屬人法。

二　場所支配行爲之原則。關於法律行爲之方式，以行爲地法定者爲準，而不適用屬人法之規定。

三　關於應由獨立意志決定之事項，亦不適用屬人法。

三　洛郎 (Laurent)

洛郎於一八八〇年，在其所著之國際民法內，關於以本國法爲屬人法之主張，曾有詳細說明，試略舉其要旨如左：

屬人法以國籍爲根據，非惟關於身分能力者爲屬人法，凡係法律均爲屬人性質。個人之本國法，可以支配關於人之一切法律事件，惟應從當事者自由意志之事項，及與公法有關而爲屬地性質之情形，則爲例外。復次，關於身分能力主張適用本國法之言曰：本國法不惟與人體相隨，實與我人之血液相似，循環於我人之血脈之內，蓋我人由父母傳遞血液時，同時亦取得其國籍者也。

新意大利派學說之總評

新意大利派之主張，爲近世國際私法學者所共同贊許，而視爲斯學之基本觀念。惟一方以法律屬人性爲原則，他方則又另立範圍廣大之三大例外，似不免略有矛盾之嫌。至以本國法爲屬人法之主張，係十八世紀新法蘭西學派之學說，法國民法編纂之際，已用明文爲之規定，而並非新意大利派之創作；厥後歐洲各國之法律相繼統一，均以本國法爲屬人法，替代向來之住所地法，然此係自然之結果，非謂本國法必優於住所地法也。

第五節　齊答（Jitta）之學說

齊答爲荷蘭有名學者，著有國際私法之方法論(Die neugestaltung Des internationalen Rechts)。氏對於國際私法下一定義曰：國際私法者，乃私法之一樣態，將人與人間的社會關係，使之適合其性質而已。齊氏謂：法者乃法律關係之規定，法律關係發生於人與人之間，故法律者，爲人與人間關係之規定。國際私法亦以規定人與人間之關係，當然亦爲法律之一種；惟一般稱爲法者，係規定在國內人與人之關係，而國際私法不在規定一國內人與人之關係，但在規定全世界全人類之人與人之關係。故氏謂：向來國際私法之學者，以對於某種法律關係之有關的數法中選擇其一，爲國際私法之目的，實爲謬誤。氏又謂：在世界的社會內，由社會關係所生之法律關係，使此種法律關係遵照一定程度之法律，此即爲國際私法之目的，同時亦爲國際私法之內容。

齊答之主張要點，在認全人類爲單一的生活團體，亦卽爲國際法律團體，(Die internationale Rechtgemeinschaft)因此，該團體應依一般人類的合理原則，(Allgemeine Menschlichevernunftigegrundsatze)以支配其法律關係，故國際私法者，即以研究此種原則，以應付全人類需要之私法也。

齊答主張以國際私法爲萬國共同之統一法律，實爲他人所指摘之處。以統一之法律爲世界人類之共有法律；其用意，不外使世界各國法律趨於一致，藉以擴張國際上之往還，而確定其安全；但將個人在國際往還上之權利義務等直接爲之規定，係屬實體法之職權，勢與解決法律抵觸之國際私法的本質相反。倘如齊氏所言，即不成其爲國際私法而爲人類之共有私法矣。

統一國際間的私法，無論其能否實現，可置不論，但以今日之國際私法目爲國際的共有私法，而圖使之實現，成敗姑且不計，但將性質迥不相同之兩法，混爲一物，眞屬謬誤之至。

第六節　塞脫爾孟(Zitelmann)之學說

塞脫爾孟爲現代國際私法之著名學者，於一八九七年首將所著之國際私法(Internationales Privatrecht)第一卷公諸於世，後經十餘年之研究，於一九一二年始全部完成。該著構造絕佳，內容豐富，於同類著作中，當手屈一指，爲研究國際私法之良好參攷。

依塞氏之主張，國際法分爲超國家的國際私法 (Uberstaatlichgeltendes Internationales Privatrecht) 與國內的國際私法 (innerstaatlichgeltendes internatoinales Privatrecht) 兩種；其適用也，當法律發生衝突之際，先依國內的國際私法解決之，即國內已有法律抵觸之成文或習慣存在時，法官首應遵從之；倘無相當規定，然後於超國家的國際私法之原則內，謀解決之道。由是以言，超國家的國際私法，爲國內的國際私法之補充法。

超國家的國際私法之構成

塞氏以各種權利之性質，爲研究國際私法之中心，而分別決定其適用法律。氏謂國際私法，無非爲研究爲對於某種法律關係，應適用何國法律之問題，其實即當事者能否向對方主張其權利之問題；例如甲國人某以負債被乙國人某控告，此時不外爲負債者能否主張在其本國法上所享有之關於債務的權利問題。準此以言，國際私法乃決定當事者權利問題之法律，亦即由爭奪權利而發生；惟以此種爭奪問題發生於各國人民之間，故此種法律稱爲超國家的國際私法。

超國家的國際私法之原則

依塞氏之主張，法律分為人法（Personel Statuti）及領土法（Gebietsstaut）二種；而領土法又分為物法，（Sachstatut）不法行為地法，（Deliktsstatut）及狹義之領土法三種。法官應適用何種法律，依權利之性質而定。受人的主權（Personelhoheit）保護之權利為人法，即依本國法（Heimatrecht）；受領土主權（Gebietshoheit）保護之權利，則依領土法。詳言之，物權依物法或物之所在地法；智能權人格權，依狹義之領土法，即依主張其權利地之法律；不法行為依行為地法等是也。

觀塞氏之學說，仍屬沙維尼，巴爾之系統，惟將法律關係（Rechtsverhaltnis）或事物（Sache）之觀念代以權利之觀念而已。其主張之超國家的國際私法論，雖其目的在將國際私法置之於國際法之範圍內，並以之而創設一種統一的國際私法，但此不過為法理學上之見解；故塞氏亦不否認所謂國內國際私法之存在，而僅以超國家的國際私法爲補充之用也。

第七節 皮勒（Pillet）之學說

皮勒以法律之社會目的（But social）爲決定法律之國際效力的標準。其主張亦如沙維尼派，廢棄法律之二分辨法，而反對以國際禮讓爲適用外國法律之根據，但其持論則與沙維尼略異。皮勒氏之言曰：適用外國法律之理由，得於國際法內尋覓之，法律抵觸即國家主權之抵觸，解決之道，應盡量遵重國家之主權，而適用外國法律，即所以遵重外國主權。當數國主權發生抵觸時，應遵重關係較大之主權而適用其法律，故適用外國法律，實爲國際法上之義務。

皮勒學說之內容

皮勒學說之內容，可由下列兩點分別研究之。

一 法律之性質

法律抵觸之各關係國，對於適用本國法之利益如何，須從研究法律之性質入手。任何國家之國內法律，均具有兩種特性：永久性，與普遍性是也。永久性（Permanence）者，自公佈施行起至廢止時爲止，對於任何個人或事物，其制裁力量不間斷之謂也。普遍性（Generalité）者，對於任何個人或事物更或法律關係，均應適用之謂也。二者缺一，法律之效力即不完整。今若將此兩種性質，移之於國際關係上，勢不能同時將此二種性質保持，否則必生抵觸；蓋既爲永久性，則對其本國人民，雖在任何地域亦必適用，勢必於本國領域以外發生效力，將與他國法律之普遍性或域內性相抵觸。因此，在國際關係上，同一法律，殊不能兼有以上兩種性質。

二　如何判別法律性質之輕重

今既不能兼有二性，則須將法律依其永久性與普遍性，分爲兩種，遇有抵觸時，保存其較重要者，而將不重要者犧牲之，如是方得解決。何謂較爲重要？且如何決定之？則以法律之社會目的爲判別之標準。社會目的者，法律之魂靈，亦其存在之根據也。法律之社會目的，如不在保護個人，必爲保護公益。保護個人之法律，須有永久或域外性，方能達此目的。保障公益之法律，須有普遍性或域內性，否則亦不足以達其目的。依此理論，則法律能適用之於域外，亦有必須於域內適用者，究應如何，均以社會目的定之。

綜觀皮勒氏之學說，其要點有三：一・適用外國法律，以國際上互遵主權之義務爲根據。二・依法律之社會目的言，無二分辨法之可能。三・依法律之社會目的，凡屬法律，如非域內法即爲域外法。

皮勒之學說與沙維尼之主張，實際上無甚差別；惟沙維尼以事物之性質爲決定適用法律之本，而皮勒則以社會目的代之，故其學說亦不能較沙氏者爲勝。法律抵觸非國家主權抵觸，前曾言之，皮勒仍以遵重外國主權爲適用外國法律之根據，是誠不切實際之論也。

第四章　適用外國法律之限制

現代各國均有國際私法之規定，於相當情形之下，以適用外國法律爲解決法律抵觸之道；學者之主張亦不一而足，雖未能盡善盡美，但如能照此以行，則國際間之法律抵觸，似已獲解決之方；然臻之實際，猶未達此佳境，而僅屬表面上之辦法，此實爲國際私法之缺點，考其原因，不外有五：

一　解決法律抵觸之規定，各國不同，而純爲內國性質之規定。

二　法律制度之性質不同，因而不能獲眞正之解決。

三　反致條文之規定，間接推翻外國法之適用。

四　公共秩序之觀念不同，因而阻却外國法之適用。

五　法律之僭竊，因而推翻外國法之適用。

有此以上五因，外國法之適用大被限制。考此種缺點之由來，則以國際間無統一規定有以致之，茲將以上五種原因分別略述於下。

第一節　法律抵觸規定之內國性

法律抵觸規定之內國性者，各國各有其解決法律抵觸辦法之謂也。倘國際私法能與國際公法發達至同等程度，則其解決辦法，即可成爲國際間之公共法律，而彼此遵從，惜猶夢想未及。在今日，各國各本其獨立主權，而規定法律抵觸之解決辦法，因而彼此互異其旨趣，而不相統一。且各國法院須以其本國之規定爲裁判根據，故英國法院須遵守英國之規定，法國法院亦應以法國所定之辦法爲標準，此種現象實爲今日解決法律抵觸之莫大障礙。其結果，各國既自有其規定，則究宜依據何種辦法，勢不能爲合理之預先規定，而須視訴訟問題之性質及管轄法院之態度爲移轉，因而法律抵觸之解決，遂無一定之標準，此實爲國際私法之最大缺點。

例：同一不動產之繼承問題，法國規定以不動產所在地法爲準，意大利，德意志則以死者之本國法爲準。又如婚姻問題，法國以當事者之本國法爲準，英國則規定用個人之住所地法。

據此以觀，法律之抵觸，既不能有統一辦法，當事者遂得因利乘便，而規避取巧之弊生矣。

復次，各國對於法律抵觸問題，每有不用明文規定者，其解決之道，當然更無一定，審判官得本其主觀之意見，及參考各派不同學說之理論，而為絕對自由之判斷，其遊移上下，勢將倍徙而不止，其缺憾更不難想像矣。

第二節　法律品質說（Theorie de Qualification）

解決法律抵觸辦法之內國性，其弊已甚明顯，然其缺點猶不僅在於此，而各國法律對於法律關係之品質，亦各異其觀念。同一法律制度，其品質如何，往往以管轄法院之態度不同，亦互相岐異，而法律抵觸問題之解決，遂益形困難矣。

法律品質說者，某種法律制度在法律上具有如何品質之謂也。法律制度之品質與法律抵觸問題，有密切關係，蓋於解決法律抵觸而須適用法律時，應先知關係問題之品質，否則無從着手也。

例一：倘謂個人之能力依其本國法定之；法律行爲之方式依行爲作成地法定之；今若各國對此二問題之規定相同，將來適用法律時，似不至有何抵觸發生，但事實上不如是簡單。僅兩國以本國法決定個人之能力與行爲地法決定行爲之方式的規定相同，猶爲未足；更須該兩國對於能力與方式之觀念亦彼此相同，方能濟事。否則，甲國認爲屬於能力範圍者，乙國則認爲屬於方式問題範圍；或甲國認爲方式者，乙國則視爲能力問題；如是，其規定雖相同，而根本觀念互異，仍無完善解決之望也。荷蘭法典認關於親筆遺囑之規定，爲個人能力上之問題；法國則視爲行爲之方式問題。今有一荷蘭人在法國依法國規定所爲之親筆遺囑，法國法院以其與行爲地法之規定相符，認爲有效；荷蘭則視爲能力問題，而與本國（荷蘭）法關於能力之規定不合，而認爲無效。故雖兩國對於能力與行爲之方式的規定相同，但對於同一法律制度之品質，則觀念各異，其結果仍不能解決法律上之抵觸問題。

例二：譬如訴訟之管轄問題，各國咸主關於人的訴訟，由當事人的住所地法院管轄之；關於物的訴訟，由物的所在地法院管轄之。各國之規定雖同，但何謂人的訴訟？與何謂物的訴訟？其意義亦須相同，方能收統一解決之功。否則，甲國認爲關於人的訴訟，由住所地法院管轄之；乙國則視爲關於物的訴訟，應由物的所在地法院管轄審判之；而終無解決之望也。

決定品質之法律。

法律問題之品質，既爲解決抵觸之先決問題，則自應首先決定之。至決定法律問題之品質究竟如何，則以訴訟問題之管轄法院的所屬國法律爲準，其理由有二：

一　理論上之理由。　解決法律抵觸之規定，係內國性質，前已言之；法院適用法律，應以其本國者爲準，亦屬當然。今欲解決法律抵觸之先決問題，亦惟有以管轄法院之本國法爲準；如一方以本國法（訴訟管轄法院之本國法）規定能力問題，應以個人之本國法爲準，他方對於何謂能力，則依他國法定之，是間接推翻以本國法決定能力之規定。何則？能力之如何（或有無能力）與何謂能力兩問題，有不可分離之密切關係，各國互應秉其獨立自主之權力以定之，而不應自動放棄之（註一）。

二　實際上之理由。　品質問題既爲解決法律抵觸之先決條件，自應以事實上能解決此先決問題之途徑爲依歸。學者如特斯伯尼（註二）叔維爾，阿爾單意(Arthuys)，及佛來里(Valery)等，主以解決某法律抵觸問題之同一法律以決定其先決問題之品質；譬如能力之如何，以個人之本國法爲準；而能力

（註一）Pillet——manuel de D. I. Prive P.376 No. 303

（註二）Despagnet——Clunet 1898, P. 261-262

（註三）Surville——Arthuys-Cours Elementaire de D. I. Prive' 6e ed. No. 9, Note1, P.19-20

（註四）Valery——manuel de D. I Prive' 1-e Ed, No. 379, Note. P. 500-501

之品質如何，亦以其同一之本國法定之。又如行爲之方式，以行爲作成地法爲準；而何謂方式，亦依該行爲作成地法定之。如此主張，其結果，必爲迷環，而無從解決。何則？在依本國法決定能力之如何，或在依行爲作成地法決定行爲之方式以前；須先決定何謂能力，與何謂方式。今此點猶未決定，則所謂本國法與作成地法，根本上無推定之可能，何謂能力與方式之問題在前，而本國法或作成地法之問題在後，豈可顚倒其次序。故舍由管轄法院之本國法先決定法律問題之品質外，別無他法以決定其適用法律也。

第三節　反致說 (Theorie de Renvoi)

一　反致說之意義

反致說爲國際私法上爭議最烈，而地位最重要之一問題。學理上之討論方興未艾，學者對此問題之論著，亦汗牛充棟。其情形，爲對於某法律關係，依某一國家之法律抵觸規定，應適用另一國之法律時；所謂另一國之法律，是否指該另一國之純粹內國法而言；抑指該另一國之法律抵觸的規定

（卽國際私法之規定）而言。如係指前者而言，則殊無反致可言；如係指後者，則反致問題因是而生，幷應依該另一國之國際私法所指定之法律，爲審判之根據。我國法律適用條例第四條曰：依本條例適用當事人之本國法時，如依其本國法應適用中國法者，依中國法。此卽爲反致學說之成文規定。

例一：在法國之英國人，有無結婚能力，依法國法律抵觸之規定，以其本國（英國）法之規定爲準。但於此有二問題：

一　所謂本國法，若指英國內國法關於婚姻之規定而言，則依英國民法以定其有無結婚能力可矣。

二　若所謂本國法，係指英國之國際私法而言；則依英國法律抵觸之規定，關於結婚能力之有無，須以個人之住所地法爲準。換言之，在本例情形之下，須依法國以決定其有無結婚能力；而反致問題，亦即因是而發生。

例二：法國人某，置不動產於意大利，迨後繼承開始，依法國法律關於不動產繼承之規定，以該不動產所在地之法律為準，於此亦二問題：

一　所謂不動產所在地法　，若指意大利之內國法　，則依照其民法上規定，逕可決定，便無困難問題。

二　若所謂不動產所在地法律，係指意大利之國際私法而言，則意大利關於不動產繼承之法律抵觸規定，以死者之所屬國法律為準。如法官於審判時，採取第二種主張，勢將以法國法律為審判之根據，反致問題亦因此而發生。

二　反致之種類

反致之種類約略有二：一、一等反致（Renvoi au premier degre），在德國稱之謂（Ruckverweisung），英國學者稱之謂（Renvoi）或（Remittal）（註一）。一等反致云者，訴訟之管轄法院，依照外國法律抵觸之規定，而適用自國法以為裁判之謂也。二、二等反致（Renvoi au second degre）德國學者稱之謂Wei-

（註一）Dicey——Conflict of Laws 3d. ed. P. 375.

terverw seisung ，英國學者則稱之謂 Transmission 。二等反致云者，訴訟之管轄法院，依照外國法律抵觸之規定，而適用第三國法律爲裁判根據之謂也。

以一等反致言，例如在法國之英國人，關於結婚能力問題，依法國規定，以其本國（英國）法爲準；而英國對於本問題之法律抵觸的規定，則以住所地（法國）法爲準。因此，法國法院即依法國法以決定該英人之有無結婚能力。

以二等反致言，例如在英國之瑞士人，曾得法國政府在法國住居之許可；迨後其繼承問題開始時，依英國法律抵觸之規定，依其現在之住所地（法國）法爲準；但法國之規定，則以其原來之住所（瑞士）地法爲準。故英國法院即依瑞士法律以決定其繼承問題（註一）此二等之反致情形也。

（註一）In Re Trufford 1887, Cited by. Dicey——Conflict of Laws 3d Ed. P. 375; Westlake- Private international Law 7th Ed. P. 36 & seq.

以上二種情形，爲恒見之反致方式，其餘更爲複雜之反致情形，亦能發生，爲簡明計，暫以此二種爲討論之範圍，其餘反致情形，學者如萊納（註一）塞脫爾孟（註二）曾討論及之，可資參攷。

三. 反致說在學理上之討論

一　外國法律不可分說。此說謂：因圖解決法律抵觸而應適用外國法律時，係指外國法律之全部而言，該外國之國際私法當然亦在其內。換言之，即應以外國法律之關於法律抵觸之規定爲準；蓋外國法律爲整個全部，而不可分裂者也。法國福爾郭事件(Affaire Forgo)之解決，即以此說爲本（註三）；法國法院對於類似問題之解決，均採此說。

對於外國法不可分說之非議有二。

(註一) Laine'——Revue Lapradelle 1907, P. 43et s.

(註二) Zitelmann——internationales Privatrecht. T, I, P. 244-248

(註三) Pillet——Manuel de D. I. Prive P. 382 No. 310; P. 386 Note 2.

甲 此說創自法國，其錯誤原因，蓋以法國關於法律抵觸之規定，每列入民商法典內，因而有整個全部與不可分裂之論調，但此實爲不明國際私法性質之淺見。何則？條文雖列在同一法典，其性質則不必盡同，性質旣屬不同，自無不可分之理由，況各國國際私法之規定，未必列入同一法典；德國於民法施行法內定之，巴西則規定之於憲法施行法內，日本更以單行法規定之；而拿破侖民法典內之條文，有私法性質者，亦有公法性質者（註二），凡此情形，俱足推翻不可分說之理由，而不能謂必須以外國國際私法之規定爲準。且適用外國法律，其目的，在解決關係問題之實質，而非僅在判別法律適用範圍，故不應以外國法不可分爲理由，而拒絕外國的內國法之適用。

乙 甲國依國際私法之規定，應適用乙國法律時，但以法律不可分說爲理

（註一）Pillet——De la nature de regles D'origine Legislative 見Revue Lapradelle 1906 P. 790-799

由，因而根據乙國之法律抵觸規定，仍適用甲國法律時；甲國亦應依據同一理由，再以乙國法律爲準，如是一去一來，形同擊網球之戲，而永無止境，遂成爲迷環之局面，終無補於實際問題之解決也。如謂只可由其中一國，採用反致學說，或謂反致以一次爲限，則殊恐與反致之本質相反，且亦太不公平矣。

二　不可違背外國法律之意願說。對於某一法律抵觸問題，適用某外國之法律時，須不背該外國法律之所願，務應以該外國法所願之法律爲準，俾達其所願之目的。例如住在法國之英國人，其結婚能力之有無，依英國法之規定，依其住所地法決定之；故法國法律雖主以其本國法（英國法）決其能力之如何，但不宜背反英國法之所願，應以英國法所願之該英國人之住所地法（卽法國法）爲準。故反致法之規定，卽所以尊重外國法律之意願，藉得外國所願的同樣結果之意也。

論者謂，此種理由，爲視適用外國法律以禮讓爲根據者之口吻。何則？

不背外國法之意願云云，係感情上之說法，而非法律上之理由，誠不無如荷蘭學說以國際禮讓爲適用外國法根據之色彩，英國之解釋反致學說，即以國際禮讓爲本，更屬明證。其缺點與荷蘭派之學說同，不足取也。

三　統一判決效力說。對於任何訟案之判決，應使之取得國際上之效力，而隨地得以執行，方能收判決之效果。欲使甲國法院之判決，得在乙國領土內執行，須該判決即爲乙國法院所願者，方能達此目的。換言之，若在乙國法院審判，亦將如是判決，如此方得在乙國領土內順利執行，而不生阻礙，反致法之規定，其理由卽在於此。

此說較以上二說，雖覺略勝，但若依此辦理，則管轄法院所適用之法律，勢非該管轄法院所屬國之國際私法所指定之法律，而爲執行地國際私法所指定之法律，此殊與現行各國國際私法之規定，根本相左。

以事實言，管轄法院每不能豫知其判決將在何地執行；例如法國法院雖依英國法律抵觸之規定，根據法國法律而爲判決，但若應在西班牙執行時，仍不能達統一判決效力之目的，當不足以之爲規定反致法之理由。

退一步言，即無上項須在第三國執行之情形，但亦得以公共秩序觀念之不同，而仍不能執行。例如兩英國人，因婚姻問題，在法國涉訟，法國法院依英國法律抵觸之規定適用其住所地法（即法國法）而爲判決，在其本國執行時，英國或以其有妨公共秩序而阻止之，則統一執行效力之目的，仍不能達，更何能以之爲規定反致法之根據。

四　以屬人法爲准許反致之範圍說。此說承認反致之成立，但以屬人法之範圍爲限。其意謂：凡關於個人身分之一切問題，及決定應由何國法律以解決關於身分之問題等事項，均可由個人之本國法決定之。依此推論，個人之本國法，當可指定適用其本國法或其他住所地等法律。換言之，以個人之本國法爲國際關係上適用法律之指定者，其理由蓋謂：關於身分問題，個人之本國法有指定其適用法律之權，至若指定適用本國以外之法律，係以他國法律替代本國法律，對於本國法律之主權，並無妨害，亦非自甘放棄權利。

日本一八九八年和律第一一九條規定，關於身分問題，可採用反致辦法；匈牙利一八九四年法律第一〇八條，瑞典一九〇四年七月八日法律，關於結婚能力，均規定得採用反致辦法；瑞士一八七四年十二月廿七日聯邦法律，規定以結婚離婚爲適用反致法之範圍；德國民法施行法第二七條，關於反致法之適用範圍，亦以外國人之本國法所定之情形（結婚，離婚，婚姻財產制度，能力，繼承）爲限，一九〇二年六月十二日海牙協約關於結婚部份，其第一條曰：締婚能力，依未婚夫婦之各本國法法律定之，但其本國法明文指定外國法爲準者，不在此限。此皆以關於人的問題爲認許反致辦法之明證也。

學者對於以屬人法爲准許反致範圍，亦不甚滿意，其非議有二：

甲　如謂關於身分問題，惟個人之本國法有指定適用法律之權，因而以之爲准許反致法之範圍，似須先證明各國關於身分問題，均以本國法指定其適用法律之事實，否則，其理由殊不能視爲充分。考之實際，各國不乏以本國以外之法以決定其身分問題者，例如英國即以住所地法為準，故以身分問題為適用反致法之範圍與根據，殊欠充分也。

乙 退一步言，即謂一國法律對其人民之身分問題，有指定適用法律之權，而即以關於身分之法律為採用反致辦法之範圍；但一國對於滯在其國之一切財物等，又何嘗無權指定其適用法律，據此以觀，對於反致辦法，只有完全接受或拒絕兩途，殊不能以身分法律為接受反致辦法之範圍與理由也。

要而言之，反致學說之根據，不外有二：一、事實上，一國之法官自以援用其本國法律，較為方便，因藉反致說以遂其所欲。二、感情上，為維持國際友好起見，故以不背外國法律之意願為理由，以採用反致辦法。

反致學說，不問其為一等或二等反致，均非解決法律抵觸之正道（註一）且足以搖動國際私法之根本（註二）國際法協會對於反致法問題之態度，曾主

（註一）Meili——International civil & commercial Law P 132 No. 46

（註二）Pillet——Manuel de D. I. Prive. P.393 No. 316

以外國關係法規之實質法爲準，而不以外國之法律抵觸規定爲主。其決議曰：當以一國之法律解決私法上之抵觸問題時，自以該問題之關係規定爲準，而非該問題之法律抵觸規定（註一）。洵如該決議所云，則更無反致問題之發生矣。

第四節　公共秩序 (L'ordre Public)

法律抵觸問題，以無各國共同遵守之統一規定，而不能有徹底解決，已屬一大缺憾；此姑不論，卽令各國之法律抵觸規定業已一致，而各國立法復有所謂公共秩序者，其阻礙國際私法之發展，影響更大。我國法律適用條例第一條曰：依本條例適用外國法時，其規定有背於中國公共秩序或善良風俗者，仍不適用之。此實爲對於適用外國法之一大打擊。由是以觀，故雖國際間已有統一之規定，但僅此公共秩序觀念之不同，已足搖動國際私法全部而有餘。

（註一）Cited by Meili——International Civil & Commercial Law P. 134-135

例一：私生子在親屬關係上之地位，各國均以其本國法爲準。私生子可否追尋其生父，各國立法顯有不同：有准許之者，有以其有傷風化而全部或局部禁止之者。處此情形，今有准許私生子追尋其生父之甲國人民，欲在不准追尋之乙國追尋其生父，雖依普通規定，此係親屬關係上之問題，應以其本國法爲準，但因與乙國之公共秩序有損，亦不能任其追尋，此由各國內國立法互不相同，而影響於國際私法者也。

例二：在昔土耳其准一夫多妻，使有已婚之土耳其男子，復欲在禁止重婚之他國再娶，雖婚姻問題，普通均以個人之本國法爲準，但此與禁止重婚國家之公共秩序不能相容，則對於婚姻應以本國法爲準之規定，勢不能不放棄之矣。

一　公共秩序之命名

公共秩序之名稱，英國學者名之謂公共政策(Public Policy)，德國亦然，(Offentliche Ordnung)綜合學者意見，其主要命名有三：

一　國際公共秩序(L'ordre Pu lic international)，以與國內公共秩序(L'ordre Pullic Interne)相對峙。

二　絕對公共秩序(L'ordre pullic absolu)，以與相對公共秩序(L'ordre Public Relatif)相對峙。

三　公共秩序

茲將以上三種名稱之眞相略論於下。

國際公共秩序之名稱，學者如勃洛西(Brocher)，衛乙斯，特斯伯尼，巴愛克(Boek)叔維爾，及阿爾單意等均用之，使與內國法上之公共秩序相對峙。例如：關于個人身分之規定，爲國內公共秩序之法律，本國人均應遵守之，但非國際公共秩序；否則，對于外國人永無適用外國法律之可能矣。名學者萊納在巴黎大學講學時，曾力主此說。

主用國際公共秩序之名稱者，根本上卽不明公共秩序之性質；洵如所云，則國際公共秩序應爲各國共有之同樣秩序，而成爲國際公法上之規定。

例如海盜及販奴爲各國所共同禁止，犯之者卽違反國際公共秩序；至國際私法上之公共秩序，純係內國性質，若以國際公共秩序名之，殊與事實眞相不符。不足取焉。

學者更有分公共秩序爲絕對與相對兩種者；以絕對公共秩序用之於國際關係上，以相對公共秩序用之國內關係，但亦不能無疵而較勝。何則？一國之公共秩序，僅有一種而無兩種（註一）對於內國人之公共秩序，對于外國人當然亦爲公共秩序，殊不能以有內外國人之分，而公共秩序卽有絕與相等之別。

公共秩序既僅有一種，對于本國人之公共秩序，對于外國人亦爲公共秩序。換言之，本國人所應遵守之公共秩序，外國人亦應遵守之。既無國際與國內之別，亦無絕對與相對之可言，故公共秩序之名稱，實爲簡顯確當之命

（註一）Pillet——Principes de D.I. Privé, No. 185, P.372 ; Traite Pratique de D.I. Privé T.I. No. 38 P. 118.

名。

二　公共秩序之意義

各國立法，間有視公共秩序爲社會秩序(L'ordre social)之同義字而卽爲一物，學者亦不乏此種意見者。洛郞曰：國際公共秩序之法律者，社會關係之法律也（註一）特斯伯尼曰：公共秩序之法律者，一國主權認爲社會之善良組織的必要法律也（註二）。洛林之解釋公共秩序的法律曰：此爲物質方面與道德方面維持社會公共利益之必要法律（註三）。皮勒亦曰：社會目的，在實現必要秩序與確定之處置，公共秩序之法律，卽爲達此目的而內外國人同宜遵守之規定也（註四）。其他學者如勃洛西之解釋曰：此種規定，甚爲重要，

（註一）Laurent——Cours de D. civil international 11. P.371.

（註二）Despagnet——L'ordre public internationol, Clunet 1889 P.5

（註三）Rolin——D. I. Privé I. P. 309

（註四）Pillet——Principes de D. I. Prive. P.396

而應絕對施行之（註一），惜僅言其重要，而未明言其爲何物爲憾。衞乙斯名之謂公共或一般利益之法律（註二）。佛來里曰：此爲國家維持其組織之法律（註三）。由各學者之解釋綜合觀之，則所謂公共秩序者，爲關于社會公益與國家組織上之秩序；而公共秩序之法律云者，乃各國立法在國際私法內，明文規定於適用外國法律時，應絕對遵守之例外，而爲文明社會之善良組織的必要規定也（註四）。

三　公共秩序之範圍

公共秩序之意義，雖已見其大概，但俱爲籠統之解釋。至其範圍究竟如何？則殊無一定標準。國際法協會曾討論及之，卒以不能有何完善定則而撤

（註一）Brocher——Cours de D. I. Prive I. P. 22—24

（註二）Weiss——Traite de D. I. Prive Ⅲ. P. 95,

（註三）Valery——D. I. Prive, P. 568

（註四）Arminjon——Precis de D I. Prive, T. I. P. 193,

回其議（註一），但若謂公共秩序內外國人應一律遵守而漫無限制，則因利乘便勢將外國法律爲任意之適用，均得以籠統之公共秩序爲藉口，而加以拒絕，國際私法亦必因此而根本推翻，此殊非正當辦法，故其範圍如何，亟應爲之規定，俾免流弊。

關于公共秩序之範圍，因有慎爲規定之必要，但實際上則殊難有適當之標準，茲將學者意見分別略述，藉爲參考。

學者對于公共秩序之範圍的主張，約分下列三派：

一　沙維尼（Savigny）派之主張。

此派視公共秩序爲本應適用外國法律之例外；至何種規定屬于公共秩序範圍，則由審判官酌定。此派首創者爲德國學者沙維尼，法國學者巴爾當(Bartin)（註二）附和之，以公共法意爲立說之本。其言曰：某種法律對于某種

（註一）Pillet——Manuel de D. I. Prive P. 406, Note,

（註二）Bartin——Etudes de P. I. Prive P. 217.—270

法律關係有管轄權利時，例如本國法之對于個人身分能力，初不問其地位之何在，而應隨處適用之。惟一國之國際私法，既以其本國爲限，而各國之法律又不統一，勢不能不有例外之餘地；至於例外之標準，則以公共法意爲本。公共法意者，各國法律上最小限度之相同意旨也。在此相同法意之範圍內，須適用外國法律，越此範圍以外，則拒絕其適用。例如結婚問題，各國立法規定，有需得父母或其他有權者之同意者，亦有規定無需此種同意者，但其目的，總不外乎結婚，此爲相同之意旨。婚姻當事人爲外國人時，應適用其本國法，蓋此在公共法意之範圍以內。反之，一夫多妻制度，非各國所共有，而不在相同法意之範圍，則不可仍適用其本國法，而放任其重婚。各國文化程度參差不齊，勢不能有完全相同之法意，彼國之法意與此國之法意不相容時，卽爲違反公共秩序。故公共秩序者，對于某種法律制度，兩國或兩國以上之國家，彼此無相同法意之謂也。巴爾當曰：某文明國家之法官，依其本國法律抵觸之規定，應適用外國法時，得因該外國法律與本國法律無相同之法意而拒絕其適用（註一），卽此之謂也。惟公共秩序係屬例外性質，因無相同之法意而生，故其阻却適用外國法律之效力，以與公共秩序有關之國家爲限；至對其他各國，則殊不能有國際上之效力，而不得阻却各國法律之適用。

此派主張之缺點有二：

一　不認公共秩序之國際效力，且僅屬例外性質，則公共秩序之範圍似嫌過狹，而絕不能對於第三國發生效力。

二　一國法院以本國之公共秩序恐被損害，而不適用外國法律，爲維持國家秩序計，自屬正當，殊無所謂例外。

二　意大利派之主張

意大利派以適用個人之本國法爲原則，但有例外（註一）。公共秩序亦爲

（註一）Bartin——Etudes de D. I. Prive P. 230

（註二）見以上第一三四頁至第一三九頁

例外之一。至公共秩序之範圍如何？則用推理方法，將認爲關于公共秩序之事項，預爲列舉，藉以識別。據意大利學者菲渥爾於一九一〇年在國際法協會開會時提案內稱，屬于公共秩序範圍之事項如下：一、政治，行政，財政等法規。二、公法性質之一切法規。三、刑事及民事上之制裁法規。四、强制執行，民事訴訟，破產等法規。五、公共信用事業之法規。六、動產與不動產制度之關係法規。七、爲第三者利益所規定之關于公告之法規。八、財政法規。

以上所列舉之事項，恐不能十分準確，其範圍似亦過廣。不僅此焉，且依此辦法，易使公共秩序之法律與普遍性或域內性(General 或 Territorial)之法律相混。何則？公共秩序之法律，雖亦爲普遍或域內性質；但普遍性之法律，不必定爲公共秩序之法律，此不可不注意也。意大利派之主張，誠不免此種謬誤，蓋一方以適用個人之本國法爲原則，他方另定例外，而凡不適用外國法之情形必爲例外，且必爲關于公共秩序之事項，故謂其有將普遍性之法律，與公共秩序之法律，混爲一物之謬誤可能。

復次，由意大利派所列舉之例外觀之，殊不能謂爲純屬例外性質。關于財產制度之規定，訴訟手續之法規等，除依管轄法院所屬國之法律外，別無他策，此均係立法上之原則，殊非例外。意大利派所舉之例外，事實上既非例外性質，且有顧此失彼之嫌，則以列舉方法以定公共秩序之範圍，殊欠妥當也。

三　皮勒 (Pillet) 之主張

皮勒對于公共秩序之範圍，其論旨綱要有三：

一　公共秩序之關于法律，不能預爲規定。

皮勒之意，以爲公共秩序之觀念，甚爲縹渺，不可用推理方法以列舉之。意大利派之方法，雖非絕無可取，但殊欠準確。海牙協約關于繼承法規之草案，主其事者，因欲用列舉方法以規定其例外，故無成就。一九一〇年國際法協會亦以此而歸於失敗。其原因，蓋以公共秩序之範圍，隨時間空間而紳縮，殊不能用推理方法以强定之也。

甲　空間方面，公共秩序之觀念，各國不同，今若欲以推理方法，列舉各種事項，使各國遵照，實屬不可能之夢想。例如一九一二年以前，法國禁止私生子追認其生父，以其違反公共秩序也，但德國之規定則不然。從前俄國，對于婚姻，視宗教儀式爲必要，但其他各國則不盡如是。此外各國法律不同之點，指不勝屈，此爲在空間方面不適用列舉方法之明證。

乙　時間方面，一九一二年以前，法國不准私生子追認其生父，一九一二年以還則准許之。意大利前曾不准離婚，今則已有准許離婚之規定。故一國之法律與時俱變，而公共秩序之範圍亦隨相伸縮，此在時間方面，不能用列舉方法以定其範圍之第二明證。

人類社會之事實變化無窮，故公共秩序之觀念亦遊移不定，使非用柔性辦法，以謀應付，必不免顧此失彼，捉襟見肘之嫌，反不如由審判官斟酌當時當地之風尚習慣，安寧秩序等，以明其是否屬于公共秩序範圍，而定應否適用外國法律之爲愈也。

二　公共秩序之法律與普遍性之法律，不可混爲一物。

意大利派將公共秩序之法律與普遍性之法律混爲一談，殊屬錯誤。蓋普遍性或城內性之法律，不必盡與公共秩序有關。例如締結契約，如雙方當事者之同意有何瑕疵時，則契約爲無效，此係普遍性法律之規定，但不見其與公共秩序有何關係。又如訴訟手續，當然亦以法院地法規定者爲準，否則無從着手審理，但與公共秩序，亦風馬牛不相及。即關于公共信用事業之法規，其所重者爲信用，亦非公共秩序。財產問題非依財產所在地法律，無從解決。諸如此類，均與公共秩序毫無關係也。一九一二年以前，法國法院對于私生子追尋其生父之訴，必予駁斥，以其有礙公共秩序也。至訴追不動產而必須適用其所在地法律，其理由，則以除此之外，別無他法可爲適當之援用，絕與公共秩序無關；此普遍性法律與公共秩序法律之所以不同，而不可混爲一談者也。

三　以公共秩序而適用特種規定，爲常事而非例外。

意大利派認公共秩序之法律，爲適用個人本國法之例外。巴爾當之措辭雖異，用意則一，謂爲適用外國法之例外，然均非讜論。按之實際，外國法固有以與公共秩序相反而不之適用者；例如准許多妻國家之人民，不能在我國主張其重婚權利，雖婚姻關係以適用個人之本國法爲原則，但重婚與我國之公共秩序有損，故不能適用之；但此種適用公共秩序之法律，亦屬正當，而並非例外。與我國善良風俗安寧秩序有害者，依法禁止之；此種情形。實爲常事，蓋舍此以外，別無他策以達立法上之目的。故曰公共秩序之法律非例外，而爲正當之常事也。

四　公共秩序之效力（註一）

關于公共秩序之效力，茲從公共秩序之關係各國，及對于其他各國兩方面分別略論之。

（註一）關於公共秩序阻卻已得權利之效力，見以下第二三一頁以下。

一　公共秩序對于現在關係國之效力。

從以上所述之情形，綜合觀之，公共秩序之效力有二，但不一定同時發生。

甲　消極效力

本應適用之外國法律，以與公共秩序相反，而不之適用時，此種應適用外國法律而不之適用的情形，爲公共秩序之消極效力。例如婚姻問題，以個人之本國法爲準；但法國人不得在意大利或西班牙根據其本國法以請求離婚，蓋意西二國不准離婚者也。若在該二國領土內請求離婚，殊有妨該二國之公共秩序，因此而拒絕適用該法國人之本國法律。

乙　積極效力

旣以有妨本國公共秩序，而不能適用外國法律，則惟有依照公共秩序關係國之法律爲裁判之根據。此種以公共秩序爲理由而適用內國法律之情形，卽公共秩序之積極效力也。

例一：以結婚言，外國籍之男女欲在中國結婚，但其本國法以宗教上之關係而禁止之，中國公共秩序之法律對之，其效力有二：甲，拒絕該二外國人之本國法的適用（消極消力）；乙，適用中國法律（即公共秩序關係之法律）以決定其可否結婚（積極效力）

例二：以離婚言，意大利籍之夫婦，以歸化法國，俾達離婚之目的：意大利之公共秩序對之，其效力有二：甲，否認其適用法國法律；（消極效力）乙，適用意大利法而不准其離婚（積極效力）

以上二例，公共秩序同時發生兩種效力者也。復有僅發生積極效力而不發生消極效力者，試舉例以明之。

例一：外國人在中國犯罪，有損中國之公共秩序，依中國法律審判之（積極效力），而無拒絕適用外國法之消極效力，以其本無與外國法律發生抵觸之可能也。

例二：寄留中國之外國人，其地位，適用中國法律以定之（積極效力），而無拒絕適用外國法律之效力。

二　公共秩序對于第三國之效力

公共秩序之關係國，對于某種法律關係，因與其公共秩序有關而適用其本國法持，其在第三國之效力，依第三國之法律定之乎？抑依公共秩序關係之法律定之乎？

兩外國人在法國依法國公共秩序之法律，舉行民事婚禮，惟其本國法則禁止之。此種婚姻在第三國有效與否？則視第三國公共秩序與舉行婚禮所在國家之公共秩序有無抵觸爲衡。

例：波蘭之兩男女，在比國依比國公共秩序法律舉行民事婚禮（波蘭禁止此種婚禮）後，移居巴黎（第三國領土），巴黎法院認其婚姻爲有效，（註一）以其與法國之公共秩序無妨，而比國之公共秩序在第三國生效矣。

（註一）Clunet——1922—P, 397

同一情形，如在另一公共秩序觀念相反之國家，其效力則異；蓋此第三國亦欲維護其本國之公共秩序，而此同一婚姻，勢必無效。故如上列在比國成禮之婚姻，如當事者為另一國人，而波蘭處于第三國之地位，則必否認其效力（註一）。

總之依某一國公共秩序法律之行為，在第三國能否有效，視與該第三國之公共秩序有礙與否為斷。

第五節　僭竊法律 (Fraud a la loi)

一　僭竊法律之意義。

僭竊法律云者，以取巧方法，避免本國法律之適用，藉圖取得其本國法律所不准許的保護或利益之謂也。試舉例以明之。

例一：離婚問題，通常以個人之本國法為準，法國于一八八四年 (naquet) 法

（註一）波蘭最高法院一九二一年十二月十三日判例　見Bulletin de L' Institut intermédiaire de La Haye 1923 Jurisprudence No. 2648

律以前，無離婚制度之規定；因此，法國籍之夫婦遂以歸化他國之方法，藉達其離婚之目的。北佛萊蒙（Bauffremont）一案，卽爲明證。緣當時有加拉蒙西梅（Caraman-Chiemay）伯爵夫人與法國籍之北佛萊蒙王公結婚，旋以意見相左，于一八七四年，依法宣告分居。後夫人移住德國，取得薩克斯阿頓波（Saxe-Aeteubourg）（屬德國之一邦）之國籍，因得依德國法律，訴請先與北佛萊蒙離婚，在柏林更與羅馬尼亞王公皮帛斯郭（Bibesco）結婚。其前夫遂向法國法院請求宣判其歸化與再婚爲無效，法院遂根據僭竊法律之理由，而准其所請。

例二：德國規定對于被竊之動產，於十年期內得追究之。法國民法第二二七九條規定，以占有爲取得動產所有權之標準。設有在德國持有他人之動產者，將該動產移之法國，藉法國法律以取得該動產之所有權，而免在德國爲他人所追究，此種行爲卽僭竊法律之行爲也。

僭竊法律之行爲，各國學者及法例，但不認其有效。故對於用取巧方法在外國所成之行爲，先代學者以僭竊本國法律（Fraus in Legum Domesticam）稱之。克來脫馬爾（Kreittmayr）在馬克綏米林（Maixmilian）之巴佛林（Bavarian）民法典註解內曰：法律之拘束力，對其國民在外國之僭竊法律而上下其手之行爲，亦能及之（注一）。氏又舉例曰：根據此種原則，凡國民往外國結婚，巧避本國警察法令所定讌客人數之限制，藉以多聘來賓；或往投海上旅舍，以圖逃免酒稅者，均將處分之。瑞士法律（註二）規定，由聯邦行政院准許取得瑞士國籍者，如該行政院於事後知其取得瑞士國籍，僅爲避免其本國法不准離婚之拘束者，得將原有之准許取消之。加拿大民法典（第一三五節）關於結婚儀式之規定曰：結婚者之任何一方，本應依照加拿大法而與對方在外國，依照該外國法律正式結婚者，其婚姻亦爲有效，但以並無規避本國法律之意者爲限。

（註一）Meili——International Civil & Commercial Law P 148

（註二）Bundesblatt, 1892. II, P. 184

僭竊法律之性質如何，學者意見不一：有視爲屬於公共秩序之性質者，(註一)故不另爲論述。洛郎曰：如其行爲有損公共秩序者，對於被僭竊法律之國家，不能發生任何效力……如與社會法益相關者，當事者不可以遠遁國外，而損害之(註二)。又曰：民法典第六條規定，不得藉契約以違公共秩序之法律。僭竊法律以圖規避者，其違反法規之行爲，當然無效(註三)。凡此均僭竊法律與公共秩序相同之明證也。近時學者阿爾孟雄則視爲另一問題，別爲討論，而與公共秩序處同等地位(註四)。誰是誰非，可置不論，但其爲阻却外國法律之適用，則毫無容疑，故特另節論之。

二 僭竊法律之成立條件

(註一) Pillet——Manuel de D. I. Prive P. 415

(註二) Laurent——Droit civil international II No. 299 P.541

(註三) ,, ,, ,, ,, No. 295

(註四) Arminjon——Preci d D. I. Prive T. I. P. 226 ets

一　須有僭竊法律之故意

僭竊法律，意在避免其本國法律之禁條，故其成立，以有僭竊之故意爲條件。法國之兩男女，同時移住英國，依照英國之法定儀式結婚，而並無避免本國法律規定之故意者，不能認爲無效（註一），以其無僭竊法律之意也。反之，若移住外國，純爲避免本國法律所規定之限制者，其婚姻爲無效（註二）。故僭竊法律，以有僭竊之故意爲成立之條件。復次，僭竊法律，須有純粹僭竊之意思，方得成立，若因他種情形而達僭竊之目的者，尚不能成立。兩英國人移住外國而得離婚，但其用意，經法院審查後，並非純爲離婚，仍非僭竊法律（註三）。

有無僭竊之故意，得用各種方法證明之。證明之道，表面上似甚困難，

（註一）Dicey——Conflict of Laws 3d Ed. Rule 182 P. 665.

（註二）Meili——International civil and commercial Law P. 150

（註三）Meili——"　"　"　"　P. 150

而一無標準，但在實際，不難由事實與情形斷定之。今有兩法國人同遊英國，前後僅二四小時，在此期間內互立私式贈與書據者，法官對之，一望卽知其僭竊法律，而判決其無效。受贈者斷不能根據場所支配行爲之原則主張其行爲有效。若同此二人寄居英國已久，則其互立私式之贈與書據，事實上並無避免法國法律拘束之用意，自不能遽謂其有僭竊法律之意思。

二　須得僭竊法律之利益

僭竊法律之所以成立，以其有因利乘便之故意，若毫無利益可得，卽不成其爲僭竊，故應以事實上曾否享得僭竊之利益，爲成立與否之標準。兩英國人，一爲姊夫一爲亡妻之妹，移住丹麥，藉避英國法律禁止與亡妻之妹結婚之禁條，而在丹麥成婚者，爲僭竊法律，其婚姻爲無效（註一），以其藉此達結婚的目的，而享得僭竊之利益也。假令同此二人，同此用意，但于出

（註一）Meili——International civil and commerc al Law P. 150.

（註二）Dicey——conflict of Laws3rd Ed Rues182 P. 665

國航行途中，英國法律忽而變更，亦准姊夫與亡妻之妹成婚，卽不能再視爲僣竊法律，蓋殊無利益可得也。

三　須管轄法院之法律亦有僣竊法律之規定。

對于任何訟案之判決，須有法律上之根據，此爲普通原則。今若向法院請求判決甲乙二人僣竊法律之婚姻爲無效，須此受理法院之法律，亦有僣竊法律之規定。否則，雖有僣竊之事實，但根本上無此制度，仍不能成立也。

四　須所欲僣竊者卽爲管轄法院之法律

兩法國人移住英國結婚，以避免法國法律之規定。今若根據僣竊法律之理由，向英國法院請求判決其婚姻爲無效，英國法院必駁斥其請求，蓋依英國法律，其婚姻並無僣竊之可言，而當然有效者也（註一）。反之，對于法國法律實有僣竊之事實，故若在法國法院，必能准如所請，而判決其無效。

三　僣竊法律之效力

（註一）Meili——International Civil & Commercial Law P. 150

如具備以上所列各條件而成立僭竊法律時，其效力如何，則視情形之不同而定。

消極方面之效力。

僭竊法律成立後，由僭竊法律所成之行爲，歸于無效。法國人至英國訂立私式贈與書據，如證明其爲僭竊法律，則宣告此贈與書據爲無效。至無效之範圍，則以由僭竊法律所得之利益，或所成之行爲爲限。移住所于外國，俾得易達結婚目的者，惟婚姻爲無效，而與移住行爲無關。西班牙或意大利之夫婦歸化法國，俾得離婚，意西法院對之，僅能判決其離婚爲無效，而與歸化無妨。又如甲乙二人移居他國，藉得爲較高利息之借貸，其由僭竊法律所得之利益，爲利息之一部，借貸之本身無關也。故僭竊法律之制裁，以由僭竊行爲所生之非法部份爲限，行爲之本身不與也。

積極方面之效力。

僭竊法律亦能發生積極效力，甲乙兩人在國外訂立契約，藉免國內繳納印花稅費之規定，其僭竊法律之制裁，不僅宣告其契約爲無效，且使之補納稅費，或更處以罰金，但其所訂之契約，照舊生效。何則？僭竊法律之目的在免稅，其所得之利益，亦僅此部份，故以補納稅費以制裁之。

第五章　適用外國法律之範圍

關于適用外國法律之範圍，所應研究之問題有二：一爲已得權利之原則；二爲法律不溯既往之問題。茲分節略論之。

第一節　已得權利 (Droits acquis)

已得權利問題，據巴爾之研究，十八世紀時代之底提斯(Titius)及十九世紀之亞郭爾(Eichorn)與格留克 (Gluck) 業已討論及之。沙維尼則斥之謂迷環（註一），而視爲無甚意義。皮阿爾 (Beale)之觀察曰：自司多理以來，法院對于任何法律行爲，依其作成地法律視爲有效者，雖至他處，亦認其効力，故外國合法法院之判決，應承認之（註二）。關于已得權利問題，斯高塔 (William Scott) 在Darlimple與Darlimple一案內論之較詳，其言曰：在英國法院前之訴訟案

（註一） Savigny-Traité de Droit Romain VIII, P.131

（註二） Beale——A Treatise on the Conflict of Laws I, §23

件，應依英國法對該種訟案所規定之原則裁判之，原則維何？例如對于戈登(Gordon)小姐由其婚姻所得之法權是否有效問題，應參考該項權利所據以取得之法律定之。司多理郎採此原則，益加擴充而成爲英美法院裁判之標準。(註一)近時學者之注意此者，更形熱烈。英國學者戴西之論述曰：凡依文明國家法律所取得之權利，英國法院承認而遵守之；非正當取得之權利，則不承認之(註二)。又曰：沙維尼論已得權利問題爲迷環，殊屬誤會；欲明已得權利之是否正當，應先決定以何地法律爲準，以審核其取得是否合法，此爲當然之事；但依我人之主張，國際私法之規定，對于已得權利之域外效力，亦宜同樣確定之(註三)等云；且視已得權利爲研究國際私法之中心問題，故

(註一) Arminjon—— Précis de D. I. Privé T. I. P. 271——272

(註二) Dicey——Conf ict of Laws 2d Ed. P.23, Principle I.

(註三) Dicey——Conflict of Laws 2d Ed. P.32

(註四) Pillet——Mannel de D.I. Frive P.424, Note 2

皮勒亦嫌其不免過分重視（註四）。法國學者范萊沙米對于該問題，亦甚加重視，但認之與法律不溯既往之原則相似，而未之分別（註一）。皮勒分法律抵觸問題爲兩部份：一爲關於權利之取得，一卽已得權利（註二），且對之有詳盡之論述，以證實其重要。意大利學者提那則視爲無甚意義，且反使法律抵觸之規定趨于繁複（註三）。我人之意見，雖未敢如戴西皮勒之重視過甚，要亦不無研究之價值，故特論述之。

一　已得權利之意義與根據

皮勒之解釋曰：國際遵認正當已得權利者，依管轄法律取得之權利，應在各國有效成立之謂也（註四）。法律抵觸之解決方法，在時間方面，應分兩

（註一）Vareilles——Sommiéres Synthese de D.I Privé I P.12, 19, 30, 33

（註二）Pillet——Manu l de D.I. Privé P.11, Note 7.

（註三）Arminjon——Précis de D.I Prive T.I. P.274 et s.

（註四）Pillet——Traite de de D.I Prive No.41.

期以研究之：一、第一時期內，爲法權之取得，變更，消滅等之純係立法上的抵觸問題，換言之，卽在研究應依何國法律以定以上各問題之究竟。二、某種權利旣經依法取得之後，在其他各國之效力如何，應爲規定，此爲在第二時期內之已得權利問題。惟以上二問題，間亦不相繼發現者，而此已得權利問題，亦可單獨成立，足證該問題之內容，殊有研究之價値。

例一：甲國籍之夫婦，欲在乙國離婚。第一問題，須先決定應依何國法律以裁判其離婚之訴。旣離之後，此已離婚之夫婦，復欲在丙國再婚，則不必復由請求脫離第一次婚姻入手。蓋在乙國之離婚，在丙國亦生效力(此卽爲已得權利)，逕可爲有效之再婚。

由此觀之，法律抵觸得以其時間之不同，而分爲純粹抵觸問題，與已得權利問題。已得權利問題在國際私法上之地位如何，學者有認爲重要者，有認爲多事者。其根據，有視爲與法律不溯既往之原則相同者，亦有視爲另一問題，而係國際私法之研究中心者。是是非非，姑置不論，但僅此法律抵觸之規定，殊爲未足，其界限甚欠顯明，恐不免錯雜紛亂之弊，而搖動國際交易上之信用與安全也，試舉例以明之。

一　取得權利問題與已得權利問題相繼發生者。

例一：一九一二年以前，法國不准私生子追認其生父，瑞士法律則准許之。今有一私生子，在瑞士已將其生父追認（取得權利），在法國能否生效？對此問題，如謂此係得取權利問題，應依關於追認生父之法律定之，勢必以法國法律爲準，且以其與法國之公共秩序相反，則必歸無效。但斷然認爲無效，亦殊不當，故宜爲之維持；惟不能以純粹法律抵觸之規定爲根據，則舍已得權利之原則外，殊無補救之策。

例二：英國籍之夫婦，在法國離婚（取得權利）後，可在意大利請求再婚。如認爲取得權利問題，則不可再婚：蓋在意大利無離婚之可能，根本上不認其有離婚之事實與效力，既未離婚，當無再婚之可言。但意國法院之判例則反是，認爲可以再婚（註一），此間接承認其在法國取得之離婚權利也。

二　已得權利問題單獨發生之情形。

例一　英國籍之夫婦，在本國結婚，當無國際私法上之問題，以無他國之關係存在其間也。迨後移居法國，欲在法國主張其夫婦關係，如謂國際私法以研究數國法律內應適用何者爲範圍（純粹法律抵觸問題），對此問題，將無所措手（以無需選擇用法律），更不知其婚姻有何效力可以發生，處此情形，勢須有另一根據以資解決，則已得權利之原則尚矣。

例二　瑞士籍之私生子，在本國已追認其生父（取得權利），適其生父置產于法國，——假定在一九一二年以前——故以繼承問題來法主張其父子關係，殊無研究應以何國法律爲準之必要，而法國且不能以其與公共秩序相反而否認之，但又不能根據法律抵觸之規定以維持其權利，則

（註一） Clunet 1922.P. 1049.

亦惟有以已得權利之原則以解釋之。

由此以觀，純粹法律抵觸之規定，尚不足以解決國際間立法不同之困難，非有已得權利之原則，則國際間之互市必不可能，而常處于飄搖無定之狀態中，故須有已得權利之原則以維持之，而適用外國法律之範圍，方有一定標準。

二　已得權利之存在條件。

在國際關係上，已得權利之成立，須具備下列條件：

一、須依取得各該權利所在國家之法律正式取得。

任何已得權利，應自始正式取得，而具有合法效力，此爲主張已得權利之第一步。否則，既未正式有效取得，仍應由第一步取得權利着手，而爲純粹法律抵觸問題，殊無已得權利之存在，更無承認其效力之可能。

例一　對于在瑞士取得之動產，欲在法國主張其產權，以胥否依照瑞士法律取得動產產權之規定，正式有效取得，爲先決條件。否則，該動產移離瑞士國境時，此在法國對于該動產主張其權利者，尚未取得物權，根本上無已得權利之可言，當不能主張其已得權利。

所謂正式有效取得，當然包括根據法定取得與依照契約取得在內。前者，如德國規定有形動產之被竊者，得于十年期內追回之。法國民法第二二七九條對于動產，以占有爲取得產權之標準。今有人在德國竊得之動產，未及十年，擕之入法，尚不能得法國民法第二二七九條規定之保護。何則？當其離德國時，猶未滿十年，依法仍未正式有效取得其權利也。復次，瑞士法律規定，賣買動產，以交付爲買主取得產權之條件；法國民法第一一三八條規定，僅有賣買之約定卽足以取得產權；但此對于在法國賣買動產而言，其在瑞士，僅有約定而猶未交付之動產，買主不得在法國根據一一三八條主張其所有權。故任何已得權利，未在原有國家依法取得，在國際上決無效力，而不能存在（註一）。

（註一） Clunet——1878 P.613

例二　在以宗教儀式爲結婚條件之國家，若僅依民事儀式結婚者，雖日後移住以民事儀式爲結婚條件之國家，其婚姻仍爲無效（註一）。婚姻之證據，亦以結婚時原來國家之規定者爲準（註二）。此無他，以其未經有效取得此項權利于前也。

已得權利，非但須在原來國家正式有效取得，且必爲原來所取得者，而不能代以他種權利而更主張之。否則，仍爲取得權利問題，而屬法律抵觸範圍。例如：外國法院之判決，欲在中國執行者，中國法院對于承認(Exequatur)之請求，將自由拒絕或局部許可之，但不可先將判決內容變更，然後准許承認之。蓋此非承認其已得權利，而實爲一新判決（取得權利）矣。

已得權利之眞相，換言之，即如何知其爲是否已得權利，此純係國內法律上之問題，只須將已得權利所在國家之關係法規一加審核，即可知其究

（註一）Pillet——Manuel de D.I. Privé P.432

（註二）Clunet——1828 P.1080

竟。惟有一難點，卽一國之法律，前後有不同時，舊法律時代所取得之權利，是否亦應視之爲已得權利。譬如一九一二年以前，法國不准私生子追認其生父，一九一二年以後則准之。若遇此種情形，將如何辦理，學者意見有二：其一，主依現在主張已得權利地法律定之；其二；主以已得權利之取得地或執行地法律爲準。

二 已得權利所依據之法律，在國際關係上，須爲有管轄權之法律。任何權利，欲被各國遵守而得維持，須其取得時所依據者，須在國際上認爲有管轄權之法律。此雖對于已得權利之效力，不無限制之嫌，然亦無可如何也。

例一 意大利法律規定財產之繼承，以死者之本國法爲準。法國規定對于不動產之繼承，以不動產所在地法爲準。今有意人置不動產于法國，其繼承者不得依意大利法律對于該不動產所得之權利在法國主張之。何則？其所依據者，法國視之不認其爲國際有管轄權之法律也。惟茲所云國際上認爲有管轄權之法律，係指依各國國際私法規定認爲有管轄權之法律而言，而非指各國國內法所規定者而言。如上例，只須法國國際私法規定認爲有管轄權者爲已足；若必與他國之國內法規定者相符，則過當矣。

所謂已得權利所依據之法律，在國際關係上應爲有管轄權之法律，其主旨與標準若何？則以主張已得權利所在國之國際私法規定爲準。相同者，認之爲有管轄權力，而已得權利亦得維持。反是，則認所依據者爲無管轄權力之法律，而已得權利當然無從維持矣。

例二　兩波蘭人，在比國依民事儀式結婚後，移居法國，其婚姻雖不爲其本國認爲有效，——波蘭崇宗教儀式——但法國則承認之（此爲已得權利），以其所依據之比國法律，法國認之爲有管轄權力故也。反之，若此二人移住奧國，則不能主張其已得權利，蓋奧國亦以宗教儀式爲主，而不認其所依據者爲有管轄權力之法律也。

綜上觀之，已得權利之維持，須具有下列條件。

一　須爲依原來國家法律正式有效取得之權利。

二　取得該已得權利所依據之法律，須爲現在主張已得權利所在國家之國際私法認爲有管轄權力之法律。

三　已得權利之效力

一　已得權利之效力範圍，以其當初在原來國家所取得者爲限。已得權利之符合以上條件者，在國際上即能維持其效力，其範圍，則以取得時所具有者爲限，過此界限，仍爲權利之取得問題，屬法律抵觸之討論範圍，而非已得權利之問題也。

例一　甲國規定文藝作家之版權爲三〇年，乙國則定爲五〇年。甲國作家之在乙國者，僅能享有三〇年之版權，不能藉口在乙國而主張五〇年之版權。

例二　甲國規定發明專利權爲二〇年，乙國定爲五〇年，甲國之發明家即在乙國，亦不能主張五〇年之專利權。

二　已得權利得因與現在地公共秩序相反，而喪失其全部或一部之效力。

已得權利之效力，不能大于當初在原有國家取得時之範圍；但使之縮小，則並無不可。其最顯著之情形，則爲與現時所在國公共秩序相抵觸者，則可將其効力縮小或取消之。茲將公共秩序與已得權利之關係，略述于下。

甲　公共秩序之範圍。

一　現時所在國無與已得權利相同之制度存在。

在甲國所取得之權利，乙國無此制度，則在乙國無從主張此項已得權利

例一　法國法律規定動產無抵押之可能；則凡依他國法律取得之動產抵押權，不得在法國主張其已得權利。

例二　法國法律規定，凡博物院所有之物品，不得爲賣買之目的物，今有人由博物院買得之書畫物品，在法國殊不能主張其由購買所得之已得權

利。

據此以觀，對于任何已得權利問題，應先從研究該問題之兩關係國法律，有無相同之制度入手。

二　兩關係國，彼此均有相同之制度存在。

兩國法律即有相同之制度存在，但已得權利仍得以道德，公共信用，及保護第三者利益等，而減失其効力。

例一　結婚制度，各國均有，今有土耳其人對其第二妻根據已得之結婚權利，向中國法院提起同居之訴，中國法院殊不能爲之保護；蓋此種已得權利與我國之道德觀念不相容也。

例二　某國規定或種團體取得法人資格之效力，可溯及既往；但此種權利不得在法國主張之，以與法國之公共秩序觀念相反也（註一）。

乙　公共秩序之限度。

（註一） Cass. civ. 7, fevrier 1912, Sirey 1914, I. 305.

公共秩序阻却已得權利之效力，以主張此種權利時有害公共秩序者爲限，故凡其權利業已確定者，卽不能更藉辭公共秩序，而阻却其效力。

例一　一九一二年以前，法國不准私生子追認其生父，但若私生子在他國已得准許追認之判决，幷令其生父給予養育費若干時，其生父若來法國，該已准追認生父之私生子可向法國法院主張其由原判决所取得之權利，殊不能謂爲與公共秩序相左而阻止之。何則？蓋其所主張者，爲執行判决，而非請求准予追認其生父也。

例二　土耳其人對其第二妻主張其金錢上之權利時，法國不能藉口公共秩序而駁斥之。何則？其所主張者，非請求維持夫婦關係與多妻之權利也。

由此觀之，公共秩序對于已得權利之適用範圍，及對于法律抵觸之適用範圍，兩相比較，前者較小，蓋非此殊不足以維持法律關係之堅定也。

丙　公共秩序之權能

公共秩序對于已得權利僅有消極之效力，即不准其主張而使之不生效力，不若對于法律抵觸，復以管轄法院之法律，為之替代，進而決定法律關係之應為如何，公共秩序對于已得權利，則無此權能，蓋此為權利之取得問題，而非已得權利之本分也。

已得權利之效力，可結論之如左：

一　已得權利之效力，以依原屬國家法律取得者為限。

二　已得權利與現在地公共秩序相左者，得因之而喪失其全部或一部份之效力。

三　公共秩序對于已得權利，僅有消極之阻却效力，視對于法律抵觸之效力，其權能為較小。

第二節　法律不溯既往

法律不溯既往之原則，為各國所公認，但普通均指國內私法而言，至對于國際私法是否適用，學者意見殊不一致，茲略述之。

一主不溯既往原則不適用于國際私法者之言曰：國際私法係度量法律效力範圍之規定，爲公法性質，其效力能溯及既往。此種主張，姑不問國際私法是否爲私法性質，卽或如此，然公法之效力不溯既往者，指不勝屈；例如關于國籍之取得與喪失，及規定外國人地位之法律，實際上均爲公法，但其效力，則不及既往。主法律抵觸卽國家主權抵觸者，亦認國際私法之規定，有追溯既往効力，其言曰：在耶洛兩省維持原有德國之法律抵觸規定者，無異任他國在法國境內行使主權行爲，此與國際間自主獨立原則甚相背馳也（註一）；惟不溯既往究與國家主權有何關係與損失，殊屬不易摸捉。提那之主張曰：國際私法之規定爲解釋性質，故應溯及既往（註二）。尼巴予（Niboyet）亦曰：在原則上，依既往法律所取得之已得權利，應爲維持，但關於解釋性質之新法律，對于已往事實，亦應適用，殊無損於已得權利之原則，

（註一）Niboyet — Revue juridique d' Alsace et de Lorraine 1920, P. 497et.S.

（註二）Clunet——1900,P. 927 .et S.

此爲主張不溯既往原則不適用于國際私法者之理論。

二　與上列主張相反者，有巴爾當(Bartin)，其言曰：以割讓土地爲例，割讓國之國內法律抵觸之規定，對於割讓前之土地與人民，同爲顯示其主權與主權之方式，受讓國對此主權與主權之方式，在已過時間部份，應遵重之。蓋取得讓與國之人民與土地，即以維持其在原主權者治下之已得權利爲條件者也（註一）。恩徐洛底(Anzilotti)雖主不溯既往之原則，不適用於國際私法，但其結論則反是。其意謂：國際私法之性質特異，故不適用不溯既往之原則；但茲所謂不溯既往者，新法律抵觸規定所指定之法律的不溯既往也。例如舊法律抵觸規定以住所地法爲準，新法律規定以本國法爲準，今有人也，依舊時之住所地法爲有能力者，依新定之本國法則爲無能力者，但仍爲有能力者。惟此非舊法律抵觸規定不溯既往，乃新法律抵觸規定所指定之新法律（即本國法）不溯既往也（註二）。故曰恩徐洛底之主張，實際上亦主不溯既

（註一）Bartin——Etudes de D. I. Privé, P.178.

往者也。

三　學者之論調，雖甚紛歧，但以事實言，法律不溯既往之原則，係包括一切法律，國際私法當亦在內（註三）。德國民法施行法規定曰：除本法第三條與第三一條之特例外，凡法律抵觸之規定，亦包括在內，而同爲對于由一九〇〇年一月一日起所生之事件，方能適用。一九二四年三月二四日法國大審院對于一九二一年七月二十四日解決法國法律與耶洛二省法律抵觸之規定，謂爲並非解釋性質，而僅能生效於將來。則不溯既往之原則，當然亦適用於國際私法。換言之，適用外國法律，亦應以該原則爲限制。

（註二）Riv. di diritto internazionale 1907, P. 129 et s

（註三）Meili——International civil and commercial Law P. 109

第六章　國際私法上之用語

國際私法爲規定適用法律之準則法規，對于某種法律關係，恆由其指定適用何種法律，以決定之。國際私法上之用語，即係解決法律抵觸之各種適用法律的簡單名稱，茲爲方便明確起見，將此等常用之名稱。彙述之如下：

一　準據法 (Loi applicable, proper law, Massgebendesrecht)

準據法者，對于某種法律關係，於內外數國法律中，指示應適用何種法律之準則也。準據法即此種準則之總名。例如中國女子與英國男子結婚，有無結婚能力，依法律適用條例第五條規定，其有無能力，以個人之本國法決定之。此第五條規定，即爲準據法。

二　域內法 (Territorial Law statut territorial,) 與域外法 (Extraterritorial Law.statut extraterritorial)

域內與域外等云，由其稱謂視之，似不能表示其意義之究竟。域內法者，僅于本國領土內適用，而于域內發生効力之法也。域外法者，在本國領土以外，亦能適用，而發生効力之法也。凡屬法律，如非域內法，必爲域外法，二者必居其一。我國刑法第三條第一項曰：本法於凡在民國領域內犯罪者，適用之。此卽爲域內法之性質。反是爲域外法，卽在本國領域外，亦可適用之法。例如英國籍者在法國結婚，關于婚姻之有効與否，法國法院援用英國法以決定之，是卽英國法之適用于域外，而發生効力也。惟域內法僅可于本國領土適用；至域外法，則非但可適用于域外，在本國領域以內，亦當然適用之。

三　屬人法（Personal Statut, Statut Personnel）與屬物法（Real Law. statut reel）

屬人法與屬物法之名稱，用之已久，其意義約有二說：

甲　屬人法者，關于人之法律，亦卽關于個人法權之法律，故以屬人稱之。意大利後期註釋學派時代，已有屬人法則（Statuta personalia）之名稱。屬人者當與人有密切關係，故不問人之行止何在，恆與人形影相隨而不離，故能于域外發生效力，而爲域外法。

屬物法者，關于物之法律也。例如關于財產之法律，卽爲屬物法。物不能隨便移動，故屬物法不能適用之於他域而生效，故爲域內法。

乙 屬人法者域外法也，換言之，域外法恆爲屬人法性質，故屬人與域外兩語爲同義字。至若屬物法，係域內法性質，故屬物與域內，亦爲同義字。然以上所云，殊屬錯誤，大爾强脫萊嘗混用之，近代學者仍未能避免，故不能不愼重確定之。蓋屬人法雖爲域外性質，而屬物法係域內性質，但不能遽謂凡具域外性質者，必爲屬人法，而具域內性質者，必爲屬物法。何則？其他關於債權，繼承等法律，人稱之謂混合法則 (Statuta mixta) 者，旣不屬人，又非屬物：但其性質與效力，亦不外爲域內與域外兩種。故屬人法僅係域外法之一種，而屬物法，亦僅爲域內法之一種。以地位言，有主從之分，以範圍言，有廣狹之別，不可不愼爲區別也。

四　本國法 (Lex Patriae)

本國法者，個人所屬國之法律也，此爲對于當事人所屬國法律之普通名稱。當事人爲內國人時，其本國法卽爲內國法。當事人爲外國人時，其本國法卽爲外國法。故究以何國之法律爲本國法，依當事人之國籍定之。

五　住所地法 (Lex Domicilii)

住所地法，或稱住址地法，乃個人住址所在地之法律也。個人之住所可在本國，亦可在外國。故住址地法，有時卽爲個人之本國法（住所在本國時），有時爲外國法（住所在外國時）。此與具有永久性質之本國法不同，可得以住所之遷移而變更者也。

六　居所地法 (Loi de residence)

居所地法者，當事人現時寄居地之法也，其與住所地法，在實質上，無甚差別，所異者，居所與住所之別耳。至居所與住所之異點，前者須有居住之事實，與長住之意思；後者其滯留之事實與意思，係一時而非永久性質，此其不同之點也。

七　法律行爲地法（Lex loci actus）

法律行爲地法，或簡稱之謂行爲地法，乃法律關係作成之所在地法律也。行爲地法，視行爲之不同而有異，故又有締約地法，（Lex loci contractus）執行地法，（Lex loci solutionis）等之不同名稱。行爲地法之適用，以關于行爲之方式者爲最多，卽場所支配行爲之原則（Locus regit actum）也。不法行爲地法（Lex loci delicti）亦爲行爲地法之一種，又稱之謂侵權行爲地法，卽爲不法行爲之所在地法律，其解釋有二派：有主以實施地法爲不得行爲地法，有主結果地法。主張不同，結果必異，而究以何者爲是，則視各國之立法而定。

八　物之所在地法（Lex Reisitae）

物有動產與不動產之分，物之所在地法者，動產與不動產所在地法之總名稱也。不問其爲動產或不動產，統以各該物之所在地，定其適用法律，此卽物之所在地法也。

九　法院地法 (Lex fori)

法院地法，一稱訴訟地法，卽訴訟管轄法院所在地之法律也，由本國法院管轄時，以本國法爲法院地法；由外國法院審理時，則以外國法律爲法院地法；故法院地法以法院之所在地決定之也。

十　旗國法 (Loi du Pavillon, Das Flaggenrecht)

旗國法者，謂船舶所屬國之法律也。船舶與人相若，亦有所屬國家與國籍，船舶之國籍，以國旗表示之，故以其所懸之旗幟，以定其適用法律，故名之謂旗國法。

第三編　各論

第一部　立法抵觸

第一章　國籍之抵觸與住所之抵觸

第一節　國籍之抵觸

第一目　國籍抵觸之原因

學者分國籍抵觸爲積極與消極二種：二重國籍者，謂之積極抵觸；無國籍者，謂之消極抵觸。茲分述之如下。

第一　積極之國籍抵觸

抵觸之原因，起于國異其法。積極抵觸者，一人同時甲國認之，乙國亦認之。其情形，有生來與傳來二種。

一　生來之國籍抵觸

生來之國籍，其取得標準有二：一爲血統主義，一爲屬地主義，今如各國立法一致條件相同，則取其任何一主義爲本，即不至有何抵觸發生。例如均採血統主義，則對於外國人之生於其土者，均認爲外國人；而本國人之生於外國者，亦仍爲本國人。若均採屬地主義，其結果亦甚一致。凡生於外國者爲外國人，生於本國者爲本國人，絕不發生若何抵觸。但此僅屬理論，實際則殊不如此。採血統主義者有之，採屬地主義者有之，採混合主義者亦有之，此抵觸之所由生也。抵觸既生，而解決抵觸之道．尚付闕如，因而困難遂見。譬如關於身分問題，均主以個人之本國法爲準，但若個人之國籍猶有問題，而未確定，奚能知其本國法爲何，更何從進而解決其身分之爲若何。

關於解決生來國籍抵觸之道，其普通規定，咸以法院地法之規定爲準，意謂當兩國籍發生抵觸，其一即爲裁判法院所屬之國籍時，該法院應以授與判裁權者之法律爲準，以解決其抵觸。依此辦理，對於裁判法院所屬之國家，似非難事。但問題之來，殊不如是簡單，而同此一人，仍不免被兩國所爭認，則必有需乎立法機關與外交方法之補救。蓋若兩當事國之國籍，係由普通法律規定者，則由訂立條約，即可解決其抵觸；但若其中一國之國籍，係由憲法規定者，則應先從修改憲法入手，勢必須有立法者之參加矣（註一）。茲將國籍之抵觸情形，畧述於後，俾各國明其眞相，而知對內應如何修改，對外宜如何互讓，以達圓面解決之目的。

甲　由血統主義所生之抵觸

由表面視之，如兩國立法對於生來國籍，均採血統主義，當不至發生抵觸；但此僅以原則言，若在施行上，則恆與理論相反。例如私生子先由其法國籍之父認知後，更被其德國籍之母認知，依法國規定（民法第八第十條），於未成年時，由其父認知者，取得其父之國籍；依德國法律，則根據Partus Ventrem Sequitur 之規定，認爲德國籍。又如廿歲之未成年者，先後由法國籍之母與意國籍之父認知，法國法律以先認爲主，視爲法國籍（民法第八第十

（註一）Weiss — TraiTe. T. I. P. 306 Note 2.

條），意國法律則授與父之國籍，而視之爲意國人（民法第四第七條）。又如嫡生子，出生時父爲法國籍，但在受孕時則爲他國籍，依法國法律亦爲法國人（民法第八第十條）；但受孕時，其父所屬國家或根據羅馬法上infans Conceptus之規定，以爭認之。凡此情形，各當事國家，固同採血統主義者也，但仍不免于抵觸。欲去此弊，須各國法典除同採血統主義外，復應規定下列二點：一、須一致以父或母之國籍爲先。二、須一致以生時或受孕時爲準。

乙　由血統主義與屬地主義所生之抵觸。

意國籍者在南美佛尼蘇拉生產子女，佛國視之爲自國人，與原來之本國人民同樣盡義務而享權利；一八七四年佛國外長致書意大利代辦公使曰：佛國憲法規定，凡生于佛尼蘇拉共和國者，不問其父母之國籍爲何，均爲佛國人……外國法律，絕不能發生任何效力於佛國國土等云。處此情形，同此一人，意依血統主義，視爲意國籍；佛依屬地主義，視爲佛國籍，而抵觸遂不能免矣。

一八四二年英政府訓令其駐蒙脫維特渥之領事曰：凡生於英國領土之外者，如其父或祖父爲英國人者，均視爲英國籍，不准其主張出生地之國籍；但英國法律並未以同樣辦法，待遇在英國出生之外國人。直至一八七〇年五月十二日之法律，方准外國人之生於英國者，得于成年後一年內，選擇其生父之國籍。此種辦法，則勢必與採屬地主義者相抵觸。

西班牙曾與南美諸國訂立條約，互採屬地主義，以定其人民之國籍，但一八六三年九月二一日西班牙與阿根廷條約第七條則曰：……關於規定兩國人民之國籍，各照本國之憲法，或其他法規定之……等云。則依此而言，凡西班牙人在潑拉太(Plata)所生之子女，西班牙採血統主義必認之爲西籍；阿國採屬地主義，則認爲阿籍；仍不免於抵觸。類此情形，均由屬地主義與血統主義所生之抵觸也。

丙　由血統主義與混合主義所生之抵觸。

德國人在法國所生之子女，依法國民法第八條第三第四欵之規定，視爲當然之法國人，或依第九條之規定，于成年後一年內得聲請取得法國籍；但由德國視之，仍爲德國籍。蓋如不經德政府之剝奪，或未經批准脫籍，更或未在德國域外寄居十年以上者，均不能脫離德國籍。則除上列三種情形外，一人勢必兼有兩國籍矣。又如從前俄國之法律，不許臣民脫籍，而法國法律規定凡在國內所生之外國人，皆爲法國人，是二國法律之間，殊易發生國籍之抵觸。又如英法各國，對于外國人在內國生子，至成年爲止，居住于國內者，皆認爲內國人；惟至成年後，則許其選擇其父之國籍，而變爲外國人。是上列各國法律與日本國籍法之規定，亦將發生抵觸，蓋日本之國籍法規定，凡在外國所生之子，不問其滯在外國之年限長短，皆爲日本人，故與英法各國以未達成年時，認爲內國人之規定，相抵觸者也

丁　由同採混合主義所生之抵觸

各國立法對于本國人所生之子女，採血統主義；對于外國人在本國所生之子女，則採屬地主義者甚多。今若兩國之立法，採此同樣之混合辦法，則

抵觸亦不能免。例如法國舊民法規定，外國人在本國所生之子女皆視爲法國人，惟達成年後，得選擇其父之國籍；而對于本國人在外國所生之子女，則依血統主義，絕對認爲法國人。比利時亦採此同一辦法。是法國人在比利時所生之子女，由法國視之，認絕對的法國人；但就比國觀之，則亦爲比國人，此同採混合主義所生之抵觸也。

二 傳來之國籍抵觸

此種抵觸之發生，其原因始于取得國籍之時，較生來者有先後之別，而抵觸之情形則較多，即取得外國國籍時，內國國籍尚未喪失之結果也。例如日本國籍法規定，女子爲外國人之妻時，失日本國籍；而美國之規定則反是，仍認嫁于外國人之女子爲美國籍；故日本人若與美國女子結婚，此女子不免爲重國籍矣。他如養子，認知，歸化等，均足爲傳來國籍抵觸之原因，其詳恕不縷述。

第二 消極之國籍抵觸

消極之國籍抵觸者，一人同時無論何國皆不認之爲人民之謂也，是即無國籍之情形。此種抵觸之發生，即未取得他國籍時，已先失去固有之國籍，故發生此種情形。所幸各國立法者，頗多注意及之，預爲防止，實際上，此種抵觸，已屬甚尠，然尚未能絕對避免，例如日本國籍法第十八條規定，日本女子與外國人結婚者，喪失其日本國籍，苟此女猶未取得夫之國籍，則爲無國籍之人矣，此即消極之抵觸也。

第二目　解決國籍抵觸之準則

積極抵觸不可不解決之，消極抵觸亦不可聽其自然，解決之道，須視情形與性質之如何，而定其辦法，茲分別說明之。

第一　解決積極抵觸之準則

一　內外國籍之抵觸

積極抵觸之性質，爲國際關係乎？抑爲國內關係？如爲前者，則一人有二重國籍時，兩國必爭相承認之；兩國國籍法，本無優劣之分，彼此均欲貫徹其主張，勢必至於時起爭議。此種問題，國際法上既無規定辦法，不得不籍仲裁或外交談判之方法，以解決之。惟仲裁裁判，每甚遲緩，而外交談判，亦每至決裂，因而釀成戰爭，故若認之爲國際關係，而用以上兩法解決，殊屬不妥。倘其性質爲國內關係，則國內裁判機關或行政官廳，均可處置裕如。一八六三年西班牙與阿根廷曾于條約內訂明，認之爲國內關係，而由各本國獨立解決之。

以理論言，國籍爲國家與人民間之聯鎖，屬公法範圍，其爲國內性質也，自屬無疑，其人民之應爲遵守，亦不待論。今若內國法與外國法發生抵觸時，自當以內國者爲準，而無承認外國法之必要。設有人焉，有中國國籍，復有美國國籍，由中國視之爲中國人，而適用中國法；由美國視之爲美國人，適用美國法。故有內外國籍抵觸時，不論其原因爲如何，不論其取得國籍之前後如何，惟有視爲自國籍之人民，而以本國法爲斷。我國法律適用條例第二條曰……但依國籍法，應認爲中國人者，依中國法，亦即此意。

二　外國籍之抵觸

依上論述，內外國籍之抵觸，已有解決之法。但若抵觸之二國國籍，皆爲外國籍，如亦謂依當事者之本國法決定之，然究以何者爲其本國法。關于此點，不得不就抵觸之原因，及取得國籍之前後，以研究之。

甲　生來之國籍抵觸

一人出生時取得二國國籍，一爲內國籍，一爲外國籍，則以內國籍爲準，前已言之。若二者均爲外國籍，則將何所適從？例如中國人生子於阿根廷，中國採血統主義，認之爲中國籍；阿根廷採屬地主義，認之爲阿國籍；但此子又來日本發生法律關係，則在日本如何以定其國籍，依中國法乎？或從阿根廷之法律？是不可不研究也。對于此點，學者之主張視情形而異。

（一）現時有住所於抵觸關係國領土者。

一人有兩國國籍，而在第三國時，由此第三國視之，對于其他抵觸之二國國籍，殊無高下之分，處茲情形，須視當事者之住所在何國，而定其國籍。其理由謂：有住所于其國者，與該國之關係當較密切，如上例，若現有住所于中國，則認之爲中國籍。

（2）無住所于抵觸關係國領土者

以上第一種辦法，尙有住所爲判別之根據，今若當事者于抵觸之二關係國土內，均無住所，且即住于第三國領土時，將如何辦理？例如中國人生子於阿根廷，而住于日本，解決之道有二說：

第一說　法律優劣說

法律優劣說云者，以管轄法院國之法律，視與二抵觸國法律之何者相同，以定其爲孰優孰劣。同者爲優，不同者爲劣。處此情形，當然從優者。如日本採血統主義；中國亦然，阿根廷則採屬地主義；如當事者有住所于日本時，從中國法而認之爲中國籍，以中國法與日本法相同，而爲較優之故也。

第二說　無國籍說

此說謂：法律一概平等，殊不能以異同爲優劣之標準，故于二關係國領土均無住所時，寧視之爲無國籍者，而以住所地國爲其本國，藉以定其國籍。例如，生于阿根廷之中國人，住于日本，則視之爲日本籍。

乙　傳來之國籍抵觸

出生時取得一國籍，出生後又取得一國籍；其中一爲內國籍，一爲外國籍，因而發生抵觸，其解決方法，不問取得之先後，概以內國籍爲主，其辦法，一如上述。若抵觸之二國國籍，均爲外國籍，將如何解決？則與上述生來之抵觸解決辦法不同。生來接觸之發生係同時；傳來之抵觸，其發生也係異時。同時可依當事者之住所決定之，異時者，可以其取得之先後爲準。日本法例第二七條第一項曰：於依當事者本國法之塲合，其當事者有二個以上國籍時，依最後取得之國籍，定其本國法，此後法優于前法之謂也。例如生于中國之中國人，歸化德國，依中國法，須經內政部之許可，否則無效，但其人已入德國籍，且復至日本發生法律關係，日本以其取得德國籍于後，即以德國法爲其本國法。夫以取得國籍之先後爲標準者，因近世潮流認移住脫籍，均爲人民之自由，倘中國人秉自由意思取得德國籍，亟應視之爲德國人，中國法律雖有限制，然其效力，不出國境，第三國無遵重之之義務，若此人復移住南美至五年以上，南美法律更視之爲南美國籍而有效，德國雖有滯在外國十年以上不報告者，始爲脫籍之規定，而南美則不認之。若此人更至日本，日本必據此原則，認之爲南美籍，而不視之德國人。此種辦法，各國立法均屬一致，我國法律用適條例第二條之規定亦然。

第二　解決消極抵觸之準則

國籍之消極抵觸者，即無國籍之謂也。無國籍者，旣無國籍，當無本國法；然與他人發生法律關係時，將如何處置之？以其現在我國而不得已適用中國法乎？抑另以他法爲準？學者有主張依其舊本國法者；惟舊本國法，非僅不易知悉，且與當事者之意思相反，故多數學者與法例，對于不得已之情形，均主以當事者之住所地法視爲本國法。無住所者，以其居所爲準。凡人可無國籍，可無住所，但不能無居所，而問題即可籍以解決。我國法律適用條例第二條第二項亦規定曰：當事人無國籍者，依其住所地法，住所不明時，依其居所地法。

第三目　一國數法與保護民

一　一國數法問題

瑞士之各邦，美國之各州，各自有其法律。如瑞美人民與他國人民發生關係，而生法律抵觸時，將以何者爲其本國法？德國學者塞脫爾孟謂：不宜依其本國法，而應以住所地法爲準，但與事理，殊不甚合，何則？不問有無住所于內國或外國，惟若以住所地法爲準，則與無國籍者何異。使其人有住所于於本國者，猶可言也：若以其住所在外國，而不依本國法律，豈非大謬日本法例第二七條第三項之規定，遇此種情形時，依其所屬地方之法律，所屬地方云者，仍不離其本國之意。如美之紐約州人，仍依紐約州法律，不得因其住在日本，而改從日本法律。至當事者究屬美國何州，則非外國法適用時之問題，乃美國國內法上之問題，茲可不論。我國法律適用例律第二條第三項對于一國數法之規定曰：當事人本國內各地法律不同者內，依其所屬地方之法，是與日本法例第二七條第二項之規定相似。

二　保護民問題

南洋英荷等之各屬地華人，大都爲英荷等各國之保護民，在外交關係上，當屬保護國權力之支配；但在法律關係上，仍爲華人，當然以中國法爲其本國法。蓋保護之事實，不能變更被保護者之國籍者也。

第二節　住所之抵觸

國籍以外，住所亦爲選擇適用法律之標準。英美各國不重國籍，而重住所，其重要可知。近今各國關于住所之意義，皆從羅馬法所揭示之原則。其要件，爲於一定之地點，有定居之事實，及永住之意思。英美學者之觀念亦大畧相似註一，然在適用上，則互有不同。至關于住所之分類，亦有不同。

(註一) Dicey-Co flict of Laws, 1922 P.790—799; Footes Privale inter Law, 5th Ed. P.77.

英美學者分住所之種類爲三：一、固有住所，一名出生住所。二、法律上之住所。三、選定住所，或稱任意住所。大陸派則云：僅有選定住所與法定住所二種。英美派主張，凡人必須有一住所；德國學者反對之，沙維尼更舉三例以證明其說：一、移住外國者尙在途中者。二、週遊四方，而無營業中心者。三、漂泊四方，以求糊口，而無一定之產業者。此三種人均無固有住所之可言，藉以攻擊英美學者之主張。又英美派謂：一人不可有二個以上之住所，德國學者，亦反對其說。德國民法第七條，且明認複數住所之存在。據此以觀，各國之學說與法例，旣有不同，則抵觸自難避免，當此問題發生時，將何以解決之？茲依國籍抵觸之先例，分住所之積極與消極抵觸，而論其適用準則。

一　解決積極抵觸之準則

一人而有二個以上住所時，其一在中國者，不論取得之先後，以在中國之住所爲準，而定其適用法律。

若其二個以上之住所均在外國者，則以最後取得者，爲確定住所地法之標準。

二　解決消極抵觸之準則

應適用當事人之住所地法時，若當事者無論在何處均無住所時，則仿處理無國籍者之同一辦法，以其居所地法律替代而補救之。

第二章　關於人之法律

第一節　身分與能力

一　身分與能力之意義

身分者，個人法定品質之總和，由若干事實組織而成者也；能力者，個人行使其所享有權利之稟賦也(註一)。在一方面，個人之能力依其身分而定之，具如何之身分，方有如何之能力。在他方面，個人之身分，亦須有能力之存在，方得確立，有如何之能力，始足以證實其有如何之身分。故身分與能力爲聯立觀念，而不可分離者也。阿爾孟雄因之將身分能力統名之謂個人之情狀(Statut Personnel)(註二)，我國法律適用條例則逕稱之謂能力(第五條)。

二　身分與能力之範圍

(註一) Pillet-manuel de D.I.Prive P.508—509

(註二) Arminjon——Precis de D.I. Prive.II.P.40—41

關於身分與能力法律之範圍，據阿塞謂：凡規定個人與家庭之法律關係，以及決定個人可否并在何等限度內，得作成法律行爲之法律均屬之(註一)。其較著者，如關於嫡子，私生子，成年，未成年，結婚，離婚，親屬，父權之行使，養子，解放，監護，夫權等法律均屬之(註二)。蓋此等法律關係之性質既同，其目的亦無異，均爲個人與家庭之保障問題，故當以同樣法律支配之，惟關於能力問題，通常有權利能力與行爲能力之分，此處所討論者爲行爲能力，而權利能力不與也，蓋討論外國人之權利能力如何，屬外國人之地位問題範圍以內，與法律抵觸問題殊無關係；故外國人有無權利能力，通常由訴訟地依其本國法律定之，不必依照法律抵觸之規定，至行爲能力則均以個人之屬人法爲準，而根據法律抵觸之規定以定其適用法律也。

三　決定身分與能力之適用法律。

(註一) Poullet——manuel de D.I.Prive Belge. P.267.

(註二) Poullet——manuel de D.I.Prive Belge. P.267—268

身分與能力之如何，須依法律爲之決定，然則將以何種法律爲決定之標準？現在各國立法，關於身分與能力，咸以屬人法爲決定之準則，至屬人法之觀念，則視各國立法之不同而互異。或爲個人所屬國家之本國法，或爲個人之住所地法，各國之地位不同，需要互異，故雖同爲屬人法，其內容則彼此迥不相同也(註一)。

四　以屬人法決定身分與能力之理由

關於決定身分與能力之法律，其目的在保護個人之利益。欲達此種目的，其惟一方法，須使此種法律具有永久性質，而不以個人所處地位有何移動而變更。屬人法以人爲標準，與個人形影相隨而不之或離，其能較爲永久也無疑，必能達保護個人之目的。波意愛曰：平正與實利，爲習慣法規屬人性質之根據，并足以證明反對論者主張之缺憾。此卽以屬人法決定身分與能力之理由也。

(註一) Arminjon——Precis de D.I. Prive' II P, 36—38.

五　屬人法之種類與不同之理由

依各國立法之規定，屬人法約有二種：個人之本國法與住所地法是也。惟同爲屬人法，何故一爲本國法？一爲住所地法？茲將其所持之不同理由，綜述於下。

甲　以本國法爲屬人法之理由。

一　國籍爲人民附屬於國家之連鎖，國家之職務，在規定其人民之法律地位，凡關於人民身分能力之一切權利義務之關係規定，須注意各本國人民之體質，性格，習尙及意志等，而外國人民不與也。

二　近代國家以統一之民族爲本，故其人民之身分能力，亦應以全民族之準則爲本。

三　個人之身分能力，須使之前後一統而永久。換言之，須使個人之權利義務，無論何時何地，均受同一法律之管轄，而不易變更。住所與居所，甚易隨時變動，殊不能應此需要，國籍則除依法定條件外，頗具有永久性質，而不可任意變動。故決定個人之身分與能力，自以本國法爲最宜，而能達永久之目的，且可避免僭竊法律之弊。

四　歸化，婚姻，與割讓土地等，雖能變更國籍，但其變更時卽取得新國籍與新身分能力，仍有國籍可資根據；卽在以住所地法爲屬人法之國家，其情形亦同。

五　謂個人必有一住所，且僅可有一住所，更謂住所爲個人之活動中心，而較易認識者，殊非確當之論。非惟居所與住所之分別，已不甚明顯；且各國立法對于住所之觀念，又不相同，其要件亦彼此互異，因此往往有兩重住所與無住所之情形發生，斷不能如國籍之確定，故住所殊不足爲決定身分能力之標準。

乙　以住所地法爲屬人法之理由

一　住所均依個人意思而取得，在某地確定其住所者，卽有服從該地法律之意，沙比尼且謂以住所地法爲準，乃根據任意誠服之意思，較之以國籍爲本之强制性質者，自屬較合近代法意與原則(註一)。

二　住所爲個人之生活中心與營業樞紐，個人與住所之關係，較任何地所爲密切，故依住所地法，以決定個人之身分能力，當爲最自然而最合理。

三　適用住所地法，對于內外國人一視同仁，平等待遇，而殊無考究其國籍如何之必要。

四　住所之何在，不難知之，故住所地法甚易確定，不若國籍每以確定之標準不同，而彼此互異；且又無如歸化，婚姻等問題參錯其間而滋流弊之缺點。

五　住所爲個人利益之中心，凡人必有一住所，且僅能有一住所，不若國籍有重複與無國籍之弊竇。

以本國法與住所地法爲屬人法之主張，各有理由，而俱屬空泛。法律之規定，隨時勢與需要而移轉，故學者謂法律係客觀之規定，不爲無因。至關

(註一) Savigny-Traite de Droit Romain T, Ⅷ §362

於個人身分能力之法律，在單一國家，如法，比，意，德等國，自以適用本國法，以定個人之身分能力，較爲便利，實際上亦較住所地法易於確定。至在複式國家如英，美等國，各邦自有法律，且彼此不相統一，究以何則爲其本國法律，殊難分別其高下，而定其先後。處此情形，舍住所地法外，誠無相當法律以爲標準。又如無國籍與兩重國藉者，其身分能力之決定，無本國法足資依據，故以住所地法爲準，實屬時勢使然（註一）。現代各國仍以住所地法決定個人之身分能力者，多係國內法律不相統一之國。反之，在單一國家而法制統一者，則恆以本國法爲原則，而僅對于少數不得已之情形適用住所地法。法國國際私法規定以本國法決定個人之身分能力，始於國內法律統一之時，在此以前，各地習慣法規彼此存在，故當時亦以住所地法爲準。住所地法較優乎？本國法較優乎？須視實際情形而定，不可僅憑理論以定是非，故曰各有理由，而均屬空泛也。

（註一）Meili-International Civil and Commercial Law P.123,VII ets.

六　適用屬人法之例外

個人之身分與能力，以屬人法爲準，此爲一般之原則，但有例外。

例外一　反致情形——法國民法第三條第三項規定，以個人之本國法決定其身分與能力。英國則規定以住所地法爲準。今有住于法國之英國少年，欲在法國結婚，有無婚姻能力，依法國規定，應以其本國（英國）法爲準，但依英國規定，應以住所地法爲準，故法國法院遂依法國法律決定該英國少年之能力，此由反致規定所生之例外也。

例外二　公共秩序對于屬人法之適用，亦足以發生例外。對于某國人適用其屬人法時，若與管轄法院所屬國之公共秩序有抵觸時，則停止其適用。例如比國民法第三條規定曰；公安與警察法律，凡居此領土者，均適用之。使有准許多妻之某外國人，欲在禁止重婚之比國娶第二婦，雖通常關於婚姻問題，以個人之屬人法爲準，但重婚與比國之公共秩序有害，當不能適用其屬人法矣。

例外三　特別能力之例外——法比判例，分能力為普通與特別二種，屬人法之適用，以關于普通能力者為限。他如讓與不動產，遺囑，贈與，訂立婚姻等行為，俱屬特別能力之範圍，對于此種事項，外國人不能請求適用其屬人法，此種例外，為封建時代之遺迹，藉以限制他地習慣法則之適用範圍，但其主張，則殊欠妥當。能力不問為普通與特別，更不問其所欲支配者為何種事項，但決定身分能力之法律，其目的均為保護個人利益，今以支配某種事項，諉謂屬於特別能力範圍而別立例外，其理由殊欠充分也。

例外四　為保護本國人利益之例外——各國法例規定，如因對于外國人適用其屬人法而有損本國人之利益時，則停止其適用。德國民法施行法第七條第三款曰；本無能力或僅具限制能力之作成某種法律行為之外國人，在德國作成該行為時，如依德國法律為有能力者，則對于該行為即視為有能力者之行為。此即為本國人利益之例外。我國法律適用條例第五條第二項，亦有類似之規定。其理由，以本國人民對于他國法律，殊難明曉，若係善意與外國人締結法律行爲，但以其屬人法之規定不同，因而無效，恐有助長外國人蒙蔽法律之風，殊不足以保護本國人民之利益，故有如是之規定。但若照此以行，亦恐使外國人畏首不前，而生阻礙國際貿遷之流弊。保護個人利益，而使國家全體蒙害，亦非正當辦法也。

例外五　僭竊法律之例外——個人之身分與能力，雖以屬人法爲決定之標準。但若某種屬人法之取得，曾出之以僭竊法律之方法，則亦必停止該屬人法之適用，藉以制裁其惡意之行爲。

例外六　品質之例外——各規國定，對于身分與能力，雖同以屬人法爲準，但若對于身分與能力之觀念不同，亦不免發生例外。譬如兩國法律對于身分與能力，俱以本國法爲準，但關于遺囑之作成，甲國認爲屬於身分與能力問題之範圍，乙國則認爲法律行爲之方式問題，則在乙國勢不能適用其屬人法矣。

七　變更國籍對于身分與能力之影響

變更國籍對于身分與能力之影響，亦即對于屬人法之影響。身分與能力依屬人法一經確定後，則雖在任何國家均應維持之。至若個人之國籍變更，間接即變更其屬人法，——如以本國法爲屬人法——但亦應根據同一原則，維持其已得之身分與能力，由變更國籍所取得之新屬人法，僅可生效於未來，而不能溯及既往，我國法律適用條例第五條第三項之規定，即以變更國籍不影響於已得之身分與能力爲原則者也。

例一　法國籍之夫婦，於離婚後歸化意大利，仍爲已離婚之夫婦。意大利雖禁止離婚，但上列之離婚夫婦，得在意大利再婚，蓋此非爲取得離婚權利，而惟主張其已得之離婚權利也。

例二　中國法律規定以二〇歲爲成年，法國則定爲二一歲。今有二〇歲又一月之中國人歸化法國不以法國定爲二一歲而變爲未成年人。反之，西班牙定二七歲爲成年，今有二三歲之西班牙人歸化中國，僅自正式歸化之日起變爲成年，但亦不能依中國法認該西班牙人業已成年二年。

八　法人之能力

一國之人民因與他國人民或在他國領土有何法律行爲。而發生法律上之抵觸問題；一國之法人亦可與他國人民或團體發生法律關係，而發生同樣之法律抵觸。關於決定自然人能力之法律，前已述之。今若有一外國法人與我國人民或在我國領土有何法律行爲而發生法律抵觸時，則外國法人之能力如何，亦殊有研究之必要，關於本問題之主張約有三派。

一　現在地所屬國法派——此派主張外國法人之能力，依其現時所在地法律定之。比國學者洛郞曰：各種社團雖在其設立地有法律上之根據，但在外國，非經該外國法律之承認，不能成立。其成立也，既由現時所在地國法律定之，其享有之權利，亦應由該國法律爲之規定。至其地位，即係享有權利之組織體，故其能力自當以其現時所在地國法律定之（註一）。洛郎之主張，姑不論其是否適當，但已墮入重大錯誤。依其所言，顯將外國法人之地位及享有權利兩問題，與外國法人之能力問題，混爲一談。然茲所欲研究者，爲於內外國法律中選擇何者以決定外國法人之能力，並不在討論外國法人應有何等地位與應享何種權利，故洛郎之主張，根本上已陷於錯誤之境，殊不足爲本問題之解決方案。復次，若以外國法人現時所在地國法律決定其能力，勢將因所在地之變更而其能力亦隨之不定，殊非增進國際間貿遷之道，亦不足以保護關係人士之利益，故此派主張殊不足採也。

二　本國法派——法人之能力，應以其所屬之本國法律定之，換言之，以法人之國籍爲決定其適用法律之標準。一八八二年四月一二日比國大審院判例曰：依民法第三條第三項規定，人之身分與能力，雖其人

（註一）Laurent——Drcit Civil International T. IV,P.262,

住在外國，依其本國法定之。人之一字，在法律上係指一切凡可爲法律主體者而言，自然人與法人均包括在內，故法人之能力，應以其本國法爲決定之標準。此種主張，似有相當理由；惟法人與自然人究有不同，即以法人之國籍論，已無確當之標準：以其組織份子定其國籍乎，抑以其所在地法定之，以其資本成份何屬而定其國籍乎，抑以其營業之中心地法爲準；即此一端，學者議論紛紜，莫衷一是，法人之國籍既難確定，更何能據之以定其本國法，而爲決定其能力之準則，此則不可不詳加考慮也。

三　設立地法派——多數學者，咸主以法人之設立地法以決定其能力；蓋法人之設立者，必能洞悉設立地法律之規定，且其用意斷不以設立地以外之法律爲根據。復次，法人之本國法每無一定之標準，至設立地則係事實問題，絕不會人異其說而毫無確定，當可免遊移之弊。說者或謂若以設立地法爲準，狡猾者既可虛僞頂冒而上下其手，且若依設立地法規定而有損本國人民之利益時將如何？予謂虛僞項冒可用僭竊法律之規定以制裁之，至恐有損本國人民之利益，則不妨別立類似法律適用條例第五條第二項之限制以預防之。故以實利言，似以法人之設立地法決定其能力爲較當。

九　各國法律規定身分與能力之派別

一　本國法派

此派各國，對於在外國之本國人與在本國之外國人，均以個人之本國法決定其身分與能力。凡依個人之本國法爲有能力者，雖至任何國家均爲有能力。反之，依本國法爲無能力或限制能力者，亦不得以移住他國而變爲有能力者。此爲身分與能力之無處不然性（Ubiquity），固不問其與本國人或與外國人發生關係否也。波勒諾阿曰：個人之身分爲有能力者，到處均有能力，個人之身分爲無能力者，亦到處爲無能力（註一），即此之謂也。意大利，法蘭

（註一）見Meili——International Civil & Commercial law P.179.

西，荷蘭，葡萄牙等國均屬本國法派。

二　住所地法派

此派各國之立法，對于外國人之在本國者，與本國人之在外國者，其身分能力，均以個人之住所地法爲準。丹麥，那威，阿根廷等國屬之。蒙脫維特渥條約亦規定以住所地法決定個人之身分能力。

三　以本國法爲原則所在地法爲例外派

此派各國立法，關于個人身分與能力之決定，以本國法爲原則；但對于例外情形，則以個人之現時所在地法爲準。德國民法施行法第七條規定曰：個人之締約能力，依其所屬之本國法定之；但同條末欵及第二七條關于反致情形之規定（見前第七八與第八三頁）則爲適用本國之例外，而以個人之現時所在地法代之。其他如日本，瑞士等國之立法均屬此派。我國法律適用條例第五條第一項與第二項前半段之規定，亦以本國法爲原則而以現在所在地法爲例外者也。

四　住所地法與所在地法爭持不決派

英美各國，屬人法絕不以本國法爲準，但究爲住所地法或所在地法，亦屬懸案。惠斯脫拉克（註一），戴西（註二），華東（註三），均主個人之住所地法決定其身分能力，杜萊菲特(DudleyFied)則主張適用所在地法；其言曰：法規之變化，個人實蒙其害，至以所在地法爲準，乃方便貿遷與司法之最妥辦法（註四），惟綜觀英美關于本問題例案之全部，則多半主張以住所地法爲準。美國最高法院曰：以住所地法規定個人之身分，乃屬常規（註五），于此可見英美法例對于決定身分與能力之趨向矣。

（註一）Westlake——Private International Law 3rd Ed, P.43

（註二）Dicey——Conflict of Law, No. 123 P,477.

（註三）Wharton——conflict of Laws, §84 & seq.

（註四）Dudley Fied——Draft outlines of an international code I.P. 380

（註五）Lamar V. Micou, 112 U. S. 452.

五　侵權行爲地法派

身分與能力雖以本國法或住所地法爲決定之標準，但有侵權行爲時，則依該行爲地法負其責任。前澳國民法第八六六條規定曰：無論何人，虛稱有能力與他人訂立契約者，對于他人因不知悉其實情而受其欺妄者，負賠償之責。又瑞士契約法第三三條曰：如使訂約之對方，誤信其爲有能力而與之締約者，應負由此所生之損害責任，而不問其屬人法之規定爲如何。此即以侵權行地法爲準者也。

十　避免決定身分與能力法律由不同所生之缺點的主張

決定身分能力之標準，各國不同，因而兩國人民間發生與身分能力有關之法律關係時，不能有公平之解決，故有人主張外國人之在內國者，亦以內國法爲準。格羅西(Hugo Grolius)於所著之De Jure belli ac pacis內有下列之論旨(Qai in Loco aliqus Coutralit Tamquam subditus Temporarius Legibus Loci Subjicitur. II ch.XIV,No.2)。英美各國即採此旨(註一)。，德瑞亦然，惟加以限制，一七九三年法國國會所擬草案第八條曰：外國人居於法國期內，以法國法律爲準、法國法律所准爲之一切行爲均能作成之，其身體與財產亦受法國法律保護。法國共和八年一一月二四日議案亦有類似之規定，第四節第一條第四款曰：關於外國人之財產與身體，在寄居期內，由本法管轄之。

國際法協會對此問題，累加討論，一八八年在英國牛津（Oxford）開會時，其議決之原則曰：個人之身分能力，由其所屬之本國法管轄之；無國籍者之身分能力，則由其住所地法定之（註二）。一八八二年開會時，巴爾曾有下列之建議（註三）。

一　個人之能力，關於商業往來事項，由當事者之本國法管轄之。

（註一）Meili-International civil & commercial Law, P.188.

（註二）Annuaire 1883 V. P.57.

（註三）Annuaire 1883 P.49

二　惟善意——後改爲無重大過失字樣——之當事者，或其繼承人所締結之契約（或賣買行爲），如依行地法已認爲有能力者，則該契約爲有效。

三　關于商業上之往來事項，凡得由雙方當事者自由處置之事件，以住所地法替代本國法。

四　凡外國商業社團所爲之行爲與契約，以其設立地法爲住所地法。

郭爾特斯密斯(Goldsmith)則主張加以下列之修改：

一　關于商業上之往來事項，個人之能力，以當事者之住所地法定之。

二　依締約地法已認爲有能力者，其契約爲有效。

一八八八年國際協會在瑞士洛桑(Lausanne)開會時決定，至少對于商業事項適用本國法之規定，應加以修改（註一）。其決議第一條曰：依在牛津決

（註一） Annuaire 1888—1889, P,103—104

定之原則，個人之能力，無論對于商事或民事，統由其本國法決定之。第二條曰：但根據無能力爲理由所爲之撤銷請求，如依行爲地法已爲有效，且對方證明其錯誤情形係由無能力者之過失或他種特別情形所致者，應駁斥其請求，英國學者惠斯脫拉克之建議曰：個人之能力，關于商業事項，雖依當事者之本國法定之，但若一方當事者已滿二一歲，而他方又爲善意者時，得適用締約地之法律。

比國學者洛郎所擬之辦法，似較週密，惟覺不免煩瑣，其所草之比國法典第一五條曰：外國人在比國締結契約時，須聲明其身分能力之如何，否則善意之第三者，得請求適用比國法律。——當事者在比國訂立正式書面行爲時，官吏應負責詢問其是否爲外國人；如爲外國人，幷應詢明其身分能力如何。

第二節　禁治產與準禁治產

禁治產者，精神喪失而無能力之謂；準禁治產者，精神不發達而能力消弱之謂。各國法律對于禁治產及準禁治產，互有不同之規定，以限制其能力。日本民法第七條曰：心神喪失之常況者，裁判所對之，得宣告爲禁治產，禁治產者爲無能之人，其法律行爲，可以取消。又曰：日本民法第一一條以下，對于心神耗弱者，聾者，啞者，盲者，浪費者，宣告爲準禁治產。德國民法第六條則不設此區別，凡有精神病，精神耗弱，浪費，及有酒癖，而無管理財產能力，且足以致自己與其家族陷於窮困，或有貽害他人之虞者，得宣告之爲禁治產，其因精神病而受禁治產之宣告者，爲全無能力，其行爲歸於無效，我國民法之規定，與德國相同，亦無禁治產與準禁治產之分別。民法總則第一四條曰；對於心神喪失或精神耗弱致不能處理自己事務者，法院得因本人，配偶，或最近親屬二人之聲請，宣告禁治產。又同法第一五條曰；禁治產人，無行爲能力。法國民法第四八八條規定，精神病者，白癡者，與未成年者，同作爲無能力者，而得取消其行爲。至於精神耗弱者，應限制其能力之一部，爲之設置保佐人。意大利民法第三二四條以下，其規定與法國同。他如比利時，荷蘭等國，亦大略相似。西班牙民法對於精神病者，瘖啞者，白癡者，浪費者，得爲禁治產之宣告，但無禁治產與準禁治產之區別。與大利，匈牙利亦然。英國法例對于精神病者，白癡者，依精神病者監督官之決定，得剝奪其行爲能力，而其行爲爲無效。反之，對于浪費者，則並未限制其行爲能力。據此以觀，禁治產與準禁產之關係規定，各國互不相同。今若有內外國原素存在其間之關係問題發生，自應有適當準則，以資決定。且禁治產之宣告，非僅爲保護個人利益，而與社會公共利益，亦有密切關係，故對于外國人之寄居本國者，應否爲之宣告禁治產，亦屬重要問題；而亟須研究者也。

禁治產在立法上之抵觸範圍內，應爲研究之問題有二：卽宣告禁治產之原因；與宣告禁治產之效力是也。茲分別述之。

一　宣告禁治產之原因

本國法院對于滯在本國之外國人宣告其禁治產時，應依何國法律之規定，以定其原因，依被宣告者之本國法乎？抑以宣告法院地之法律爲準？對此問題，學者之主張不一：有主絕對適用本國法者；亦有主絕對適用法院地法者，國際法協會曾以十四票對十二票，兩票之差，採本國法主義，以爲非個人之本國法所認之原因，則不得宣告禁治產。主依法院地法者，亦不無理由，何則？外國人滯在地法院既有宣告禁治產之權，爲事實上之利便計，爲何不可依據法院地法所定之原因，以宣告其禁治產。此等絕端主張，均有未當。主本國法者，純以本國法所定之原因爲準；照此以言，本國法所定之原因，卽不爲法院地法所承認者，亦必據之而爲禁治產之宣告。其結果，不免背及法院地之公益，此爲絕端本國法主義之缺點。反之，絕端法院地法之主張，亦有未合；蓋禁治產之宣告，有限制能力之效力，能力之有無，以適用個人之本國法爲原則，若不顧被宣告者之本國法，而僅依據法院地法以剝奪其能力，亦屬欠當。故如德國民法施行法第八條規定，有住所或居所於德國之外國人，得依德國法宣告禁治產之條文，殊欠完善也，此爲絕端法院地法主義之缺憾。兩全之道，應採折衷辦法，宜以本國法爲原則，而以法院地法爲限制。換言之，宣告禁治產之原因，以本國法所定者爲準；但法院地法所不之承認者，卽爲本國法所定之原因，仍不得宣告禁治產。法律適用條律第六條曰：凡在中國有住所或居所之外國人，依其本國法及中國法，同有禁治產之原因者，得宣告禁治產。該條規定，卽爲兼採以上兩主義之折衷辦法。一九〇五年七月十七日關于禁治產之海牙協約，其第一條規定卽以本國法爲原則，但得有例外；而第七條卽規定在某種情形，以外國人之本國法與居所地法所同認之原因爲準。

二　宣告禁治產之效力。

關于宣告禁治產之效力，應有研究之點有二：第一，宣告禁治產之效力，依何國法律以定之；第二，禁治產之效力，能否及于宣告國家之外。

第一　關於宣告禁治產之效力，應據何國法律規定之問題；有採絕對本國法主義者，亦有採絕對法院地法主義者。日本法例第四條明定宣告禁治之效力，依宣告國之法律定之。我國法律適用條例則未之明定。考禁治產之宣告，屬身分與能力問題之範圍，以原則言，似應以本國法爲準；惟在實際，則不得不採用法院地法，蓋一國法院所爲之宣告，僅能於該國法律所認之範圍內發生效力，至於被宣告者之爲何國人，非所問也。倘依被宣告者之本國法，發生其效力，則甲國認禁治產爲無能力者，其所爲之行爲無效；乙國認禁治產爲限制能力者，僅得將其所爲之行爲撤銷。同爲禁治產，且同爲一國法院所宣告者，其效力之不同如此，殊欠公平，而不足以維持國際互市上之安全，此各國法例所以均採法院地法者也。一九〇五年七月十七日海牙協約第八條規定，禁治產之效力，以被宣告者常居地管轄法院之本地法爲準；換言之，亦採用法院地法所定禁治產之效力者也。

第二　禁治產之效力，能否及於宣告國以外之問題，應如何解決，得於禁治產制度之目的內找其辦法。宣告禁治產之問題，屬於身分與能力之範圍，且爲保護個人利益之制度，以法律之社會目的論，凡能使其效力延長最久而最廣者，爲最能保護個人之利益，則自不應使之以宣告法院所屬國之國界爲限，而宜使其在任何地域發生效力，方足與法律之社會目的相符。惟禁治產之宣告，同時亦爲維持滯在國之公益，而非完全爲保護個人利益，既與滯在國家有關，似不應任其發生效力於任何地域，而應加以相當限制。一九〇五年七月十七日海牙協約第九條曰：締約國中之一國，依法所爲之禁治產的宣告，得在其他締約國發生效力，而無須請求承認；換言之，即在非締約國，殊不能無條件發生效力之謂也。

第三節　死亡之宣告

死亡之宣告云者，即失蹤人生死不明，經過一定年限後，法院依利害關係人之聲請而爲宣告，且推定其爲已死亡之謂也。死亡之宣告，對于被宣告者在法律上之地位，關係甚大，故各國法律莫不有死亡宣告制度之嚴格規定。惟各國關係本問題之法律內容，並不一致，不免有抵觸之困難。例如法國系諸國，對于生死不明者，僅得爲失蹤之宣告，而不認死亡之推定。法國制度之規定，將失蹤分爲三期：在第一期內，推定失蹤者依然存在，宜以該失蹤者之利益爲本，而爲之管理財產；第二期，即失蹤者經四年之久，猶不明其生死者；或爲失蹤者設置財產管理人後，經過十年，而仍生死不明者，方得爲失蹤之宣告；然猶不能確定其生死，故管理財產，仍以失蹤者之利益爲前提，而爲之指定暫時之假定繼承人，收執其財產。如是更經過三十年，至第三時期，失蹤者之死亡，益形顯著，方得令假定之繼承人，明確占有其財產。但仍不能推定其必已死亡，故其配偶人不得請求離婚或再婚，比意西等國，皆採此主義，所異者，惟法定期間互有長短而已。德國系諸國規定凡經一定期間而生死不明者，法院得因聲請而宣告其人之死亡。宣告之死亡與實際死亡，具同一效力，而繼承因以開始，親屬關係因此消滅，其配偶即可再婚，而宣告死亡者之一切權利義務，悉因宣告而消滅或免除。奧荷日本等國，均採此主義。英美法例則與大陸規定略有不同，凡經七年生死不明者，法院得爲之推定繼承人而收執其財產，惟僅以用益權利授與繼承者；更經六年後，繼承人取得其動產權；又六年以後，取得其不動產權。蘇格蘭之法定期限較短，凡經七年之久生死不明者，繼承者得依法院之公示，更基于生存限制之推定，而繼承一切財產。然英國法律始終不揭死亡之推定，故凡請求離婚或請求生命保險之賠償金者，對于失蹤者之死亡，須負證明之責任。各國關于宣告死亡之規定，既如是不同，則對于外國人在內國，或內國人在外國之宣告死亡，當不免發生抵觸，此所以亟應研究其適用法律者也。

一　宣告死亡之適用法律

關于死亡之宣告，應適用何種法律，學者之主張有五：

甲　屬人法與屬物法並用說　此說謂死亡之宣告，有關于人者，有關於物者；前者如夫婦之關係，親權之行使等，皆與人有關，應適用屬人法；後者如死亡者之財產應歸於何人，生死不明者須經若干年後方得宣告，又其所有財產應如何管理等，皆關於物者，應以物之所在地法爲準。惟考各國關于宣告死亡之規定，恆有不同，有於宣告之後即推定其爲死亡者，有於宣告之後尚視爲存在者，效力既有不同，其財產之處分勢必不能一律，倘如本說所云，被宣告者之身分，依其本國法尚視爲存在，則其在他國之財產，勢不能與死亡者之財產同一處置，故本說對于實際上適用，殊欠妥當也。

乙　絕對物之所在地法說

此說之解釋，亦有不同：

一　有謂關于死亡之宣告，不分人與物，均應適用物之所在地法；因宣告死亡，以保護其財產爲目的，如是，自應以財產之所在地法爲準。此說亦有未當，死亡之宣告，其目的並不專在保護財產，而變更個人之身分與能力，亦爲宣告死亡之目的，故本說所據之理由，殊欠充分也。

二　有謂死亡之宣告，應絕對適用物之所在地法，因被宣告者之身分，並不以死亡之宣告而有何變更也。考各國法例，固有不以死亡之宣告變更個人之身分者，然在實際，大多數國家之法例，均認個人身分因宣告死亡而變更，故此說亦不足採。

丙　屬物法與屬人法參用說

此說謂關於死亡之宣告，應分別宣告時與宣告前兩不同時期，而定其適用法律。在宣告以前，應適用物之所在地法，何則？當此之際，個人之身分與能力，毫無變更，惟發生財產之管理問題。關於財產之管理，與國家社會之公益有密切關係，自應適用財產之所在地法。至若死亡之宣告時，個人之身分與能力，必因此而變更，既與個人之身分與能力有關，自須適用屬人法以決定之。此說分死亡之宣告爲兩時期，而分別定其適用法律，亦不圓滿。蓋在宣告以前，根本上與死亡之宣告無關，此說如不免有隔靴抓癢之嫌；至於宣告時適用屬人法之主張，似屬較合邏輯，因死亡之宣告，對于個人之身分與能力影響最大，則以決定身分與能力之法律適用之於宣告死亡，自必較爲妥當也。

丁　附條件的物之所在地法說

此說謂死亡之宣告，對于個人之身分與能力，有重大關係，應以屬人法爲準，自不待言；但由死亡而發生之關於財產的繼承等問題，與財產所在地國家之公益，及社會經濟，亦不無利害關係，故在與財產所在地有關係之限度內，亦有參照財產所在地法之必要，而對于個人之屬人法立一例外。法律適用條例第八條曰：凡在中國有住所或居所之外國人生死不明時，祇就其在中國之財產，及應依中國法律之法律關係，得依中國法，爲死亡之宣告。此即附條件的採用物之所在地法之規定也。據此以觀，適用屬物法以宣告死亡，須具下列三種條件：

一　須在中國有住所或居所。中國法院欲爲外國人宣告死亡，須該外國人在中國有住所或居所；否則，其與中國之關係，必無足輕重，中國法院殊無爲之宣告死亡之必要。

二　就其在中國之財產。物之所在地法院爲外國人宣告死亡，即以該外國人置有財產于其地，因而有社會經濟上之關係，故爲之宣告死亡，換言之，須於關係財產之範圍內，方得爲之宣告死亡。

三　就其應依中國法律之法律關係。所謂應依中國法律之法律關係者，即於中國國際私法上，認爲應適用中國法律之法律關係也。例如外國人與中國之保險公司締結生命保險契約，倘該外國人一旦生死不明，其繼承者爲欲取得保險償金，向中國法院聲請死亡之宣告，此種契約乃在中國締結者，如當事人對于適用之法律意思不明，而又異其國籍者，即應適用中國法(行爲地法)。此種保險契約關係，即應適用中國法律之法律關係也。

二　死亡宣告之效力

關於死亡宣告之效力須爲研究者，卽應以何種法律決定其效力之問題。各國法例對此問題之規定，互有不同。法意各國，原則上，主以被宣告死亡者之本國法爲準，然殊與爲外國人宣告死亡之本旨不符；蓋宣告外國人之死亡，所以保護宣告法院所屬國之公益，其效力自應以法院所在地法律爲準。況各國宣告死亡之規定甚不相同，宣告國對于被宣告者，推定其爲業已死亡，所有一切法律關係，即與死亡者同樣處置之；倘依被宣告者之本國法，不認其業已死亡，則一切關係問題之解決，勢必大異。據此以觀，若依本國法之規定，其結果必與宣告死亡之目的相反，更無宣告死亡必要矣。故以宣告死亡制度之實際目的言，自以適用宣告法院地法爲宜。如是，則被中國法院宣告死亡者，縱令其本國法未有宣告死亡制度，或不以中國之死亡宣告爲繼承開始之原因，但在中國，仍依宣告死亡之結果，使此外國人之繼承照常進行。

三　在外國宣告死亡之效力

本問題分三點研究之：

甲　外國人經其本國法院宣告死亡者，該死亡宣告在我國之效力如何？換言之，我國應否承認外國法院對其本國人死亡宣告之效力？按死亡宣告問題，本屬個人身分能力之範圍，原則上應以本國法爲準，則我國對于外國法院對其本國人依照其本國法所爲之死亡宣告，應承認其效力；惟若被宣告者實際上確生存於我國時，則不應承認該宣告之效力。

乙　甲國人民被乙國法院宣告死亡之效力，在原則上，我國應承認之；但若乙國法院所爲之死亡宣告，係爲保護其本國之利益，且所根據者，又與我國國際私法之規定不同，則我國自無承認其效力之必要。

丙　外國法院對于我國人民之死亡宣告，我國應否承認宣告之效力，按外國法院宣告我國人民之死亡，無非爲保護其本國之利益，我國殊不必承認該宣告之效力也。

第三章　關於親族之法律

第一節　婚姻之預約

婚姻之預約，羅馬法不認之爲有效，日本亦然。寺院法對于婚姻預約執行之訴，僅認爲請求賠償之一法。我國習慣，則認婚姻預約爲有效，故當有內外國因素存在其間之婚姻預約的關係問題發生時，遂不免有法律抵觸之事實。我國法律適用條例，對于本問題，未有明文規定，但亦殊有研究之必要，茲分別簡畧論述之。

一　婚姻預約之成立要件

關於婚姻預約之成立要件，似應以當事者之各該本國法爲準。按婚姻之預約，爲家庭關係之初步，而屬家庭問題之性質，故以適用雙方之屬人法，較爲適宜。故歐洲大陸各國，均以雙方之本國法，以定婚姻預約之成立要件。德國民法施行法第七條，雖認現時所在地法有決定個人身分之可能，但關於家庭問題，則明文特定爲例外。今婚姻之預約，既屬家庭關係問題之一，自應以當事之本國法爲準。

二　婚姻預約之形式要件

婚姻預約之形式要件，應適用塲所支配行爲之原則，而以行爲地法定者爲準。雖然，此僅爲普通原則，倘于實際上，能有更便利之方法時，則亦不必拘泥于此。換言之，塲所支配行爲原則之對于婚姻之預約，其適用，爲任意性質，而非强制性質（註一）。

三　婚姻預約之效力

關於婚姻預約之效力，亟應研究者，首爲于毀約而不願履行時，應以何法決定其是非與制裁。有主以毀約者一方之屬人法爲準（註二）；有主以男方之屬人法爲準。巴爾曰：婚姻之預約，依男方屬人法爲無效，依女方屬人法

（註一）參閱婚姻成立之形式要件見本書第三〇八頁以下

（註二）Regelsberger, "Pand," I, P."176—177,

爲有效時，應以前者爲決定之標準（註一）。瑞士法律且明文規定之（註二）。更有主以法院地法爲準，學者如北伍(Bohm)恩格(Unger)均主之。奧國民法亦如是規定（註三）。若以公正利便言，則以法院地法較爲適當。

第二節　婚姻

婚姻爲家庭組織之根源，家庭爲社會國家之基礎，故婚姻制度，不但關與一人一家，且與社會國家有密切關係，故不論何國，對于人民之婚姻，莫不有一定制度之規定，此種制度，在昔日，僅行於國內人民之間，而僅爲國內的私法關係，近世交通便利，往來頻繁，一國人民既有在異國論婚之事實，內外國人亦不乏互通婚好之事端，惟各國婚姻制度之關係規定，舉凡如婚姻之成立，效力等之條文，每非一致，而彼此歧異，則適用法律時，勢難

（註一）Meili-International Civil and Commercial Law P. 217.

（註二）Meili-International Civil and Commercial Law P. 217.

（註三）Unger-System des Osterr, Pr,R,I, § 23, P,192,

免抵觸情形之發生，此所以亟宜研求解決之道，而定其標準者也。

第一　姻婚之成立要件

婚姻之成立，須實具件質上之條，與形式上之條件，玆分別論述之。

(一)外國人或內外國人在內國結婚，與內國人或內外國人在外國結婚。

一　實質上之要件

實質上之要件者，如結婚年齡，近親間之限制，再婚之限制，及特定人之同意等條件，均屬之。關於婚姻成立之實質條件，各國法律規定，恆不相同，因而應適用何國法律之問題以生。對此問題，學者主張與各國法例，約分三派。

第一派　婚姻舉行地法主義

此派主張，對于成立婚姻之實質條件，主以結婚地法律規定者爲準。英美學者及法例，均採此主義。美國慣例，凡依結婚地法定條件所成立之婚姻，雖至任何地域，均屬有效，不必另行參照當事者之本國法或住所地法（註一）。英國自一八七七年以來，雖有側重於住所地法之傾向，但舉行地法律之勢力，仍甚重要（註二）。南美阿根廷之婚姻法令，並有明文規定，其第二條曰：婚姻之成立，如與第九條第一至第六款規定不生阻礙，則凡在本共和國領土者，均以婚姻完成所在國之法律爲準；雖當事者之用意，在避免其本國法之規定，因而遠離其住所者，亦所不計（註三）。

主張適用舉行地法之理由，學者各異其說，約略如下：

甲　學者謂：婚姻係契約之一種，契約之成立，既應受行爲地法之支配，婚姻自不能獨異，婚姻舉行地，即其行爲地，故應依舉行地法。根脫（Kent）曰：不問當事人有無避免本國法律之用意與否，凡依婚姻締結地法律

（註一）Meili——International Civil and Commercial Law P.221

（註二）Lapradelle——Repertoire T.VII.P.38 chap.IV.

（註三）Meili-International civil and Commercial Law P.221

者，必使之有效，此乃普通契約之原則，惟適用之於婚姻關係而已，且藉此以免由無效所生之一切不良影響（註一）。此說殊欠適當，姑不論契約問題並不以適用行爲地法爲不易之原則，且婚姻與契約不同之點甚多，契約之效用，足以發生當事者之間財產上之關係，婚姻則發生當事者之間精神與身體上之關係；契約可附以期限或他種限制，婚姻則否；凡此異點，均屬顯而易見，殊不宜强令從同，而繩以一法焉。

乙　學者又謂：關于婚姻之法律，爲國際法之一部，其效力殊無界限，故依結婚地法爲有效之婚姻，雖至他處亦爲有效，結婚地法認爲不能成立者，在任何地亦仍無效（註二）。關于婚姻之法律，屬國內私法範圍，各國均于民法中規定之，殊與國際法無關，若更據之爲適用舉行地法之理由，則益形謬誤矣。

（註一）Kent-Commentaries on American Law 12th Ed. by Holmes Vol. II. P.93.

（註二）Keut-Commentaries on American Law 12th Ed. by Holmes. Vol, II. P 92.

丙　美國學者華東之主張適用舉行地法，復以巧妙之理論，以解釋其根據，幷藉此以與大陸學者之主張相接近，其言曰：法意比諸國法典之規定，凡與公共秩序及善良風俗有關者，不適用外國人之屬人法，而以當地法律代之；今婚姻成立之條件，最與公共秩序善良風俗有密切關係，自當以其舉行地法爲準（註一），考婚姻成立之實質條件，如結婚年齡，特定人之同意等，均屬個人身分能力問題之範圍，與公共秩序善良風俗毫無關係，殊不足以之爲適用舉行地法之理由。

第二派　本國法主義

婚姻成立之要件，關於個人身分能力上之問題，自當以當事者之本國法爲準；大陸法派各國之立法，均採此主義，然其內容，亦有不同，約分兩說：

甲　夫之本國法說。此說謂：婚姻之成立要件，應以夫之本國法爲準；

（註一）Wharton——A Treatise on the Conflict of Laws 2nd Ed. § 165.

因婚姻關係，無論何國皆以夫爲主體，而夫之本國，又爲婚姻實現之地位(註一)；且妻於成婚之後，亦取得夫之國籍，婚姻對于夫之本國，關係特重，故婚姻之成立要件，不可不依夫之本國法。此說於理論實際均欠確當，所云婚姻關係以夫爲主體，與夫之本國必爲婚姻之實現地位，純係偏見，而無法理上之根據。至若以妻於成婚後亦取得夫之國籍爲理由，亦不充分，何則？蓋妻于成婚後，方能取得夫之國籍，當婚姻關係尚未成立之時；猶無夫婦關係之可言，雙方仍保持其原有國籍，何得據爲適用夫之本國法的根據(註二)。且依男方之本國法，縱令要件具備，但若依女方之本國法，其條件尚未具備，則由女方之本國法視之，其婚姻必屬無效。例如：西班牙法律規定十二歲之女子即可結婚，法國女子非滿十五歲不得結婚，今若有十三歲之法國女子與西班牙男子依照西班牙法定成立條件結婚，由法國法律視之，其婚姻仍

(註一) Savigny-Systeme, Ⅷ, P. 326; Gerber-Deutsches Privarecht. § 32

(註二) Weiss-Manuel de D. I. Prive P. 83—184.

無效，故夫之本國法主義，非惟于理論欠當，事實上亦甚多阻碍焉。

乙　夫婦雙方本國法說。此說畧謂：婚姻之成立，應依夫婦雙方之本國法；蓋婚姻之成立條件，爲確定特定人之關係，故其成立，應具備雙方本國法所定之要件。不但爲夫之男子，應具備其本國法所定之要件；爲妻之女子，亦須具備其本國法上之要件。况各國對于婚姻之法定年齡與能力等之規定，視其國民之身體發育遲早，智識程度之高下而定，與各本國之地位，氣候，及人種等有密切關係，殊不宜强令甲國女子從男子所屬之乙國法定條件（註一）。準此以言，自當以雙方本國法爲準，方爲妥善。我國法律適用條例第九條規定曰：婚姻成立之要件，依當事人各該本國法。即採雙方本國法主義。德日等多數國家亦然，意大利雖亦採雙方本國法主義，但妻之成婚年齡，復須遵照意國法律之限制（意民法第一〇二條）；凡未逮意大利法定成婚年齡之女子，雖已合其本國法之規定，仍不得成婚，但此未免過分。一九

（註一）Weiss-Manuel de D. I.Prive P.479.

〇二年六月十二日海牙協約，關於婚姻之實質條件，亦規定以適用未婚夫婦之各本國法爲原則，惟另立若干之變通例外耳。

第三派　住所地法主義

以住所地法爲屬爲人法，而不採本國法之理由，前已述之（註一）。至以住所地法以決定婚姻成立之要件，殊不免偶然遊移之弊，各國立法對之，均予反對，而不之採用。英國法例關于婚姻能力，近親限制等，向以住所地法爲準（註二），但例外甚多（註三），故住所地法對于婚姻關係之勢力，漸失其向來之地位矣。

（二）外國人在外國結婚

外國人在外國成立之婚姻發生疑問，而在內國法院爭議其成立與否時，

（註一）見以上第二二六頁以下

（註二）Westlake-A Preatise on Private International Law, § 21; Dicey The conflict of Laws 4th Ed. P.688.

（註三）Foote——Private International Jurisprudence 5th ED. P.128.

則內國法院將依何國法律以裁判其成立與否？換言之，內國法院對于外國人在外國成立之婚姻，究應以何國法律爲準，以決定其成立與否。據我人之意見，此等事案，應依下列原則以解決之：

第一原則　外國人在外國成婚者，其爭議問題，由內國法視之，不問其爲屬于身分能力之問題範圍，或係與公共秩序有關之問題，均不可適用內國法爲解決之標準；蓋內國法對于此等婚姻，絕無任何名義得爲適用之根據焉。

第二原則　對于外國人在其本國成立之婚姻發生爭議時，應以該本國法決定其是否成立（註一）；惟與內國之公共秩序有害者，得不適用之。例如重婚，雖爲外國人之本國法或結婚地法所許可；但在我國，則不能承認而適用此種法律，蓋有妨我國之公共秩序也。

（註一）High Court of Justice (England) Chancerey division, 26. feb. 1902-Clunet 1905.P.1073.

第三原則　外國人在其本國以外之第三國舉行之婚姻，在我國發生成立與否之爭議問題時，我國法院惟有依該外國人之本國法以決定之；卽或其本國法之規定有損舉行地之公共秩序時，亦仍適用其本國法；蓋舉行地之公共秩序有損與否，對于我國毫無關係，但此等問題個屬人身分能力之範圍，自應以其屬人法爲準。一九〇二年六月十二日海牙協約第二條之規定，卽採此義，該條文曰：違反舉行地所規定之禁例的婚姻，若依其屬人法爲有效者，不能認其爲無效。此其明例也。但其屬人之規定，與管轄法院地之公共秩序有妨害時，則可以舉行地法爲決定之標準，但此僅爲例外(註一)。

二　形式上之要件

婚姻之形式要件云者，關於婚姻成立一切法定方式也。舉凡如民法第九八二條之規定，結婚應有公開之儀式，及二人以上之證人，卽婚姻成立之形

(註一) Weiss-Traite de D. I.Prive, III, P. 384 et Siuv; Roguin, Le Mariag e-droit civil Compare,1904.

式要件。其他如結婚之公告儀式之節目，證婚人員之指定及登記等，我國雖無明文規定，亦均屬形式要件之範圍。關於婚姻之形式上的要件，應以何國法律所規定者爲準，我國未有明文特別規定。考婚姻爲法律行爲之一，形其式如何，當以一般法律行爲之方式的準據法爲依歸，茲分別詳論之。

（一）內國人或內外國人在外國結婚，與外國人或內外國人在內國結婚。

一　決定婚姻形式要件之準據法

關於婚姻形式上要件之決定，依法律行爲之形式的一般規定，以其行爲地法爲準。我國法律適用條例第二六條曰：法律行爲之方式……依行爲地法，此卽場所支配行爲之原則也。一九〇二年六月十二日海牙協約第五條第一項且明文規定曰：關於結婚之形式，依結婚地（卽行爲地）法定者，雖至任何地域，均認爲有效。

二　適用行爲地法之性質

依結婚地法定之形式者，雖至任何地域，均爲有效。但適用結婚地法之性質，是否係絕對性質，我國法例，未之明言。由海牙協約第五條第二項視之，則非絕對性質，而定有限制。其規定曰：但須依宗教儀式之國家，對其國民在外國依行爲地法所成之婚姻，除亦遵從其本國所定之宗教儀式外，其本國得不承認之。又同條第三項曰：關於當事者本國法所定之公布規定，須遵守之。推其用意，雖依行爲地法，亦須顧及本國法關于公布之規定。否則，雖其他各國不能否認其婚姻，但其本國，則可認之爲不成立。

復次，婚姻之形式要件，雖以行爲地法爲準，但當事者是否必須遵照之？或亦可適用他法之規定？換言之，適用行爲地法是否係强制性質？或係任意性質？我國法律適用條例草案第二七條之規定曰：……………但當事人同籍時，得用其本國法。其立法意旨，對于行爲地法之適用，爲有限制而附條件之任意性質。有限制云者，除行爲地法外，僅可適用其本國法，而不能援引其他第三國之法律。附條件云者，須雙方當事人係同籍時，方可不適用行爲地法。一九〇二年六月十二日海牙協約第六條第一項之規定，對于適用行爲地法，亦爲有限制而附條件之任意性質，惟其限制較之我國法律適用條例草案第二七條之規定，畧有不同。其文曰：如舉行地國不表示反對，而當事者並無一人係行爲地國人民時，關于婚姻之形式，凡依其本國法之規定，而在其使領機關結婚者，雖至任何地域，均認爲有效。由此觀之，欲不適用行爲地法：第一，須行爲地國不表示反對；第二，須當事者中並無一人係行爲地國人民；第三，須在當事者所屬國之使領機關結婚者，方得適用其本國法。

(二)外國人在外國結婚

外國人在其本國，或在所屬以外第三國結婚，我國對之，應否認爲成立，我國未有明文規定。依普通原則，與一九〇二年海牙協約第六條之規定，凡依行爲地法定方式成立之婚姻，或在當事人所屬本國之使領機關，依其本國法定方式成立之婚姻，我國均應承認之。

婚姻之形式依當事者之本國法爲有效，而依行爲地法爲無效時，我國對之，應取如何態度？例如，甲國以宗教儀式爲婚姻成立之惟一形式要件，乙國規定必依民事法定儀式，且視之爲與公共秩序有關之規定；今有甲國籍之男女，在乙國依其本國法定宗教儀式所成立之婚姻，若來我國法院之前爭訟是非，在不妨害我國之公共秩序限度內，應承認之。一九〇二年海牙協約第七條曰：關于形式，雖依結婚地法認爲不成立之婚姻，但若當事者曾確實遵照各本國之法定形式時，其他各國（除舉行地國外）應認之爲成立。何則？蓋與婚姻制度最有關係者，爲當事者之本國，今既依本國法定形式，其婚姻自屬成立。一九〇二年海牙協約第二條第二項規定之理由，亦足爲本問題之根據也。

第二　婚姻之無效與撤銷

婚姻之成立，須具備法定條件，且已知其應以何國法定條件爲準矣。但與婚姻成立問題相對峙者，復有婚姻之無效與撤銷問題。關于本問題，應爲研究之點有二：其一，應依何國法律以定婚姻無效與撤銷之原因？何人得爲無效與撤銷之請求？應於何種期間內請求之？并何時或如何掃除無效與撤銷之事因。其二，經宣告撤銷之婚姻，其效力如何？應由何國法律定之？例如對于誤信婚姻（Mariage putatif）經撤銷後，其效力如何，應由何國法律定之？茲分別略論之。

一　決定婚姻無效與撤銷原因之準據法。

婚姻之所以無效或被撤銷，以其不遵照或違反法定婚姻成立之要件；則欲決定其是否遵照或違反法定條件，換言之，欲決定其是否爲無效或應使之撤銷，自當亦以規定其成立要件之法律爲準，而無容疑義。例如法律適用條例第九條規定婚姻成立之要件，依當事人各該本國法；婚姻之無效與撤銷，卽以其違反規定成立要件之故，欲知其是否違反成立要件，亦惟有依當事人之本國法，方得斷定。法律適用條例對于此點，雖無明文規定，但此爲當然之辦法，而不足疑也。惟有一例外，若所據以宣告無效或撤銷之法律爲外國法律，而其規定與我國之公共秩序有礙者，則不適用之。譬如法國人在土耳其娶第二婦，依當事人之本國法（法國法），其婚姻爲無效；但若土耳其認一夫多妻之規定，爲關于公共秩序之法律，則將不適用當事人之本國法矣。

二　決定婚姻撤銷後效力之準據法

婚姻撤銷後，其效力如何，各國法律互有不同。法比等國，有誤信婚姻之名稱，此種婚姻之經撤銷者，其撤銷之效力，僅及於將來而不溯既往。英國法律則無誤信婚姻之規定；我國民法雖未有明文規定，但第九九八條之規定曰：結婚撤銷之效力，不溯既往，似與法比之誤信婚姻相若。茲所欲研究者，如第九九八條之規定，對于有內外國關係存在之婚姻，其效力將如何？換言之，中國人在外國被撤銷婚姻者，與外國人在中國被撤銷婚姻者，對于第九九八條所定權利之能否享有，應以何國法律爲準以決定之？茲將本問題之答案，視情形之不同而分別述之。

甲　以違反實質條件而被撤銷之婚姻。

以違反實質條件而被撤銷之婚姻，其能否享有如第九九八條所規定之利益，應依被違反之規定實質條件的法律定之。據此推論，被撤銷地雖無如第九九八條之規定，但規定實質條件之法律有之者，仍能享有之。例如英國（無誤信婚姻制度）人在法國以違反其規定實質條件之法律（英國法）而被撤銷婚姻者，不得享有法國誤信婚姻之利益，以英國無此種利益規定也。反之，若法國人在英國被撤銷婚姻者，英國雖無誤信婚姻之辦法，但在法國，此被撤銷婚姻之夫婦，仍能享有誤信婚姻之關係權利。

乙　以違反形式要件被撤銷之婚姻

一　在我國被撤銷者，如被違反之法律（關于形式者多係行爲地法）有如第九九八條之規定者，則被撤銷婚姻之夫婦，對于既往，得享有第九九八條所規定之利益。例如，英國人在中國結婚，以違反法定形式之規定而被撤銷者，雖英國並無如第九九八條之規定，仍能享有我國第九九八條之利益。

二　在外國被撤銷者。

在外國以違反形式要件被撤銷之婚姻，在該國能否享有如第九九八條之利益？則視該國有無如九九八條之規定爲斷。至該國雖無此項規定，但其所屬之本國則有之，此被撤銷婚姻之夫婦，若回本國，當然亦能享有如第九九八條之利益。例如：中國人在英國以違反形式要件而被撤銷婚姻，在英國雖不能享有如第九九八條之利益，但在中國仍能享有之，並不以撤銷地無此規定因而不能享有。

第三　婚姻之效力

婚姻之效力，可分爲兩部份：一爲關于身分之效力；一爲關於財產之效力。我國法律適用條例稱前者爲婚姻之效力，後者爲夫婦財產制。惟夫婦財產制亦由婚姻關係成立而發生，其實亦爲婚姻效力之一，玆分別說明之。

一　關於身分之效力

婚姻關係非契約可比，其適用法律，自不能援引契約法規之原則（註一）。考婚姻對于雙方當事人身分方面之效力，如夫婦同居之義務，互相扶養

（註一）Weiss-manuel de D, I. Prive, P,499

之義務，以及妻之能力的限制等，均屬個人身分能力問題之範圍，倘涉外關係存在時，此等婚姻效力之當如何，自應以屬人法爲決定之標準。惟屬人法有本國法與住所地法之不同，究以何者爲本？且夫婦互有其屬人法，而個人之屬人法在時間上更有變更之可能，凡諸問題，均不可不有一定之準則也。

一　以何種屬人法爲準

主以住所地法爲屬人法者謂：關于身分能力之一切問題，均應以住所地法爲準。婚姻關係，亦身分能力問題之一，自當亦以住所地法爲準。以住所地法爲唯一之屬法人，旣屬欠當；至婚姻關係之效力，雖屬身分能力問題之範圍，但與社會國家之組織，亦有密切關係；換言之，與個人之國籍，有莫大關係存在此間，其應以本國法爲準，殊屬無疑。一九〇五七月一七日海牙協約第一條第一項規定曰：夫婦間關于身體關係之權利與義務，由其本法國決定之，是即以本國法爲準者也。

二　以何人之屬人法爲準

婚姻關係之效力，雖應以本國法爲準；但若夫婦二人之國籍不同時，究應適用何人之本國法？各國法例及學者，均主以夫之本國法爲準。蓋婚姻關係成立後，以妻入夫家并取得夫之國籍爲通例，而以夫爲婚姻關係之主體，故凡關于婚姻之效力，實以適用夫之本國法爲最當。一九二八年一月五日海牙第六次國際私法會議時曾對于一九〇五年七月一七日協約第一條第一項復加以下列之決定曰：如夫婦之國籍向來不同者，其權利與義務由舉行婚禮後夫之本國法定之。我國法律適用條例第十條第一項亦規定婚姻之效力，依夫之本國法，亦卽此意。至若夫入贅妻家者，依民法第一〇〇一條與一〇〇二條之規定，其主從地位，與普通妻入夫家者相反，則入贅婚姻之效力，以公平言，似應以妻之本國法爲準。

三　以何時之屬人法爲準

個人之屬人法有變更之可能，但究以結婚時之屬人法爲準乎？抑指關係效力問題發生時之屬人法而言？換言之，若所依據之屬人法，以變更國籍而變更時，究應適用變更國籍之前之屬人法？或須以變更以後者爲準？學者有謂：夫婦之一方變更國籍，不能影響於其他一方（註一）；蓋不變更之一方，對于變更前之法律，得以已得權利爲根據而不受其影響（註二）。對此問題，應視各國關於夫變更國籍之效力，是否影響及於其妻爲斷。若妻須隨夫變更國籍者，則其婚姻效力，宜適用關係問題發生時夫之本國法，反之妻不隨夫變更國籍者，則仍以變更前之夫之本國法爲準，以保障妻之已得權利，

四　適用屬人法之例外

婚姻關係之效力，雖以適用屬人之本國法爲準，但若其本國法之規定與法院地之公共秩序有妨礙者，則不適用之。例如：法國法律准夫借助國家權力强制其妻同居，，英國法律夫有監禁其妻之權利；在夫之本國雖有此種規

（註一）Weiss-Manuel de D.I. Prive, P.505.

（註二）Pillet-Manuel de D.I. Prive, P.547.

定，但在我國，如認强制同居及監禁權與我國之公共秩序有妨礙，則不適用之。

二　關于財產之效力

夫婦財產制，可分爲二種：一曰法定財產制；一曰約定財產制。各國立法有專採法定財產制者，有專採約定財產制者，有以法定財產制爲原則，而以約定財產制爲例外，亦有以約定財產制爲原則，而以法定者爲例外。在同採法定財產制之國家，同一法定財產制，復有財產併合制，財產共通制，與財產分離制之不同。同採約定財產制者，關于訂立時期，訂立方式等，亦互有分異；故遇有涉關係時，勢不免法律抵觸之發生，解決之道，主張不一，茲分別論述之。

一　約定財產制

約定財產制爲契約性質，本當事人之自由約定，以採用何種制度。茲所欲研究者，內外國人結婚，或甲國人在乙國結婚時，究須採用何國法律所定之約定財產制？例如，我國民法規定約定財產制有：共同財制，統一財產制，及分別財產制三種。在此三種之內，雖可自由約定，採用其一；但現時所欲解決者，係約定前之先決問題，即究應採用何國法律所規定之約定財產制？例如法國人在中國結婚，依法國之約定財產制乎？抑依中國之約定財產制？又如法國女子與中國男子結婚，其財產制度，將依中國法律以約定之乎？抑依法國之規定？關於解決本問題之主義，約畧有三：

甲　財產所在地法主義

夫婦財產制之目的，在規定夫婦間之財產關係：既屬財產問題之範圍，自應依財產所在地之法律以約定之。惟夫婦財產制原爲調和夫婦間之感情，或爲保護一家之利益，其目的不專在財產，故與物權法上財產關係絕不相同，自不能以其與財產有關，而謂必須適用財產之所在地法。

乙　住所地法主義

說者謂：夫婦財產制，應以住所地法定者爲準，蓋住所地爲婚姻當事人生活之中心，與夫婦之財產亦有密切之關係，故應依住所地法之規定。此說亦屬非當，夫財產制非僅財產之關係，有附着于夫婦身分之關係；非一時之關係，而爲終身之關係；故不宜適用住所地法。蓋住所爲暫時性質，而甚易變更者也。且夫婦財產制與普通財產關係之性質不同，其影響祇及於夫婦之間，對于國家，尤其對于外國，毫無利害關係。夫住所可設本國，亦可設於外國；固如住所地法之主張，而住所適位於外國時，使夫婦財產制度依照不相關涉之外國法律，實屬欠當，故不宜以住所地法爲準之理由，殊屬明甚。

丙　本國法主義

此主義謂：夫婦財產制應依其本國法，蓋財產制之設立，原爲調和夫婦間之情感，與保護一家之利益，自以適用其本國法爲最切當。惟有涉外關係存在，而夫婦國籍不同時，所云本國法，指雙方之本國法乎？抑僅指夫或妻一方之本國法？各國立法均以夫之本國法爲準，我國法律適用條例第十條第二項之規定亦然。蓋由婚姻成立之家庭，屬於夫之本國，妻于成婚後，復以取得夫之國籍爲通例，故夫婦財產制，除與管轄法院地之公共秩序有碍者外，自應適用夫之本國法。惟夫之本國法往往隨國籍而變更，因而發生何時夫之本國法問題。關于此點，大都規定以婚姻成立時夫之本國法爲準。復次，關于夫婦財產制之契約，有訂立於結婚時，亦有准許訂立於婚姻之存續中，此種情形，亦有注意之必要，故一九〇七年七月一七日海牙協約第四條第一項規定曰：婚姻之存續中，關於婚姻契約之訂立，撤銷，或變更，依夫婦之本國法，此亦我人所應注意者也。

二　法定財產制

各國法律關於法定財產制之規定，亦不一致，有以財產併合制爲法定財產制者，亦有以共通或分離財產制爲法定制者。今若夫婦在結婚前，係不同國籍者，或其住所不在本國者，更或於數國置有財產時，如未有契約規定財產制度，究應採取何國之法定財產制？對此問題之主張，約有三說：

甲　住所地法主義

夫婦財產制之性質，原爲契約之本體，本可自由約定之，其未由契約規定者，則依夫婦默示之意思以定之，然無論爲明示或默示，均以其意思爲本。意思之表示，係屬人範圍內之問題，屬人法以住所地法爲準，故夫婦未經約定者，以結婚後住所地之法定財產制爲主。且結婚後之住所，恆爲夫之住所，故夫婦之法定財產制，以夫之住所地法爲準。此說爲提摩冷(Dumoulin)所主張；法比判例，亦宗仰之。住所地法之欠當，前于論述約定財產制時，已深覺其不妥；至對于法定財產制，亦難免同樣之缺點。

乙　不定地法主義

此主義謂：夫婦不明定契約時，應依其默示意思之如何而決定其財產制度，但不宜取主觀推理手段，擅定其必應採住所地之法定制度，須視各問題之不同情況，而推定其欲採何國之法定財產制。例如對于動產，推定其以夫婦之住所地法爲準；至不動產，則當依物之所在地法，其餘均可依此類推。此說爲大爾强脫萊所創，比法學者如衛乙斯洛耶等，及比法一部份判例之主張均如此。是說遊移不定，殊欠準確。洛林（Rolin）曰：視情勢而爲推定之辦法，無論對雙方當事人或第三者，均有絕大弊竇。情勢之不同，千變萬化，第三者如何一一知曉，而得推知當事人欲採何制；即夫婦本人之見界亦不相同，而由同一情勢所得之推斷則互異，故以不定之情勢爲決定適用法律之標準，殊不可也（註一）。

丙　本國法主義

此主義與以上兩說之根據不同，意謂夫婦未經約定者，其財產當採法定制；但並非以其默示意思爲根據，實以遵從法律之命令應如是也。至究應以何國法定者爲準，則夫婦同國籍者，依夫婦之本國法定之。異國籍者，則以夫之本國法所定者爲主。考夫婦財產制之目的，在調和夫婦之情感，與維持一家之和平利益，自宜採用具有永久性且較爲確定之制度爲佳，則舍本國法定者以外，殊無更適當者可尋。一九〇五年七月一七日海牙協約第二條之

（註一）Rolin——Principes du D.I. Prive. T. I. P.760.

規定曰：關于婚姻之效力，對于夫婦之財產，如無約定時，不問動產與不動產，以結婚時夫之本國法爲準……………等云，即採本國法主義者也。我國法律適用條例第十條第二項之規定亦然。

第四　變更國籍對于婚姻效力之影響

婚姻之效力，不論關于夫婦之身分或夫婦之財產制，均以本國法爲準；惟本國法恆隨國籍之取得與喪失而變更，遇此情形，將如何辦理？我國未有明文規定。一九〇五年七月一七日海牙協約第九條曰：夫婦雙方取得新國籍時，則依新本國法以定其效力（原文謂，以新本國法適用于本約第一，第四，及第五各條所規定之情形）。同條第二項曰：若于姻婚存續期內，夫婦變爲異國籍時，則以最後公共所有之法律爲其本國法。一九二八年一月五日第六次國際私法會議又決議在上列第九條之後又加入兩條，其一曰：如夫婦之一方出籍，則以其慣居地法爲其本國法；如無慣居地，則以居所地法爲其本國法；其二曰：如夫婦之一方取得一個以上國籍時，則以其中一個而同時亦爲其慣居地或居所地法者爲其本國法，惟各關係國得視之爲應受其本國法之支配。

變更國籍對于夫婦財產制之影響，亦殊有注意之價值。一九〇五年七月一七日海牙協約第二條第二項曰：夫婦之雙方或一方變更國籍，對于財產制不生影響，是則採用財產制不變更之原則也，俾免利用變更國籍以遂營私之弊，故我國法律適用條例第十條第二項亦規定曰：夫婦財產制，依婚姻成立時夫之本國法。雖然，依一九〇五年七月海牙協約第四條第一項之規定，夫婦財產制並非絕對不能變更，惟不可因此而使人受損，故同條第二項曰：對于財產制之變更，不得有追溯既往效力，而使第三者蒙其損害。

第三節　離婚與別居

各國法律關于離婚與別居之規定，甚不一致，故遇有涉外關係時，在適用法律上，每有抵觸之事實發生。以離婚言，其抵觸情形，約畧有三：關于離婚之根本原則方面，有採不准主義者，如西班牙，意大利，葡萄牙等；有採任意主義者，如蘇俄（一九二七年親屬及監護法第一八條）；更有採限制離婚主義者，如奧國僅准非教徒之婚姻得以離異；巴西規定在教堂成禮之婚姻不得離婚。至於離婚之原因，各國法律之規定，更相分異，而抵觸之事實亦較多；他若離婚之效力方面，固亦不免抵觸之發生也。

第一　同國籍夫婦之離婚

一　決定離婚之普通原則

離婚問題與個人身分能力及家庭組織有密切關係，均受屬人法之支配。在原則上，應適用婚姻成立與效力之同一法律；換言之，卽應以夫婦之本國法爲準。任何國籍之欲離婚者，不問其所在何地，統以其本國法爲標準。外國人欲離異者，除與所在國之公共秩序有礙之部份外，當適用其所屬之本國法律。雖然，此僅屬原則；若在適用時，每不免發生困難情形，而尤以所在國之公共秩序對于外國籍夫婦之離婚爲最，茲分別論述之。

二　離婚之准否

各國法律有准許離婚者，亦有禁止離婚者，因而抵觸以生，但此種關于禁止或准許之規定，其性質是否屬于公共秩序之範圍，殊有關係。若視爲屬于公共秩序之範圍，則能否達離婚目的，勢必隨請求離婚所在國法律之准否爲移轉。例如我國法律有離婚制度之存在，若此種規定爲公共秩序法規之性質，則西葡國籍之夫婦，雖其本國法律不准離婚，但在中國必准許其請求，以其本國不准離異之法律，有礙我國屬于公共秩序性質之准許離婚的法律故也。惟離婚制度，其目的在謀個人與家庭之利益，藉避免敗家喪名之結果故其關係規定，當屬身分能力之屬人法範圍，而與公共秩序無甚關係，故法比例判對于外國籍者其本國不准離異之夫婦，若在法比根據離婚法律爲公共秩序性質而請求離異者，恆駁斥其所請。至本國法律准許離婚之夫婦，若在不准離婚之國家請求離異時，根據同一理由，而依據屬人法之本國法，似應准其所請。然在實際，則又不然。一八八四年以前，法國法院對于外國夫婦，據根其本國准許離婚之法律請求離異者，恆視離婚爲有害社會組織之制度且認准許離婚之規定，係公共秩序之性質，因而不准其所請。由此觀之，法國法院對于離婚法律之性質，其態度前後矛盾，而任意准否。故曰離婚制度之適用屬人法之本國法，僅爲原則，但每用不同之解釋，以推翻或更易之。

三　離婚之原因

離婚問題，旣與個人身分能力及家庭組織有密切關係，而屬屬人法之支配範圍，則關于離婚之原因，自應與可否離婚問題同樣適用當事人之本國法，以定其有何種原因時，准其離異。然各國法院對于外國人依其本國法定原因請求離異而非法院地法律所許者，亦每以有碍公共秩序爲理由而駁斥之。綜上觀之，離婚之准否與原因，雖以適用當事者之本國法爲原則，但亦須顧及請求離婚地之規定，否則仍多障礙也。一九〇二年六月十二日海牙協約之規定，即爲雙方並顧之辦法；凡離婚之可否與原因，須當事者之本國法與請求地法彼此認許之時，方得宣告之（第一與第二條），惟若訴訟地法明定以本國法爲準時，則依據各該本國法之規定爲已足（第三條）；此即以本國法爲原則，而同時顧及訴訟地公共秩序之兩全辦法也。我國法律適用條例第十一條，亦規定須夫之本國法及中國法均認許時，方得宣告之。

第二　異國籍夫婦之離婚

夫婦異國籍之情形有二：其一，夫婦本爲異國籍者，例如美國女子與中國男子結婚，但仍保持其美國籍時；其二，結婚後以夫婦之一造變更國籍而異國籍者。夫婦本爲異國籍者，其離婚之准否與原因，以適用夫之本國法爲最當（註一），一般規定咸如此傾向，雖不免偏重一方之嫌，但若適用妻方之本國法，其弊亦同。至將夫婦雙方之本國法並用，則勢須雙方之本國法均認許時，方得離異，則離婚之可能，實際上將大受限制，亦非維護家庭和樂之道。且關于婚姻之效力，夫婦異國籍時，既以夫之本國法爲準，則婚姻之離異，亦以適用同一法律爲較合理論。夫婦之一方，于結婚後變更國籍因而不同者，則不變更國籍之一方，不應因他方之變異，而蒙其影響。例如本爲

（註一） Pillet —— Manuel de D.I. Privcs P.556.

意大利籍之夫婦，其後夫以取得法國籍而欲請求與其妻離婚時，不應准許之，俾妻不以他方一造之事由而蒙不利。蓋妻對于結婚時所適用之法律，已取得該法律所規定之權利，不能以他方之事由，而任意損害之。否則，難免夫婦之一方利用變更國籍之手段，以離棄其配偶。故凡于結婚後以變更國籍而致國籍不同者，其可否離婚及條件，仍應以雙方共有之法律爲準。一九〇二年六月一二日海牙協約第八條曰：夫婦國籍不同者，以其最後之共有法律爲其本國法，此誠雙方並顧，而公正之辦法也。我國法律適用條例第十一條，規定適用事實發生時夫之本國籍，意卽謂不能適用起訴時，或宣告離婚時夫之本國法，俾免一方利用變更國籍之手段，以遂其私願之弊。然事實發生時之規定，殊欠明顯，不如仿照海牙協約之爲愈，而以適用夫婚最後共有之本國法律爲較佳。

第三　離婚之效力

離婚之效力者，因宣告離婚而發生之一切效果也。如當事人之再婚，財產之返還，女子之監護，扶養之供給等均屬之。離婚之效力，應依何國法律定之，則宜視效力之性質而定。凡關于夫婦身分能力之效力，宜適用其本國法。蓋離婚之效力，由宣告離婚而發生，自應適用決定可否離婚與其原因之同一法律。我國法律適用條例未有明文規定，然依該條例第十七條之明文，亦謂依當事人之本國法。惟此種辦法，對于夫婦國籍相同者，自無問題；若其國籍不同時，勢須依各該當事人之本國法，則必與第十一條僅以夫之本國法爲準之規定不相繫應，而生抵觸，故有主張將第十一條改爲適用雙方本國法之議。至離婚效力不屬于身分能力之範圍者，則視情形之不同而定其適用法律，例如關于夫婦財產制者，適用財產制之法律；關于公共秩序者，如離婚之公示等，則適用法院地法律。

第四　別居

關于別居問題，我國法律適用條例未有特別法律，設有意大利籍夫婦請求別居，而其本國法禁止離婚，中國法院自可依照法律適用條例第十七條之規定，許其別居。至如一中國婦人與一外國人結婚，而此外國人之本國法禁止離婚，則於此夫婦之離婚問題發生時，殊難依第十七條以解決之。蓋按第十七條之意義，須依當事人之各該本國法，而此夫婦之本國法，固兩不相容也。一九〇二年六月十二日海牙協約關于別居之規定與離婚同；而一九二八年第六次國際私法會議復補加規定曰：……夫婦從未有相同國籍，或中止相同國籍而各得相異者時，非依夫婦之各該本國法均得離婚者，不得宣告離婚。其於別居亦同（第八條）。

第四節　嫡子

嫡子者，由正式婚姻所生之子也。嫡子之身分與庶子私生子不同，與養子尤異，故各國法律關于嫡子之身分，均有明文規定其要件。所謂要件者，大致有四：一、須父母之間爲正式婚姻；二、須爲父母婚姻中懷胎所生之子；三、須爲妻所生之子；四、須爲母夫之子。完備此要件者，卽推定其爲嫡子，是謂嫡子之推定（Pater is Est Quen nuptiae Demonst ant）。但旣謂推定，則未必與事實相合，故各國法律又皆規定夫之否認權，據之以否認此推定，人稱之謂否認訴權。嫡子之推定與否認訴權，雖大多數國家均有明文規定，但其內容與眞義則各有不同，故遇有涉外關係存在時，即不免發生抵觸問題矣。

一　同國籍當事者之嫡子爭議問題

嫡子爭議問題之當事人，若爲同國籍者，應適用何國法律以解決之，學者意見約有兩說。

一　訴訟地法主義

主訴訟地法主義者之言曰：嫡子之推定與否認，純係證據問題，證據問題屬訴訟法之範圍，訴訟法之性質，恆與訴訟地之公共秩序有密切關係，故凡嫡子之推定與否認，及如何證明之問題，均應以訴訟地法之規定爲準(註一)。此說將証明方法與證明方法之方式，混爲一談，證明方法之方式，

(註一) Brocher——Cours de D.I. Privé, T.I. P. 09

固屬訴訟手續範圍，而應適用訴訟地法之規定。至若證明方法之本身，如亦以訴訟地法爲準，未免偶然，而欠確定。某種法權之能否成立，視爭議時能否證明爲斷，此證明方式與應爲證明之法權，爲不可分離之兩面（註一）。證明其是否爲嫡子之問題，屬個人身分地位問題之範圍，殊與訴訟手續無關，自不宜適用訴訟地法之規定焉。

二　屬人法主義

主屬人法主義者謂：嫡子之推定及否認，與家庭組織有關，且屬個人身分地位問題之範圍，自應適用屬人法，而以當事者之本國法爲準。波勒諾阿曰：予置決定人子之合法或非法問題之規定於屬人法範圍之內（註二）。波意愛亦曰：此純係個人身分地位上之問題（註三）。其他自大爾强脫萊以來之多數

（註一）Weiss-Traite, T IV' P.14; Poullet-manuel de D.I. Prive Belge P.452.

（註二）Boullenois-Traite de Personnalite et de la realite Les Lois T.I. P.56 et 62.

（註三）Bouhier-Observations sur la Cout.de Bourgogne ch XXIV, No.122.

學者，亦均採屬人法之主張(註一)。

二　異國籍當事者之嫡子爭議問題

嫡子爭議問題之雙方如係異國籍者，將以何國法律爲準。例如請求確認嫡子身分者，不屬於其所欲認爲父之國家時；或提起否認之訴者，不屬于被否認者之國家時；將以何方之法律以決定之。嫡子爭議問題應適用屬人法，固屬無疑，但究應依子之本國法，抑適用父之本國法，學者對之，其意見互有不同。

一　子之本國法主義

此主義謂：嫡子之推定及否認，應以子之本國法爲準，蓋嫡子之推定與否認，對于嫡子之身分地位，關係最切；且此等規定，其目的在保護子之利益，自應依子之本國法(註二)。此主義不甚適當，何則？嫡子之推定，固爲

(註一) Weiss-Traite, T.Ⅳ.P. 14—15.

(註二) Weiss-Traite. T.Ⅳ P 28—29.

保障子之利益；但否認其爲嫡子，則爲保護父之利益。彼此有何軒輊而必以子之本國法爲準，故此種主張所據之理由，殊不能謂爲充分也。

二 父之本國法主義

主張父之本國法說者謂：嫡子爭議問題，屬婚姻效力問題中之一，換言之，嫡子之推定與否認，屬婚姻效力之範圍，自應適用解決婚姻效力之同一法律，卽父之本國法（註一）。我國法律適用條例第十二條曰：子之身分，依出生時，其母之夫之本國法；如其夫於子出生前已死時，依其最後所屬國之法律，是亦採父之本國法主義者也。惟不曰父之本國法，而稱母之夫之本國法者，因是時此子究爲何人之子，尚未確定，故不遽稱之謂父之本國法。至何時父之本國法，則定爲依出生時之父之本國法，藉以避免因父變更國籍而其本國法亦隨而變更之游移不定。至子出生前父已死者，則依其最後所屬國之法律。此外對於子出生前其父母因婚離而解除之情形，未有規定，似有補

（註一）Poullet-Manuel de D.I. Prive Belge. P.454–455.

充之價値，而應規定之曰：如婚姻於子出生前已解除者，依夫最後所屬國之法律。

第五節　私生子

由非正式婚姻所生之子爲私生子，私生子雖不得與嫡子同論，然其與父母之關係，事實上與嫡子殊無大異，惟無法律上之根據耳。如欲使私生子與父母間發生法律上之親子關係，須經一定之法定程序，即所謂私生子之認領。各國法律關于認領之規定，互有不同。例如關於認領之可否問題，有定爲無須認領而不分私生子與嫡子之區別者（一九二六年蘇俄親屬法第二五條）；有禁止認領者，如瑞典，挪威，丹麥等國是；有准許認領者，如日本，奧大利，普魯士等國是；更有限制認領者，德法等國是也。他如認領之條件效力等，其關係法律，亦多分異，如遇有涉外關係存在時，自不免抵觸情形之發生，而亟應解決者也。

一　認領之可否與要件

關于認領之可否與要件，應依何國法律之問題，學者主張有二：

一　訴訟地法主義

此說謂：私生子之認領，與訴訟地之公共秩序有關，故可否認領與要件，應適用訴訟地法。惟在實際，私生子之認領，見或與訴訟地之公共秩序畧有關係，但其主要部份，却與公共秩序無關，故不宜適用訴訟地法。

二　當事人之本國法主義

私生子之認領，純爲個人身分地位及家庭關係上之問題，依一般規定，自應適用當事人之本國法。惟究以何者之本國法爲準？

考之實際，認領者與被認領者，如係同國籍時，則認領者之本國法卽爲被認領者之本國法，殊無選擇問題；至當事人異國籍時，究以何人之本國法爲準，學者之主張，不無分異，約有三說：

甲　被認領者之本國法說

此說謂：認領之目的，在使發生親子關係，此子究爲何人之嗣，卽由認領而定，私生子對于認領有重大關係，即凡一切親子之權利，均由認領而方可享有，故認領之目的，在保護私生子之利益，其可否與要件，自應以私生子之本國法爲準。此說偏重一方，且與事實不符。緣認領私生子，對於認領者，亦有重大權利義務關係，不能謂僅爲私生子而設此制度，故不宜依私生子一方之本國法。

乙　認領者之本國法說

此說謂：認領係將原有事實上之父子或母子關係，變爲法律上之關係，其效力追溯既往，使被認領者取得認領者之國籍，而自始即視爲認領者家庭中之一份子，因而發生法律上之親子關係，認領者對于被認領者，從此負擔扶養等各種義務，故凡認領之可否與要件，應依認領者之本國法；且被認領者既取得認領者之國籍，則認領者之本國法即爲被認領者之本國法，實際既屬一體，更何必拘泥於名義（註一）。

（註一）Weiss-Traite, .T.Ⅳ. P.45—46 et Note I.P. 46.

丙　認領者與被認領者之雙方本國法說

此說謂：認領之可否與要件，不僅關于私生子或其父母之一方，而雙方均有利害關係，且若僅依一方本國法之規定，殊難免障礙之發生。譬如依一方之本國法，雖已完備認領之要件，但若依他方之本國法，仍爲欠缺時，豈能使認領發生效力。又如一方本國法准許認領，而他方之本國法則禁止之者，將何以決定之。復次，婚姻之成立，當事人國籍不同時，適用其各該本國法；認領私生子，其效用與婚姻同爲使當事人間發生親屬關係，而互享權利與各負義務，故亦以適用雙方之本國爲較妥，俾得完全生效，而免一切障礙（註一）。

三　何時之本國法

認領之可否與要件，應適用雙方之各該本國法固矣，然究爲何時之本國法，私生子出生時之本國法乎？抑認領時之本國法乎？學者間有主依出生時

（註一）Weiss-Traie T.IV. P'46-47.

之本國法者，其言曰：認領之效力，追溯及于出生之日，認領亦應視爲始于是時，故宜依出生時之本國法。惟所云追溯及于出生之日，乃指認領之效力，與認領之可否及要件無關，而不可混爲一談，故以適用認領時之本國法爲是。日本法例第十八條第一項曰：私生子認領之要件，關于其父或母者，依認領之當時父或母所屬國法律定之；關于其子者，依認領之當時子所屬國法律定之；此即明定以認領時之本國法爲準者也。我國法律適用條例第十三條第一項規定曰：私生子認領之成立要件，依認領者與被認領者各該本國法，是亦採雙方本國法主義。惟對于何時之本國法一點，未經明定，似有補行規定之必要，藉免游移之弊。

一　認領私生子之效力

認領之效力云者，認領之後，認領者與被認領者間發生法律上效果之謂也。如父母與私生子間之親子關係，私生子在法律上取得之身分能力，取得父母之國籍等，均爲認領之效力。各國法律對于認領效力之規定，亦非一致，而不免抵觸，故亦應立一標準，以資適用。各國立法對于認領效力之如何，依認領者之本國法定之，此與認領之可否與要件所適用之法律，畧有不同，其意蓋謂：認領之可否與要件問題，在親子關係尚未確定，私生子猶未取得認領者國籍之時，故應適用雙方之各該本國法。至若認領之效力如何，則已在認領成立以後，被認領者業已取得認領者之國籍，國籍旣同，雙方之本國法當屬一體，故只須以認領者之本國法爲準，實際上已雙方並顧。法律適用條例第十三條第二項之規定曰：認領之效力，依認領者之本國法，卽此意也。

第六節　非婚生子女之立正

民法親屬編（第一〇六四條）曰：非婚生子女，其生父與生母結婚者，視爲婚生子女。瑞士憲法第五四條曰：婚前子女，以生父母之結婚而歸正，是卽非婚生子女之立正問題也。惟各國法律對于非婚生子女立正之規定，殊非一致：有以生父母之結婚，而卽歸正者；有規定須經法定手續者；而立正之條件與效力等，亦非相同，則適用法律時，自難免抵觸問題之發生，此所以亟應規定一準則也。

一　非婚生子女與生父母同國籍者之立正

關于非婚生子女與生父母同國籍者之立正，應依何法，學者之主張有二：

一　本國法主義

此說謂：非婚生子女之立正問題，屬個人身分地位與家庭關係之範圍，自應適用個人之本國法。且雙方既爲同國籍，則依父母之本國法；倘父母之國籍不同時，則依父之本國法，以父爲一家之主體故也。

二　訴訟地法主義

此說謂：關于非婚生子女之立正問題，其關係法規之性質，屬公共秩序之範圍，應適用訴訟地法之規定。考非婚生子女之立正，與公共秩序殊無重要關係，而立正制度之目的與效果，側重于個人身分地位，及家庭關係者爲多，自不宜以訴訟地法爲準。

二　非婚生子女與生父母異國籍者之立正

非婚生子女與生父母異國籍時之立正，學者異口同聲，主依屬人法。但究以住所地法或本國法爲準，則各有採用者，茲分別畧述之。

一　住所地法主義

英美學派以住所地法爲屬人法，故對于非婚生子女之立正，當然以住所地法爲準。戴西曰：生父母之結婚，是否能將非婚生子女立正，由該子女出生時父之住所地法定之。法國判例曰：非婚生子女之立正，以原來地法（Lex Originis）定之。所謂原來地法者，非婚生子女之出生地，亦卽其生父母之住所地也。生父母之住所不同時，以父之住所地法爲準（註一）。

二　本國法主義

此爲以本國法爲屬人法者之主張，其言曰：非婚生子女之立正，以結婚

（註一）Meili——International and Civil Commercial Law. P.266.

而成立，是與結婚有密切關係，應適用婚姻成立之同一法律，換言之，即以生父母雙方之各該本國法為準。若生父母之國籍不同，則依父之本國法(註一)。說者又謂；非婚生子女由生父母結婚而立正，則立正為結婚之效力，應適用決定結婚效力之法律；婚姻之效力既以父之本國法為準，則非婚生子女之立正，亦當以此為本。國際法協會決議第十條曰：婚姻之效力……關于婚前所生子女之身分地位，由結婚時夫之本國法定之(註二)。即認此為婚姻效力之意也。法律適用條例對于非婚生子女之立正，未有明文規定，似應依照該條例第十七條規定，而依當事人之本國法。但究應依當事人中何方之本國法，則無從擅為推想，此則亟宜明白規定者也

第七節　養子

養子云者，收養他人之子，以為己子之謂也。各國法律對于養子之規定，殊不一律：有不認養子制度者，如英美荷蘭等國是；有認許養子制度

(註一) 見Meili-International Civil & Commercial Law. P.266.

(註二) 見Meili-International Civil & Commercial Law. P.265.

者，但其認許之程度，甚不相同。有完全視養子爲嫡子，發生親子關係，使之取得養親之國籍，改用養親之姓氏者；有不以養子與嫡子同等看待，而不發生親子關係者。因此，對于養子而有涉外關係時，則抵觸以生。故關于養子之可否與成立要件，及養子之效力等，應適用何法，自須立一標準，爲解決之本。

一　養子之可否與成立要件

關于養子之可否及成立要件，應以何法爲準，學者主張互異，茲依情形之不同，而分別論之。

甲　養親與養子同國籍者

一　當事人自由選擇主義

主此說者謂：養子制度爲契約性質(註一)。契約之適用法律，由當事者自由選定之，故養子之成立，亦以當事人自由選擇者爲準。考養子之成立，雖係法律行爲之一種，但決非一般契約可比，而對于養子之身分地位，有密

(註一) Weiss-Traite de D. I. Prive T. Ⅵ. P119.

切關係，故斷不可視爲契約，自不宜以當事人自由選擇之法律爲準。

二　屬人法主義

此說謂：養子之成立，每使養子取得養親之國籍，改用養親之姓氏，而發生親子關係，雖程度上不無差別，但均屬個人身分地位及家庭關係上之問題，當以適用屬人法爲是。至究依住所地法或本國法，則係另一問題，視各國之立法態度而異，與適用法則之根本原則無關也。

乙　養親與養子異國籍者

養子之可否與成立，雖云適用屬人法，或更假定其應適用本國法；但當事者異國籍時，究宜以何人之本國法爲準？對此問題，學者意見與各國法例之主張，約共有四：

一　養子之本國法主義

此說謂：養子之可否與成立，對于養子之利害關係特大；且各國立法中，有雖認養子制度之存在，但不准養子取得養親之國籍與發生親子關係，而對之待遇又甚薄。若不依養子之本國法，則養子勢將以被人招養，而反蒙不利，恐不足以保護養子之利益，故學者如加脫拉尼等，均主依養子之本國法（註一）。

二　養親之本國法主義

此說謂：養子制度與養親之關係較大，應依養親之本國法（註二）。且養子自經養親招養後，取得養親之國籍，而成爲其家庭中之一份子，則養親之本國法卽爲養子之本國法，事實上，殊屬一體，故應適用養親之本國法。

三　養親與養子雙方本國法主義

此說謂養子之可否與成立要件，對于雙方，均有重要關係，而不宜偏重一方。且以實際言，如養親之本國法准許養子之成立，但養子之本國法如否認之，將何以處置，豈非仍不能發生完全效力。反之，養子之本國法承認其

（註一）見Meili-International Civil & Commercial Law P.261

（註二）Rolin-Principes de D.I. Prive. II. Ne. 604.

成立，養親之本國法則否，其弊亦同。故爲雙方並顧，而確定其成立計，須依雙方之本國法，意大利民法總則第六條，卽規定依雙方之本國法，以決定其成立。

四　交互之一方本國法主義

此說所持之理由，爲方便本國人民之利益，別無學理上之根據。德國民法施行法第二二條曰：如養親於招養時爲德國籍者，以德國法爲準；如養親爲外國人民，而養子爲德國籍時，如未依德國法律規定取得兒童或其法定親族中第三者之同意，則養子關係不能成立。是則于養親爲德國人時，適用養親之本國法；養子爲德國人時，則依養子之本國法此之謂交互之一方本國法主義。

我國法律適用條例第十四條規定曰：養子成立之要件，依當事人各該本國法，是採以上第三主義之辦法者也。惟養子關係之當事人除養子外，復包括養父母，共有三人，倘養父母之國籍不同時，勢須依三方之本國法，是則未免過于嚴格，故如不以限制養子爲旨，則遇此情形，依養夫之本國法與養子之本國法似屬已足，而不必更以養母之本國法爲準。

二　養子之效力

養子之效力云者，養子成立以後，養子與養親間所發生之一切法律效果也，如國籍問題，姓氏問題，以及繼承問題等均屬之。各國法律對于養子之效力，其規定亦不一致，故須立一標準，以資根據。

甲　養親與養子同國籍者

關于養子之效力，如雙方係同國籍時，則適用任何一方之本國法，結果相同，殊無贅論之必要。

乙　養親與養子異國籍者

養親與養子異國籍時，應依何法以決定其效力。學者有主依養子之本國法者；有視養子關係爲契約性質，而主依自由選擇之法律；更有主張適用雙方之本國法者；而大多數法例，則主以養親之本國籍爲準。其意謂：養子成立後，取得養親之國籍，而發生親屬關係，當然適用養親之本國法為最合理論與實際。且凡招養之意思表示，養子之核准及登記，均在養親之本國法定機關為之，則養子之效力，自應依養親之本國法。法律適用條例第十四條曰：養子之效力，適用養父母之本國法，卽此意也。惟若養父母之國籍不同時，是否須雙方並顧，而隱示限制之意，則似有加以考慮之價值也。

第八節　親子關係

一　嫡子之親子關係

親子關係者，即法律上父母對于子女之權利義務關係也，舉凡子女之保護，教養，懲戒，及父母對于子女財產上之一切權利義務均屬之。各國法律對于親子關係之規定，並非一致，自不免彼此抵觸，故須定一標準，俾適用法律時知所取捨。關于親子關係之適用法律，學者有主以親權行使地法為準者；有主依財產所在地法者；然此皆不明親子關係之性質與目的，而有此偏見。蓋親子關係，範圍甚大，既非僅以行使親權或子女之財產關係為限，自不能卽以之爲選擇適用法律之標準。考親子關係其目的在保護子女之利益，與確定父母之權利義務，當與個人之身分地位及家庭利害有密切關係，自以適用屬人法爲最宜，殊不必斷章取義，別求解決之道也。至究依何種與何人之屬人法，則有數說：

一　父之住所地法主義

此說以住所地法爲屬人法，故卽主依住所地法。惟何以主適用父之住所地法？其意無非謂：親子關係爲家庭問題之一，父爲一家之主，子女之國籍姓氏等均從父，則親子關係自應以父之住所地法爲準。

二　父或母之本國法主義

此說謂：子女必取得父或母之國籍與姓氏，一切均從父母爲移轉，故應適用其本國法。德國民法施行法第十九條第一項曰：父母與親子間關係，如父或母（父死時）爲德國籍者，依德國法定之。是卽以父或母之本國法爲準者也。

三　子女之本國法主義

此說謂：在昔親子關係，其主旨爲保護父之利益，故依父之本國法；今則趨勢不同，親子關係之目的，在保護子女之利益，自應適用子女之本國法。惟在實際，親子關係並非專爲保護一方之利益，且子女之國籍姓氏等，均以其父母者爲準，則本說所具之理由，殊不見其充分也。

四　家族所屬國法主義

此說謂：親子關係爲家族關係之一，與一家之全局有密切關係，不能認爲一人之利害問題，故應依家庭之所屬國法律。此說持論未免過于廣泛，親子關係雖爲家族問題之一，然家族範圍甚大，若同族者有數國籍時，將何用適從，故此種主張，殊欠妥當也。

我國法律適用條例第十五條曰：父母與子之法律關係，依父之本國法；無父者，依母之本國法。是採父或母之本國法主義，而與德國之規定相似。惟所謂父之本國法，究指何時者而言，子出生時父之本國法乎？訴訟時父之本國法乎？主前者之言曰：子對于出生時父之本國法，可主張已得權利，其後父雖變更國籍，但不應受其影響。主後者之言曰：子從父共同變更國籍，則親子關係，亦宜隨之變更，而適用是時父之本國法；否則，倘有數子，而其出生時父之國籍前後不同時，則父對于諸子，遂不能同等待遇，不便孰甚。雖然，此亦一偏之論，若以平正言，須視子是否隨父變更國籍爲斷，不變者，依出生時父之本國法，變者，適用現時父之本國法。德國民法施行法第十九條曰：父或母喪失德國國籍，而子保留之者，仍依德國法，即係此旨。

二　私生子之親子關係

私生子在未被認領前，爲無父之人，但必有其母，雖不能與其父發生親子關係，惟與其母亦有親子關係。私生子之親子關係，應依何國法律，我國未有明文規定，可由第十五條內推想之。德國民法施行法有明文規定，第二〇條曰：私生子與其母之親子關係，如其母爲德國籍，依德國法定之；母變更國籍而子保留德國籍者亦同。此私生子之親子關係適用法律也。

第九節　扶養義務

扶養義務者，法定親屬間互相扶養之義務也。此種義務，雖爲各國法律所同認，然其規定之內容，則各不相同；故有涉外關係時，即發生法律上之抵觸，而亟應立一標準，以資遵守。考本問題之性質，純係家庭關係上之問題，故多數學者與法例均主適用當事人之本國法。惟當事人國籍不同時，究應適用何人之本國法，則主張各異，茲各畧述之。

一　家族所屬國法主義

此說謂：扶養義務係家族關係上之問題，故應依家族所屬國之法律。此說在理論上既欠充分，適用上亦多困難；蓋扶養義務，非僅發生于家族份子之間，非同族者間，亦能有之，豈得謂爲必屬家庭關係之範圍，而適用家族所屬國之法律，故此說殊不足採。

二　權利者之本國法主義

此說謂：扶養義務由親屬關係而生，故應依當事人之本國法；且其目的在確定被扶養者之權利，因之須適用享受扶養者之本國法，方能達此目的。緣扶養義務之範圍及限度，若依權利者之本國法，勢必使遵從向不知悉之法律，而負担其義務，殊欠合理。且權利者或更爲自己利益起見，利用變更國籍之方法，使他方負更大之義務，而蒙不利，此則殊欠公平而不足採也。

三　義務者之本國法主義

歐洲大陸各國之立法，均主以義務者之本國法爲準，意謂扶養義務以義務者爲主體，故應適用義務者之本國法。此說亦屬偏見，蓋扶養義務爲親屬間相對之權利義務，殊不宜有所偏倚。若依義務者之本國法，其結果必不能公平，例如同爲一人，今日爲義務者，適用其甲國法，明日爲權利者，又適用另一義務者之乙國法，而甲乙兩國法律對于同一扶養義務之範圍，每有輕重之差，則權利義務之分量，勢將大相懸殊而欠公平，故此說亦不足採。

四　雙方本國法主義

此說謂：扶養義務係相互性質　互爲權利人與義務者，應適用雙方之本國法，方得謂平，設雙方法律所定之義務範圍不同，則以較小者爲準，使之衡平，而免輕重之弊。此說似屬較勝，但究應依何時之本國法。則以適用義務發生時之雙方本國法，以示確定，俾免利用變更國籍以利己損他之弊。

我國法律適用條例第十六條規定曰：扶養之義務，依扶養義務者之本國法；但扶養權利之請求爲中國法所不許者，不在此限。是兼採義務者本國法，與訴訟地法主義，以示限制；然非完善之辦法，以義務者一方之本國法爲準，其不妥業已論之，至復兼採訴訟地法，更屬不合事理，而多此一舉。扶養義務之性質，與公共秩序毫無關係，今竟兼採訴訟地法主義，豈非不合事理。至若以保護本國人之利益爲理由，亦屬多此一舉；以採義務者之本國法言，如中國人爲義務者時，當以中國爲準，無需有一限制；若採權利者之本國法主義，而中國人爲義務者時，則名謂依權利者之本國法，但須遵守中國所定之限制，實際上仍依義務者之本國法，根本將其所規定之標準推翻，是矛盾之規定也。

第十節　監護(註一)

監護爲保護無能力者利益之制度，監護之種類有二：一爲未成年人之監護；一爲禁治產人之監護。各國法律俱有監護制度之規定，然互不相同。不但監護之種類不相一律，卽設置之方法，程序，資格，及權利義務等，亦甚紛歧，故宜立一標準，以解決其在適用時之抵觸，學者對此問題之主張，約有四說：

一　法庭地法主義

此說謂：監護制度與法庭地之公共秩序極有關係，若依他國法律，殊不足以保障法庭地之公共秩序，故應適用法庭地法。考監護制度與法庭地之公共秩序，不無利害關係，然關于個人身分能力及家庭秩序者更大，殊不宜舍重就輕，而偏重一方焉。

二　財產所在地法主義

(註一) 依法律適用條例第十九條關于保佐適用監護之規定

此說謂：監護制度，其主要目的，在保護被監護者之財產，故應依財產所在地法。此說缺點，亦在見其一而不見其二，與第一說同其弊病，故亦不足採。

三　被監護者之屬人法主義

此說謂：監護制度與個人身分能力及家庭組織最有關係，自應適用屬人法；且其目的又在保護被監護者之利益，故應依被監護者之屬人法。至究以其住所地法或本國法爲準，則視各國之情形與立法態度而定，要均不失爲屬人法主義。

四　被監護者之屬人法兼法庭地法主義

此說謂：監護制度，就原則言，應依被監護者之屬人法，惟在實際，與法庭地之公共秩序，亦不無重大關係，故同時亦應顧及法庭地法之規定，故應兼採兩法。以示完妥。

我國法律適用第十八條曰：監護依被監護人之本國法，但在中國有住所或居所之外國人，有左列情形之一者，其監護依中國法：一、依其本國法有須置監護之原因，而無人行監護事務者；二、在中國受禁治產之宣告者。是即採折衷辦法，以屬人法爲原則，並兼顧法庭地法之規定者也。一九〇二年六月十二日海牙協約第一條規定，對于監護制度，以適用未成年人之本國法爲原則，惟外國籍之未成年人，若其本國當局不之間聞者，則當地機關應顧及之，而爲之設立監護；但監護之開始與終止原因等，依未成年人之本國法定之（第五條）。是亦顧全法庭地公共秩序之辦法，但僅以爲之設立監護爲限。

第三章　關於繼承之法律

繼承法律之範圍，凡一、繼承人之指定；二、繼承人之權利；三，繼承之財產部份；四、個人最後意思表示（遺囑）之成立與效力等關係法規均屬之。各國關于繼承之法律，其規定殊非一致，若遇同一繼承開始，被繼承者在數國置有財產時；或被繼承者住于外國時，其繼承將依住所地法乎？本國法乎？或財產所在地法乎？法律之抵觸因是而發生矣。不僅此也，各國法規對于繼承部份之多少，繼承者之行次，每不相同；更有規定由長子獨繼或諸子平分者。關于遺囑之成立，有認某種規定爲有效者，但他國則禁止之。類此情形，殊甚困難，此所以亟應解決其抵觸者也。各國法例對此問題之辦法，約有三派。

一　財產所在地法說

此派主張謂：繼承法律，與一國之財產私有制度有密切關係，故國家當規定其標準，以便援用；換言之，繼承制度非僅爲個人問題，與國家亦有重大關係，其法規實爲與公益有關之規定，而非純爲私人利害，故應以繼承財產所在地之法律爲準。因此，更有主張惟在國內之財產，方得依國內法而認其繼承。此種主張，殊與實際有碍，倘同一被繼承者在數國置有財產時，勢須由數國法律支配其繼承問題，則彼此歧異，而不相統屬，其弊立見，故各國立法對此主張，近均摒而不採，非無因也。

二　不動產所在地法與動產住所地法說

此派主張，法則區別說學者首先倡之，而爲英美各國所從同。英國學者戴西所立之定則曰：動產之承繼，由被繼承者死時之住所地法支配之（註一）。華東亦主以最後住所地法，爲動產繼承之標準法規（註二）。至不動產，則均適用其所在地法，而謂依此主義，則被繼承人之財產，可以迅速清理

（註一）Dicey-Conflict of Laws, No. 180

（註二）Wharton-Conflict of Laws, § 561.

之（註一）。

三 被繼承者之本國法說

歐洲各國立法之趨向，均以死者之本國法爲繼承問題之解決標準。馬爾當·萊渥(Martens-Leo)曰：關于繼承問題之適用法律，應以死者所屬之本國法爲準；蓋繼承問題，屬家庭利益關係之範圍，故應由支配此種關係之法律管轄之（註二）。洛林之意亦然，其言曰：對于將來立法樹一確當原則，則以死者之本國法支配其繼承，最屬可取（註三）。關于本派主張，雖不無與之對峙之學說，但學者意見，漸已一致趨重于死者之本國法矣。國際法協會議決第七條曰：整個繼承問題，關于繼承人之指定，其權利如何，立遺囑者得自由處置與應爲保留之部分，及遺囑之成立要件等規定，除本決議第六條情形，

（註一）Wharton——Conflict of Laws, II. P. 548

（註二）Martens.Leo-Traite de D. I. Prive, II. P.454.

（註三）Rolin——Principes de D. I. Prive, I. P. 772, No. 478.

不問財產之性質與他位，應以住所地法爲準外，均適用死者所屬之本國法（註一）。此派主張，雖亦不免若干學者之非議，但究爲多數國家所採用。我國法律適用條例第二十條規定曰：繼承，依被繼承人之本國法；又第二十條曰：遺囑之成立要件及效力，依成立時遺囑人之本國法；遺囑之撤銷，依遺囑人之本國法。是繼承問題，亦採被繼承者之本國法主義者也。

關于無人承認之繼承，應歸何國國庫，頗難決定。各國法例，如德國主張繼承權說，意法則主張占有權說，而英美則主張沒收權說。若依第一說，則此項財產，當歸于被繼承人之本國國庫；若依第二與第三兩說，則由所在地之國庫取得之；至學者之意見，亦甚相紛歧，但就理論言，似以第一說爲較合事理，蓋依他說，恐不免掠奪之嫌也。

（註一）Annuaire V, P. 57.

第四章　關于財產之法律

第一節　關于物權之法律抵觸

各國立法對于物權問題之本身，不問其所有主之身分地位如何，均有特別明文規定。此種規定，不在保護某種特定人之利益，而爲確定一般所有主之普通權利，與國家之經濟制度，故咸用抽象方法，規定物權之種類，如動產與不動產，何者得爲賣買之目的物，何者爲非賣買品，個人對于物品享有權利之性質與範圍，物權之取得與讓與之方式問題。惟各國法律之規定，非屬盡同，故當內外國人對于物權發生關係時，殊不能免法律抵觸之發生，此所以有研究其解決標準之必要也。

第一　不動產之法律抵觸

一　解決不動產法律抵觸之原則

關于不動產之法律發生抵觸時，將以行爲地法律爲準乎？抑以當事人之本國法或住所地法定之乎？各國立法咸主以不動產所在地法律定之。法國民法第三條第二項曰：不動產雖爲外國人所有，由法國法律管轄之；意大利民法第七條第二項亦曰：不動產由其所在地法律管理之。其他各國，亦無不盡然，故所在地法已爲解決不動產法律抵觸之唯一準則。

二　適用不動產所在地法律之理由

以不動產所在地法律爲解決抵觸之準則，其理由不一：

甲　以國家主權爲根據者謂：一國之主權，不能以適用外國法律而受其侵害，不動產爲主權之根本，更不能蒙任何損害，故必適用其所在地法律以維護其所屬國家之主權。此說爲封建思想者主張依所在地法律之根據，充其量言之，勢將推翻適用外國法律之基礎，殊不足取也。

乙　德國學者沙比尼之解釋，則以自願依從爲理由，意謂當事人自願以不動產所在地法律爲準（註一）；推其立論結果，則適用與否，隨當事人之好

（註一） Savigny, T. Ⅷ. P.169.

惡，而無一定標準，此不足爲適用所在地法律之理由，亦屬明甚。

丙　巴爾之解釋，則以國際互市之事實上需要爲根據，其意謂：如不動產之取得或喪失，以屬人法爲準，非惟遊移不定，抑且易開僭竊法律之端，故應適用不動產所在地法律。

丁　若從實際情形言，不動產與一國之經濟利益，土地制度，公共信用等，俱有密切關係，若以當事者之本國法或住所地法爲準，則上列各重要問題，必受影響，故爲保持一國土地制度之劃一，與維護其聯帶之經濟利益，及公共信用計，非依不動產所在地法，殊不能達此目的也。

三　不動產所在地法律之適用範圍

不動產所在地法律對于不動產有關之一切問題，均能適用乎？抑或有相當限制？一般之規定，凡處置財產之能力問題，由個人之屬人法定之，而不依其所在地法，推而至於一切關于人的權利，均在例外，而僅以純粹物權爲限。英美學者之意見畧異，惠斯脫拉克曰：關于不動產之一切問題，均以其所在地法爲準（註一）。司多理曰：關于不動產之一切權利名義等，均由所在地法律管轄之（註二）。英美普通之規定亦然，戴西之持論亦若此（註三）。英美學者往往將權利能力與行爲能力，混爲一談，而于立法管轄與司法管轄之分別，亦未深悉，故有此種謬誤。南美阿根廷民法第十條，亦同累此病，不足取焉。至財產所在地法對于不動產之適用範圍，約畧如左：

甲　不動產之處置問題，凡不動產之分類，不動產權之範圍，以及取得與讓與不動產之一切問題；

乙　不動產之關係稅賦問題；

丙　不動產之收用問題；

丁　不動產之繼承問題：

（註一）Westlake-The Private International Law. § 156

（註二）Story-Conflict of Laws, § 464

（註三）Dicey-Conflict of Laws. P.517.

第二　動產之法律抵觸

一　解決動產法律抵觸之原則與例外

動產之法律抵觸，其解決，通常亦以其所在地法爲準。在昔十六世紀時代，法則區別派學者，反對此說，而謂若依所在地法，則同一人所有之動產，而適用不同之法律，殊屬不合理論，故當時有動產隨人之說，(Mobilia Ossibus inhoerent) 或 (Mobilia personam sequuntur) 而認動產之法律爲屬人法則。英國學者每謂動產無所在地，而以屬人法適用於動產問題（註一）。德國學者沙比尼以自願依從爲根據，而適用所在地法於動產（註二）。瑞士初力克(Zurich) 私法典第二節曰：規定動產權利，應注意動產一時之所在地及其素所相關地域之法律。以實際言，動產所在地法律與動產之處置，最有密切關係，阿根廷民法第十一條曰：有永久一定地址之動產，而無將其移動之意者，由

（註一）Dicey-Conflict of Laws, Rule 139.

（註二）Savigny-T, VIII, P.178.

其所在地法管轄之；此為以其與所在地有密切關係為根據，而適用其所在地法律者也。至對于動產依其所在地法之辦法，亦非絕對性質，而僅以動產之物權為限，他如動產之繼承問題，則不在此列。沙比尼雖主適用所在地法，但對于不時變易地址之動產，如行李，進出口貨物等，則主以所有主所屬之本國法為準（註一）。阿根廷民法第十一條規定，所有主時常隨身攜帶之動產，不問是否在其住所，及持有人意在出賣或轉運之動產，均以所有主之住所地法為準；此為各國立法明定適用所在地法之例外，姑及之以供參攷。

二　變更地址之動產

動產之法律抵觸，例如關于產權之移轉，雖亦以所在地法律為準，但動動產之地址變更時，將以何地為其所在地，以其原來所在地或移轉前所在地之法律為準乎？抑係現時所在地或即爭議發生地之法律？如法國收藏家在西海牙得一藝術品，西班牙法律視之為神品而不可為賣買之目的物，其購買行

（註一）見Meili-International civil & Commercial Laws P.280

爲，當然無效。若此法國收藏家已攜回法國，可否對于西班牙方面之追索控訴，根據法國占有動產等于所有之規定，而拒却對方之請來；法國法院之判決（註一），則主以原來所在地（西班牙）法爲準，而歸追索者勝訴。

三　特種動產之所在地。

特種動產如債權，及一切無形動產等，將以何處爲其所在地？則視情形之不同而定。

甲　如某種動產權利，其目的物爲特定之有體物者，則以該有體物之所在地，以定其法律。

乙　如爲可替代之動產，及公司之股份等，應查明其義務執行地何在，卽以執行地爲其所在地。例如本店在中國之公司股份，應以中國法爲準，以中國卽爲該動產之所在地故也。惟無記名票據，其所流轉各國之法律，對之均有管轄權利，而不僅以債務人所在地法爲準也。

（註一）Clunet. 1886 P. 593.

丙　船舶之所在地

船舶亦為動產之一種，將以何處為其所在地，殊有規定之必要。何則，船舶往來無定，則在甲國准許抵押船舶者，乙國或禁止之；如是在甲國之抵押債權，如欲在乙國對于該船舶主張其抵押優先權利，定遭拒絕；如有統一之標準，則此弊可免。且船舶亦有住所，國籍，與屬港，使之遵從統一之規定，殊非難事。至究以何種法律為宜，當以最能保護船舶之利益者為佳，則當屬之旗幟法(Loi du Pavillon)。

我國法律適用條例第二二條規定曰：關于物權，依物之所在地法。又曰：物權之得喪……依其原因事實完成時物之所在地法。是不分動產與不動產，均主依其所在地法律為決定之標準。關于船舶，該條例規定曰：依其船籍國之法律。船舶之國籍，由其旗幟表現之，是即採用旗幟法之規定者也。

第三　無形財產之法律抵觸

一　文藝著作權之法律抵觸

各國文藝名家之著作，在他國亦能享有相當權利與保護。惟各國關於文藝作品之法律，其規定之內容，殊非一致，故不免發生抵觸情形。例如：西班牙某作家，在德國初次出版之名著，在法國爲他人所僞造。對此問題，應依何法以決定西班牙作者對于法國之僞造者有無追究之權，適用法院地之法國法乎？適用初版問世地之德國法？抑依作者本國之西班牙法定之乎？是不可不研究而確定之焉。

解決上列抵觸問題之方針，似於不背法院地國之公共秩序的範圍內，應適用個人之屬人法，以解決之。惟各國規定與一八五二年法國法令之明文，大多主依初次出版法之法律。凡初次在法國出版者，不問其著作者之國籍如何，享有法國法律所規定之一切權利。反之，初次在外國出版者，雖著者爲法國籍，亦不能享有法國法律所賦予之權利。法國學者波意愛曰：文學名著，藝術作品之發現于法國者，實卽法國之作品；蓋文藝作品，乃出版地環境之產物也，著作者之國籍應停止其作用，而將其作品溶入我國之文學藝術及文化的淵源內。其所以如是，並非特異，實因文藝乃一國習尙之反影也（註一）。因此，關于文藝之法律抵觸，應以作品之初次出版地法爲準。惟若依初次出版地法所享之權利較大于法院地法所規定者時，則根據公共秩序之理由以限制之，法國一八六六年七月十四日法律內，曾明文規定此種限制者也。

二　工商權利之法律抵觸

關于工商業方面之各種權利，其關係法律，各國亦不相同，而難免發生抵觸。其解決辦法，多數學說與法例，側重于各該權利之發生場所，至對于享有此種權利者之國籍，則不甚重視之。玆將關于本問題之解決趨向約畧述之，俾知究竟。

一　某工業發明家將尙未在外國取得專利權之發明品，向法國請求并取得專利證書，此種專制權利之性質與範圍，不問請求者之國籍如何，統依

（註一）Pouillet——見Le Droit du 27 avril 1884.

給發專利證書地之法律定之。不問此人爲英國籍或法國籍，亦不問各該本國之關係法律的規定如何，若向法國當局請求，則以法國法律定之。反之，若專利證書在外國請求取得者，雖其人爲法國籍，其利權之性質與範圍，亦不依法國法律之規定。

二　某外國籍者欲將其出品之商標，在法國取得對于該商標之產權，將依法國法律以定該產權之範圍與效力乎？抑以外國法律爲準？對此問題，則視情形之如何而定：如請求之外國籍者，其營業所在法國，其商標即視爲法國之商標，而依法國法律定之。反之，若請求者無任何營業所于法國者，則依外國法以解決其抵觸。惟若依外國法律所得之權利，較大于法國法律所規定者之時，得根據公共秩序上之理由以限制之。

第二節　關于債權之法律抵觸

各國立法關于債權之規定，互有歧異，自不免發生抵觸之困難，須有解決之辦法與標準。茲將契約，準契約，侵權行爲，準侵權行爲，及由法律規定發生之債權等，分別述之。

第一　國際私法上之契約

一　關于契約法律抵觸之原因

各國法律，通常在一方規定契約之成立要件，效力，消滅等之一般原則；他方更分別將各種契約如賣買，租賃，假貸，會社等特別規定。惟各國法律之內容，彼此互異，則同一契約，或以當事人之國籍不同，或以訂立與履行之在他國等情形，因而不僅受一國法律之支配，而同時有兩國以上之法律，均有關係，則于適用法律時，自不免發生抵觸，遂不得不立一標準，以資解決。

二　解決抵觸之原則

解決抵觸之道，須將契約之要件，效力等，分爲兩大部份，各別論述之：一爲任意事項，一爲必要事項。後者爲立法權力之表現，須絕對遵守而不得以任何形式變更之。前者，爲任意性質，其目的，僅在解釋狐疑，而補立法之不足，一任當事者之意思自由訂定之，初無嚴格遵守之必要，因得以明示或默示而廢止之。契約之必要事項與任意事項，性質大不相同，故其規定亦甚歧異，因分爲兩部份而論述之。

第一目　任意事項之法律抵觸

一　意思獨立之原則（Autonomie de la volonte）

關于契約之任意事項，依當事人之自由意思表示爲根本原則；卽當事人得任意在契約內，規定各種雙方同意之事項，法律無明文准許者，亦所不禁，此卽契約法上意思獨立之原則。我國民法第二編第一五三條曰：當事人互相表示意思一致者，無論其爲明示，或默示，契約卽爲成立，卽意思獨立之原則也。惟該原則之適用，以契約之任意事項爲範圍；至必要事項則絕不能以同意而變更捨或棄之，此不可不注意也。

二　任意事項適用法律之規定

任意事項雖以當事人之意思表示爲原則，但若有涉外關係存在時，若任意事項有疑義時，將依何國法律以解釋而補充之。對此問題，視情形之不同而定。

甲　若當事人于契約內，明定如遇疑義時，依某特定國家法律以解釋或補充者，則絕無問題，審判官可逕依當事人約定之法律，以解決而判斷之。我國法律適用條例第二三條規定曰：法律行爲發生債權者，其成立要件及效力，依當事人意思定其應適用之法律，卽此之謂也。

乙　當事人雖未明言以何國法律爲準，但從其契約之全部或一部條欵內，得推知其意向所在欲依何國法律爲準者，謂之默示，審判者卽可依其默示之法律，亦無何等困難。

丙　旣未明言，又無默示，而絕不能推度其意向何在者，則惟有由審判者衡情度理，擇其較近情理者，視爲當事人所選定者而適用之。至如何衡情度理，如何爲較近情理，則學者意見分歧，各是其說，實爲適用法律上之一大問題。茲將學者之重要主張，畧爲介紹，以資參攷。

（1） 締約地法

比法學者主以契約之締結地法律爲解釋之標準，而巴爾托利實爲此說之創說者。加斯脫洛(Paulus de Castro)認締約地爲義務之出生地，扣帝司(Rochus Curtius.)以當事人之默認爲理由，主依締約地法，荷蘭學者之主張亦然；最近郭萊(Kohler)亦仍以締約地法爲最適當（註一）；意大利民法總則第九條之規定，亦以適用締約地法爲原則。

（2） 履行地法

德國之趨勢，主以履行地法爲準（註二）。沙比尼之言曰：履行爲義務之

（註一）Kohle.-Ein Fuhirung in die Rechts-wissenschaft. p. 201.

（註二）見Revue Lapradelle 1911. P.403.

（註三）Savigny T Ⅷ. P.208

（註四）Gierke-Die Private Rechte I. P. 231–232 見Meili-Int, Civil & Commercial Law P 298

根本，而爲當事人之惟一希望，故應適用履行地法（註三）。徐爾克亦持此說（註四），蓋謂履行地者，義務之效力藉以決定者也；故德國瑞士法院恆依履行地法之規定。

（3） 債權人之住所地法

主依債權人之住所地法者謂：契約之關係規定，爲債權人之利益而設，故不問訂約何在，與對方爲何人，均以債權人之住所地法爲準。

（4） 債務人之住所地法

主以債務人之住所地法爲準者謂：契約之訂立，爲保護債務人之利益而設，此種利益，斷不因與外國人或在外國人締約而變更或喪失；且契約之履行地，又往往卽係債務人之住所地，故依債務人之住所地法，實爲雙方兼顧之辦法，其妥善莫此爲最。

（5） 當事人之本國法

學者更有主張以當事人之本國法爲準者，塞脫爾孟曰除：關于侵權行爲之事項外，應適用本國法（註一）。意大利民法總則第九條，及洛耶之比國法典草案第十四條亦然，惟以同國藉者在外國締約為限。

（6）法院地法

瑞士革利松（Grisons）省民法典第一節曰：關于債權法律，對于任何請求，依訴訟法則適用訟訴地法之規定，但此說不無將實際法與程序法混為一談之嫌。

以上各種主張，其得失如何，姑不詳論，而其通病，則在過于嚴格而偏狹，因不得不別立例外，以為補救。契約之性質既殊，結締之情形又異，秉之社會事態千變萬化，個人意思相去遠甚，若繩以主觀之同一準則，捉襟見肘，勢不能免，顧此失彼，事所必至。英國學者戴西曰：……各種不同之情形，如契約之性質，營業之習慣，契約之締結與履行地點等，均應加以考

（註一）Zitelmann-Int. Privatrechte I. P.125 &seq.

（註二）見Meili-inter. Civ l & Commerci al Law, P. 296.

慮，蓋與決定當事人所欲適用之法律，均有密切關係（註二），是誠不易之論也。

丁　國際法協會所議之辦法

關于契約之法律抵觸，不可以偏狹而主觀之唯一規定爲解決標準，業已言之；至適當方法，學者不一其說，而莫衷一是。國際法協會亦曾討論及之，茲將該會于一九〇八年在弗勞郎斯(Florence)開會時之決議，畧爲介紹，以資借鏡，其主要規定有四：

一　對于大多數之情形，只須將契約之本質，當事人之相對地位，或財物之所在地加以考慮，卽足以推知當事人所欲選擇而適用之法律。

試分述於左：

（1）當事人當場(Inter Presentes)締結之契約，例如在交易所及公開市市場等之交易，當然以締約地法爲準，除有明白特約外，殊無顧及當事人國籍與住所等之必要。

（2）以不動產爲目的之契約，當然適用不動產所在地法。

（3）恩惠契約，例如贈與，無息借貸，無酬委託等，凡無報酬或爲恩惠施送性質之契約，應以施恩者之住所地法爲準，蓋施恩者處於主要地位，故應依其住所地法施其恩惠，而使對方接受。

（4）商業上之賣買，一方爲商人，他方爲非商人時，除上列第（1）項在交易所或公開市場之交易外，應以賣主營業所在地法爲準。

（5）僱傭，包工，公共建築，對於國家或其他行政區域供給物品之契約等，以該國現行法律或該行政機關所在地法爲準。

（6）各種保險契約，以保險公司本店所在地法律爲準，不能以被保者之國籍，住所，及投保地各種情形，而變更其權利義務。

（7）與依法令執行特定業務者，如醫生，律師等，所訂關於其業務之契約，依其執行務業地法律定之。

（8）與工商業等之公司或商人所結之僱傭契約，以該各種公司等之本店所在地法爲準。

（9） 關於匯票本票等契約關係，以其約定地法律爲準。，如票內未註明約定地點者，以票據債務人住所地法爲準。

（10） 轉運物品及旅客，如鐵路，船舶，或與個人或公司，更或轉運掮客等契約，以轉運者之主要營業所在地法爲準。

二 如適用之法律，無論從契約之性質，當事人之地位，及物品所在地等情形，均不能推定者，則以當事人之公共住所地法爲準；蓋當事人必擇知之較稔而習熟者適用，則必爲公共住所地法無疑（註一）。

三 如又無公共住所地法爲據，則以公共國籍以定其適用法律。例如住於比國之法國人，在英國與住於法國之法國人締結契約，推定其爲選擇法國法律，豈非最近情理，當較適用締約地之英國法爲合理。

四 如既無公共住所，又無公共國籍時，則以締約地法爲準，亦有主依

（註一） Appel Paris, 21, 1, 1895, Clunet 1896, P.371.

履行地法者，但不若締約地之適當。何則，以當事人不明法律內容，以查詢履行地法律爲屬較易，故以適用締約地法爲較便。我國法律適用條例第二三條第二項之規定，亦曰：當事人意思不明時，同國籍者依其本國法，國籍不同者依行爲地法。

第二目　必要事項之法律抵觸

當事者之意思獨立原則，以任意事項爲限，必要事項則須絕對遵守而不可任意變更。比法民法第六條曰：關於公共秩序與善良風俗之法律，不得以特約違之，卽此之謂也。法律適用條例第二三條曰：法律行爲發生債權者……依當事人意思定其應適用之法律；雖未將任意與必要事項之適用法律分別規定，然關於後者之未可任意規定，亦屬明甚也。必要事項不得以特約違背之規定，應爲注意之點有二：

（1）　何國法律得以必要事項爲理由，而限制當事人之獨立意思？本國法乎？財產所在法乎？抑或爲行爲地法乎？殊無一定標準，而各種法則亦無優劣之分，須由管轄法院視情形如何而定以何種法律限制當事人之獨立意思。

甲　關於不動產之契約，以其與國家之土地制度及經濟利益有關，由不動產所在地法律，以規定該契約之必要事項，藉以限制當事人之獨立意思。

乙　與個人身分能力及家庭利益有關之契約，以當事者之本國法爲準，當屬較合事理。

丙　契約之成立要件，或與公共秩序善良風俗等相反之約定，應由締約地法根據其領土內所有主權之名義，以規定或限制之。

由此觀之，必要事項之規定與獨立意思之限制，殊無一定，各國對於在其領土內所締之契約，於其權限內，得以保護某種利益爲理由，而規定契約之必要事項，與限制當事人之獨立意思。

（2）　管轄法律所定之必要事項，其適用之範圍如何。

一國法律所定之限制，在其領土內，不問締約者之國籍如何，關係財產之所在何地，均一律適用乎？或不問本國人之在何地締約，關係財產何在，隨其所往而能適用之於域外乎？按規定必要事項之法律，其目的在對於權限內之利益，爲有力之保護，故其適用範圍，亦以此爲限，與此目的無關者，不問當事人爲外國或本國人，均無拘束之之效力。惟保護之利益，其種類不同，故其適用範圍，亦隨之而異。如爲保護土地制度及經濟利益之法律，其適用範圍以關於不動產者爲限；兩中國人對於在日本之不動產所締結之租賃契約，雖與中國之法定事項相反，亦不受中國法律之限制而歸無效，何則，以其與中國法律所欲加以保護之目的無關也。復次，保護家庭秩序之法律，其適用範圍，以本國人爲限，外國人不與也。至若保護公共秩序與善良風俗之法律，其目的不同，而適用範圍亦異。保護公共秩序之法律，凡在一國領土內之任何人，均須遵守之，否則，不足以達立法之目的。比法民法第三條曰：警察與公安之法律，在此領土者，均管轄之。其第六條更規定禁止以特約爲違背善良風俗之約定，責是之故，保護道德之法律，對於本國人之在外國者，亦管轄之。法比民法第一一二四條曰：凡法律禁止之特定契約，均不得締結之。違反本國道德觀念之契約，當然在被禁止之列。

二 外國法律關於道德觀念之規定，在我國領土，其適用之效力如何，應根據本國規定在外國之同一理由，而認其效力。蓋不使外國法律達其立法之目的，恐不足以維持國際間之友善，但以亦爲我國法律禁止者爲限。違反道德規定之行爲，於立法國家以外之領土內，作成者應依其本國法爲準，例如在中國之比國人，曾於英國違反比國民法第一一二四條規定所爲違反道德之行爲，中國法院應承認比國法律之效力而否認之，而不問其行爲之作成於本國或在我國，更或在第三國。

第三目 事實問題之抵觸

關於契約，不僅有必要事項與任意事項之法律抵觸，且亦有事實上之抵觸發生，例如瑞士人向寄居瑞士之法國人購買該法國人在法國所有之不動產，言明價洋若干佛郎(Francs)，但是否指法國佛郎而言？抑爲瑞士佛郎？契約內並未載明，將以何者爲準。類此情形，殊無選擇適用法律之問題在內，而在確定當事人之意向，究爲何國佛郎。既非法律上之必要事項，亦非任意事項，學者往往將純粹事實問題與法律問題相混，而卽適用法律問題之抵觸法則，實屬錯誤。

對於此種事實上之抵觸，首宜注意度量衡制度，與金錢之名稱及種類；遇有上項情形，錢幣名稱雖同，而其價值甚相懸殊者，似應以契約履行地之金弊爲準。例如比國商人由匯票給付巴黎商人一千佛郎，給付地點在法國，則認爲係指法國佛郎而言，但此亦非絕對之規定，例如法國籍者在巴黎向瑞士人借用一千佛郎，迨瑞士人回國後，該法國籍之債務人用匯票淸償此千佛郎，不能推定其必爲履行地之瑞士佛郎也。至於不動產賣買，若以給付價値地之金錢爲準，往往相差甚巨，亦不應盡依履行地之錢幣，宜細察當事人之意思與契約上之用語，而審愼推定之。其他類似關于契約之履行時間，例如僅言春間或秋間履行，又如距離標準名同實異者，不一而足，凡此兩可情形，依履行地之標準，似爲較妥；蓋普通契約之效力，由履行而完成，當事人之意思，亦大都注重履行地之標準，但非必盡然，得以他種情形而變更之。例如中國保險公司之章程訂定謂：如暴動事件所蒙之損失，公司負賠償之責；倘被保者在外國遇難，則所謂暴動字樣之意義，依中國之解釋乎？抑依履行地（即損害賠償地）之解釋乎？則應以中國之解釋爲準；否則，勢將因被保者之行止不定，而暴動二字之意義變化無窮，公司之責任遂漫無限制，殊非妥當辦法，故除被保者有明白特約外，均認爲接受公司之條件，而依其章程之規定辦理。

第四目　契約適用法則之例外

以上所述，乃契約之必要事項與任意事項法律抵觸之解決原則，但若與我國之公共秩序有礙，則停止其適用。例如外國人依適當法律所締結之契約，但與我國之公共秩序有害，倘欲在我國法院對于該契約主張其權利，則不能允准之。

第五目　締約地之決定

締約地法爲解決契約法律抵觸法則之一，契約不僅爲當場締結者，更有間接或通信締結之契約，將以何者爲其締約地，而定其適用法律，是不可不先決之也，玆分別述之。

一　由代理者締結契約之締約地。

由代理人所締結之契約，其締約地何在，學者意見不一，但以代理人執行其代理事務地爲契約地較爲適當。例如倫敦商人託上海某掮客所締之賣買契約，其締約地爲上海，而中國法爲締約地法。蓋代理人以委託者之名義締約，雙方交換意見而同意，實在中國，故以中國法爲締約地法。

如代理人之締約行爲，超過代理之範圍時，該契約須經委託者另爲追認，方生效力，此時之締約地，以上例言，爲倫敦而非上海，將以英國法爲締約地法。但學者認之爲不當，以其將委託行爲與追認行爲併爲一談，而仍主以上海爲締約地，以中國法爲締約地法（註一）。

（註一）Poullet-Manuel de D. I. Prive Belge, Q. 346—347.

二　由電信締結之契約

由通信或電報所締結之契約，其締約地何在，學者意見亦不一致，有主發信地者，有主受信地者，隨各國立法所採之主義而異。一九〇八年國際法協會在 Florence 之議決，對于由電信締結契約之締約地，未加考慮，而僅謂以建議締約者住所地法，或營業所在地法爲準（註一）。我國法律適用條例第二三條第四項曰：締約，要約地與承諾地不同者，其契約之成立及效力，以發要約通知地爲行爲地；若受要約人，於承諾時，不知其發信地者，以要約人之住所地，視爲行爲地。

三　由電話締結之契約

由電話所結之契約，同時締約地有二，但不能同時有兩個締約地法，則亦惟有依國際法協會之決議，以建議締約者之住所地法爲準。但此均指任意事項而言，至必要事項，則無論由電信或電話所結之締約，均依各當事人之

（註一）Annuaire T. 22 P.99, 285 et-291.

本國法。

第二　國際私法上之準契約

準契約者，由一方意思而發生義務之契約也，例如事務管理，不當得利等均屬之。各國關于準契約之規定，互有不同，若當事人之國籍或住所不屬一國者，將以何國法律爲準？多數法例，主張適用構成準契約義務之事實地法（註一）。南美蒙脫維特渥協約第三八條，日本民法第十一條，均如是規定。比國學者洛郎之主張，對於當事人同國籍之準契約，適用其本國法；異國籍者，適用事實行爲地法（註二）。阿塞與利維亦以行爲地法爲準契約之唯一適當法則；蓋準契約之適用法則不能以推定當事人意思之方法爲本，而應以平正公益爲前提。例如對於本人不關之事務，自動爲之代理處置，係公益性質，爲公平計，凡因代理所需之一切費用，應由被代理者償還，與

（註一）見Meili-Inter. Civil & Commercial Law, P.357

（註二）Laurent, VIII, No, 3.

正式委託代理者同等看待，且此種情形，與該事件之所在地國家，殊有利害關係，則依該事件構成地法之規定，當屬最合公平原則。我國法律適用條例第二四條亦規定曰：關於因事務管理，不當利得，發生之債權，依事實發生地法。

雖然，以上所云，僅爲原則，若該事件之構成地並無關係法規存在時，勢不得不適用當事人之本國法。如當事人國籍不同，則以該事件之主動者之本國法爲準。若旣無該事件之所在地法，而當事人之本國法亦無從規定時，勢須適用管轄法院地法，以資解決。復次，若由準契約所生之義務，係關係財物或不動產者，則以財產所在地法爲準。

第三　國際私法上之侵權行爲與準侵權行爲

大陸各國對於由侵權行爲所生之義務，由行爲地法管轄之。侵權行爲係違法之行爲，則由此所生之義務，當然不能以當事者之意思爲標準，與其本國法及住所地法，亦無關係，塞脫爾孟稱之爲侵害領土主權之行爲，捨此違法行爲地法，殊無更適當之標準。侵權行爲與準侵權行爲之負責者，應依行爲地法負担由該行爲所生之一切結果；負責者且不能以與身分能力有關爲口實，而援引其屬人法。蓋此種行爲之性質，與刑法不無關係，故必以當地或內國法爲先。巴爾托利之主張亦然；而前輩學者對於此種行爲，固一致主以域內法爲準者也。德國學者華希特爾與沙比尼，主張適用法院地法，殊非讜論；倘從其言，依行爲地法本不負責之侵權行爲，勢將以法院地法之規定不同，而累法網；至本應負責之行爲，反可藉逃匿他處，而得避免責任，其不公平焉熟甚。故歐洲之學說與法例，對於侵權行爲與準侵權行爲，一致以行爲地法爲準（註一）。英美法例，對於侵權行爲之訴，須行爲地法與法院地法彼此允認者，方准提出（註二）。戴西之定則亦然，第一七四條定則曰：在外國所爲之行爲，是否爲侵權行爲，依行侵權行爲地法及英國法（卽法院地法）

（註一）見Meili-Inter. Civil & Commercial Laws, P. 359—360.

（註二）Wharton, §478; Westake, Jr, de D. I. IX, P. 10.

之連合效力定之。第一七五條定則曰：在外國所成之行爲，如依行爲地法與英國法均爲錯誤（Wrongfull）者爲侵權行爲。第一七六條定則曰：在外國所成之行爲，依行爲地法與英國法均非錯誤者，非侵權行爲。德國民法施行法第十二條規定，對於德國人根據其在外國所爲之侵權行爲以追訴之者，其權力範圍不得大於德國法律所規定之許可範圍，此爲保護本國人，而對於行爲地法所加之限制也。我國法律適用條例所規定之態度亦類似，第二五條曰：關於因不法行爲發生之債權，依行爲地法，但依中國法，不認爲不法者，不適用之，又第二項曰：前項不法行爲之損害賠償，及其他處分之請求，以中國法認許者爲限。

第四　國際私法上之由法律規定發生之債權

由法律規定發生之債權，其適用法律，依債權之性質而定。關於財物者，依物之所在地法；關於家庭利益或個人身分者，依屬人法定之；可參閱關係各章之規定，茲不再贅。

第五　關于票據之法律抵觸

票據之效用甚大，而在今日國際貿遷頻繁之時爲尤甚。德國學者葛隆和德(Grunhul)曰：票據之效用有四，一曰匯兌之作用，二曰信用之利用，三曰流通證劵之作用，四曰抵銷債務之作用；據此別觀，其對于世界社會之重要可知。然各國關于票據之法規，則非一致，大別之，約有三系，即英美法系，法國法系，德國法系是也，其立法主旨，彼此互異。例如英美法系，在不以票據爲僅供兌欵之用，故其規定多注重於信用利用，與證劵之流通。法國立法則大體仍沿舊日之思想，以票據爲純粹兌欵之用具，故關于票據兌欵之作用，規定特詳。至德國法系，則認票據爲抽象的債權證劵，使票據與其爲票據行爲之基本法律關係完全獨立，保護善意取得者之權利，以固票據交易之安全，此爲德國法系之特點。立法之根本觀念既異，其規定自必不同，則抵觸之發生，當不能免，亦殊應有解決之標準，以資遵守。我國法律適用條例對于票據之法律抵觸，未有明文規定，第二六條第二項雖偶爾及之，亦未指示辦法，茲以其在今日世界社會之重要如是其大，故特另節研究之。

一　票據當事人之能力

票據能力者何，卽得爲票據債務人之資格之謂也。各國法律關于決定有無票據能力之主張，約有二說：一爲行爲地法主義；一爲本國法主義。

一　行爲地法主義

行爲地法主義，亦有絕對與相對之別；前者盛行于英美，後者則爲日本所採之主義。其商法施行法第一二五條之規定曰：在外國所爲之票據行爲之要件，依其行爲地之法律。該條第二項又曰：不拘前項規定，在外國所爲之票據行爲，有具備日本法律所定之要件者，雖按外國法律，尙有未備之要件時，爾後在日本所爲之票據行爲，則爲有效……蓋例外也。

二　本國法主義

大多數國家之立法，關于票據之能力問題，仍適用決定個人身分能力之本國法，惟略附以變通之餘地。一九一二年海牙統一規則第七四條第一項曰：個人爲匯票當事人之能力，由其本國法定之，倘其本國法指定適用他國法時，則依該他國法律定之。又同條第二項曰：依前項規定之法律，雖爲無能力，但依發生票據義務所在地國法爲能有力者，仍負其義務。此爲德國票據法第八四條最先規定之變通辦法；他如日內瓦(Geneve)協約草案第三條，斯篤克霍爾 (Stockholm) 統一規則第七五條之規定，其態度亦同，

二　票據之方式

票據之方式，各國不同，有認票據內須記載表示其爲票據之字樣者，有不認之者；有認票據內須記載發票之年月日及支付地者，亦有不認之爲必要者；故關於票據之方式，亟宜立一標準，藉以解決其抵觸。我國法律適用條例第二六條第二項曰：以行使或保全票據上權利爲目的之行爲，其方式不適用前項但書規定；但究應以何者爲準，則未有明定。依一般之規定，仍採場所支配行爲之原則，而依行爲地法所規定之方式。一九一二年海牙統一規則第七五條之規定曰：關于匯票之方式，依發票所在地國法律之規定。日內瓦

協約草案第四條之規定亦然，惟另加一項曰：如依前項規定，所有票據之關係責任爲無效，但依新責任發生地國法律爲合法時，則以前不合方式因而無效之舊責任，不能影響於責任之有效與否。至斯篤霍爾統一規則第七五條之規定，則與海牙規則之規定完全相同。

三、票據當事人之權利義務

關于票據當事人之權利與義務，應依何國法律定之，各國學者與判例，有採支付地法主義者，亦有採行爲地法主義者，茲將法國學者衛乙斯之主張（註一），及日內瓦協約草案之規定，略爲介紹，以供參攷。

衛乙斯之主張曰：匯票係契約性質，其流轉也，卽爲若干連續之契約行爲，故關于匯票當事人之權利義務，在原則上，依當事人之自由意思定之，如當事人之意思未有明白表示時，則依下列之推定以解決之。

一　如出票人與執票人，執票人與承兌人，背書人與被背書人等爲同

（註一）Weiss-Manuel de D.I. Privé, P 587-590.

國籍時，則依其公共之屬人法定之。

二　如票據各當事人之國籍不同時，則視權利義務之本身，特質，效力，履行等之不同情形，而定其適用法律。

三　凡由票據所發生之義務，以適用其發生地之法律爲原則。

甲　出票人對執票人之義務，或執票人自代出票人之地位而對于他人所負之義務，如承兌之保證，付欵之保證，及資金之提供等，依出票人地法律定之。

乙　出票人與付欵人之關係，爲代理契約性質，其權利義務關係，依付欵人之住所地法定之，蓋以該契約乃成立于付款人之住所地者也。

丙　關于承兌，亦爲契約性質，由承兌所加于付欵人之義務，依完成承兌地之法律定之。

丁　背書之效力，依背書地法律定之，故如背書是否有移轉票據所有權之效力，及背書人對于被背書人應如何負責等，均由該法規定之。

戊　關于票據當事人對于執票人，是否須負連帶保證責任之問題，學者有主依出票地法定之者；出票地法認爲應負連帶責任者，凡在票據曾經簽押者，均須負此責任。惟此種辦法，似欠公允；票據之流轉，既爲連續而個別之契約關係，自應依各該契約關係之法律，以定其義務，故各票據債務人是否須負連帶責任，依各契約關係之適用法律定之，如付款人拒絕付款，保證者是否負幾個不足之數的責任，亦由其個別關係之適用法律定之（法國商法第一八二與一八三條　德國一八四八年法律第五一與五三條）。

己　關拒絕證書之作成，提示等期限，亦由個別票據關係之適用法律定之。

庚　關于履行票據義務之一切問題，以適用履行地法爲準。

辛　關于票據關係之時效問題，由法院地法定之，

日內瓦協約草案之規定如下：

第五條　票據義務之內容與效力。

匯票與本票之效力，於不妨礙下列各條規定之限度內，除于票據內特別指定履行地者外，由簽押人之住所地法定之。

保證人與參加承兌人之義務的效力，依適用于被保證或被參加人所負義務之法律定之。

第六條　資金之移轉。

受款人或其他執票人對于資金，是否享有特權，幷其性質如何？由付款地法律定之。

第七條　局部承兌與局部付款。

承兌與付款可否加以限制，與執票人應否接受局部付款？由付款地法律定之。

第八條　拒絕證書與其他行爲之方式及期限。

作成拒絕證書及其他保全票據權利之行爲的方式與期限，依該證書或行爲應提示地之法律定之。

第九條　票據之遺失及被竊，執票人之破產。
對于遺失或被竊票據及執票人破產時應爲之行爲，依付欵地法律定之。

第五章　關於法律行爲方式之法律

關于法律行爲之方式，各國法律在原則上，均主依法律行爲作成地法律定之，我國法律適用條例第二六條亦謂：法律行爲之方式……依行爲地法……是卽塲所支配行爲之原則（Locus regit actum）也。謂爲在原則者，以其性質旣非絕對，範圍亦非包括一切法律行爲之方式。緣塲所支配行爲原則之發現，始于意大利註釋學派，爲解決遺囑之方式問題，而立此通則；當時佛尼斯Venise 地方，規定遺囑之成立，有證明者二人爲已足；但依羅馬法之規定，則需證人七名，因此遂論及他國人在佛尼斯依當地規定所立之遺囑，是否生效，咸無異議，而一致認其有效，且不久更將此規定適用之于遺囑以外之法律行爲。

荷法兩學派，則反對之甚烈，蓋塲所支配行爲之原則，依其性質，旣非屬物法，亦非屬人法，而甚形棘手。萊納謂：其在法國爭議相持久遠之主因，以其與法律之域內性相反，故多數學者，對于依行爲地法所作之行爲，在該行爲地以外，否認其效力（註一）。迨後反對空氣漸見和緩，而十六與十七世紀之法國學派，亦遂承認場所支配行爲之原則。巴爾托利，沙利西，巴爾德，提摩耶，帝拉鵠，爵聲納，研究遺囑問題時，曾論列之；提摩耶更將其範圍擴充之於其他一切行爲與判決，近代各國立法有明文者已屬不少，一八八九年南美蒙脫維特渥協定第三九條同意規定曰：公式行爲 (Acte Public) 之方式，依其作成地法律定之，於此可見其在國際私法上之地位爲何如矣。

一　法律行爲方式之種類，及其適用法律。

場所支配行爲原則之適用，非包括一切法律行爲之方式，其所管轄者，僅一部份法律行爲之方式而已，茲先將法律行爲方式之種類，及其適用標準，分別略述，然後再將場所支配行爲原則之各方，詳爲研究。

法律行爲方式之種類，約略有五：一，增益能力之方式 (Formalites habili-

（註一）Lainé——Introduction II P. 329 et.s.

tantes) 二、爲第三者利益之公示方式 (Formalites de publicite de l'interet des tiers) 三、執行之方式(Formalites D' Exe ution) 四、內部方式 (Formalites intrinseques ou Viscerales) 五、外部方式 (Formalites E trinseques ou iustrunenraires) ；茲依次論述之，

一 增益能力行爲之方式，及其適用法律。

增益能力行爲之方式者，對于無能力者，使之取得某種能力之法律行爲的方式也；夫對妻之准許其經商之行爲，父母族長對于子孫結婚之准許行爲，均爲增益能力之行爲；此種行爲方式之適用法律發生抵觸時，通常以能力問題關係者之屬人法定之，以其爲身分能力之關係問題故也；至究以本國法或住所地法爲屬人法，則視各國之立法而異。

二 執行方式及其適用法律。

執行方式者，藉公共權力之協助，用強制方法，以執行法律行爲之方式也；此種方式之本身，與法律行爲之成立及證明，全無關係，故其抵觸，殊

不能適用解決其成立與證明之關係問題的法律，而應以各該行爲之執行地法律爲準；蓋執行方式，屬訴訟手續範圍，訴訟手續恆以訴訟地法爲準者也。

三　爲第三者利益之公示方式。

當某種法定行爲正式作成時，法律每規定其應依法完成公示方式，俾衆週知，而得對于第三者發生其效力，此卽所謂公示也。公示方式應以何地法律爲準，財產所在地法乎？契約當事人之本國法乎？行爲地法乎？當事人一方或雙方之住所地法乎？情形複雜，而互相不同，殊不能一概而論，應隨行爲之種類而定其公示方式，但以最能達公示之目的，與保護關係法益能得最大效果之法律爲準，試分別述之。

甲　關于不動產之公示方式

各國立法爲保護第三者之利益起見，因規定關于不動產之法律行爲；如不動產權之移轉，抵押，及租賃不動產在若干年以上之契約等，使其依法公示，俾衆週知。對此問題，若行爲地法律與當事人本國所定之公示方式，顯有不同，甚或並無規定時，將依何種方式辦理？近代一般之規定，均主依不動產所在地法；蓋惟該所在地法對于公示之利益，最有密切關係，亦惟該所在地國最能爲適當之規定。公示之目的，在確定土地制度，及關于不動產之行爲；例如對于購買房屋者保證該房屋未嘗出賣他人于先，亦無抵押情事等。公示之目的既若此，則其關係最切者，當屬不動產之所在地國家，而應依照其所定之方式，自屬無疑。如是，第三者方得隨時向所在地之主管機關，查問一切，藉免各種弊竇與困難。倘依當事人之本國法，住所地法，或行爲地法等所規定之辦法，則其內容，每以相距甚遠，而無從知悉；且主管機關更或在他國，勢不能隨時向之查核，則第三者之利益，何能得充分之保護，而公示之目的，亦必不能達到，故以財產所在地法爲準，實爲最妥之辦法。

乙　債權之典質與讓渡之公示方式。

各國法律對于債權或無體動產之法律行爲，亦規定公示方式，但究以何種法律規定者爲準？例如質權之成立，其公示方式，各國不同，將以何者爲準。多數學者與法例，咸主依所典質之債權的債務人住所地法，以實際言，公示目的所欲保護之信用利益，與債務人住所地國關係最切，而依該國法律之規定，最能生效。且如欲明悉典質之債權的情形如何，例如債務人有無淸償能力等，亦惟有向債務人住所地能得確實之消息。至若依行爲地法，或當事人之本國法等，殊不能達公示之目的焉。

讓渡債權，幷欲以之對抗第三者，亦應爲讓渡之公示。但各國法律對于讓渡債權，有無公示之規定，旣不一致；而規定之辦法，又彼此互異，因而抵觸遂生。其解決辦法，學者意見，雖不一致，然似以債務人住所地法，即出讓之債權的所在地法爲準，較爲適當；蓋債權讓渡行爲之能否確定，以債務人能否到期履行爲準；欲知其能力究能如約履行與否，則惟有向權務人住所地，方得調査確實該債權之是否存在，債務人有否淸償能力；故曰，依債務人住所地法規定之方式爲妥。倘另有不動產以担保債權者，則更宜遵從不動產所在地法律關于不動產公示方式之規定。

丙　婚姻契約之公示方式。

夫婦間之婚姻契約，對于財產亦有關係，故有公示之必要。例如比國民法第七六條第十款，及商法第十二第十三，與第十四條，分別規定普通人民與商人，應公示其婚姻契約之辦法。然究宜以何種法律規定之方式爲準？一般咸主依其住所地法，以其最有密切關係，而訂約地法律不與也。若爲商人，亦以該商人之住所地法爲準。

四　內部方式。

內部方式者，法律行爲實體之組織要素而爲成立要件之方式也。以實際言，不在所謂方式之範圍以內，故比國學者波勒（Poullet）置之不論（註一）。

惟學者間，仍不乏視爲方式之一種者，意大利民法施行法且明定之爲主要方式，故茲亦附帶及之。內部方式即法律行爲之成立要件，如同意，目

（註一）Poullet——Manuel de D.I Prive Belge, P.307 Note 1.

（註二）Arminjon——Precis de D. I. Prive, II P.104 et s.

的，原因，代價等。提摩郎，巴爾托利，沙利西諸人，雖曾以之列入場所支配行爲原則之範圍，但殊非適當（註二）；至其適用法律，則依前章內關于契約之規定。

五　外部方式

外部方式云者，作成法律行爲所遵守之有形方式，藉以確定當事人之意思表示，或方便舉證之方式也。例如法律規定結婚儀式，應如何舉行，婚姻契約應如何締結，舉凡可爲證明之根據者，當事人均宜遵照法定方式作成之，且爲一般人所公認。至外部方式，應以何者爲準？則適用場所支配行爲之原則，換言之，凡依法律行爲作成地法定方式者，其行爲爲有效。例如甲國人民在乙國領土依其規定作成之法律行爲，由甲國視之，雖以其不遵本國法規而絕無價値，但若具備所在地乙國之法定方式者，甲國亦不能否認之。場所支配行爲原則之根據如何，學者不一其說：荷蘭學者及范萊沙米，梅郞，波勒諾阿等，以作爲地立法者之主權爲根據（註一）。鮑爾武愛，司多理，弗利克斯，則認爲以當事人之獨意思爲本，而自動遵循行爲地之法定方式。巴爾等視爲由各國向來一致共認之習慣，進而變爲成文之規定者也。皮勒之解釋，以公正需要及方便等，爲場所支配行爲原則之根據。（註二）比國學者波勒，對于法律行爲，視行爲性質之爲公或爲私，而分別論其根據，凡須有公務人員參加作成之行爲，對之適用場所支配行爲原則，其理由，爲應法律上之需要；蓋法律規定非有當地公務人員參加，不能有效者也。至對于性質屬私的法律行爲適用該原則，則爲事實上之需要，俾便就地咨詢，而易于着手。波勒之持論，當非空談，然必分爲公私性質之法律行爲，而別其理由，未免偏險。（註三）若從實際與理論兩方並論，不問法律行爲之性質如何，凡適用場所支配行爲原則，其理由不外有四：

（註一）——Arminjon Precis II P. 114

（註二）——Clunet 1891 P. 28

（註三）——Poullet Manuel de D.I. Privé Belge, P. 317-318

甲　作成任何法律行爲時，若依當地法定方式，當事人必可減少錯誤之機會；若必須遵照其他法律之規定，每以相距遙遠，而不易調查，故雖有識之士，或不能知其究竟，而墮入謬誤，自不若依行爲地法定方式之爲愈。

乙　或種行爲之作成，依當事人之屬人法，或執行地法，須有公務人員參加者，今若該種行爲之作成地根本上並無此種人員之存在，則舍依行爲地法定方式外，勢無作成之可能，故適用場所支配行爲原則，乃事實上之不二途徑。

丙　法律行爲方式之規定，必參酌風尚，習慣，文化，道德等各種情形，依行爲地法定方式，最能符合當地立法之眞意，洛林曰：當地立法者爲最適當之判官(註一)，卽是之謂也。

丁　行爲地法定方式，最易認識，則錯誤之可能必少，而對于第三者，必能確保其有效而免意外，是依外部方式之本質與效能言，亦宜採用行爲地之

(註一) 見 Poullet——mannel de D. I: Prive Belge, P.318

法定方式。

二　場所支配行爲原則之眞諦

一　要式行爲 Actes solennels

決定法律行爲之性質是否爲要式行爲，卽法律行爲之存在，是否應遵守相當方式之問題，不在場所支配行爲原則之適用範圍。例如各國立法關于婚姻契約，抵押等之締結，其規定互異。比利時對于婚姻契約，抵押，贈與，認知私生子等，規定爲要式行爲，故若私自締結之上列行爲，絕對不能成立；但態度相反之立法，亦復不乏其例，因而抵觸以生。然解決此是否爲要式行爲，與是否須遵守特定方式之問題，依其性質與目的言，則不在場所支配行爲原則之範圍以內。蓋決定某種法律行爲之是否係要式行爲，與某種法律行爲應否依照依行爲地法定方式，其性質大異，不可相混，故其適用法律自亦非同。當規定應照行爲地法定方式時，其主旨在以該行爲地之實際需要與利便爲本，若在他處，固不必遵循之也。至於法律行爲之存在所必具的要式，或爲保護家庭利益，或爲確定人事之往來，不問作成地何在，其應爲保護或確定也，到處相同，殊不宜以行爲地之方式以限制之。

決定法律行爲是否爲要式性質，固不在場所支配行爲原則之範圍，然此種問題，將以何種法律以決定之？則視要式所欲保護之法益而定；如要式行爲保護之目的，爲家庭關係上之利益，若結婚，離婚等一切問題，由個人之本國法以定其是否爲要式；若其保護之目的，爲財產上之利益，沙比尼等學者均謂不能適用行爲地法，而以財產之所在地法爲準（註一）。德國民法施行法第十一條，日本法例第八條，均用明文規定之。英美學者之主張亦同，惟以不動產爲限（註二）。

（註一）Savigny—Traité, V III, § 567.

（註二）Story—Commentaries, No. 435.

Westlake—Clunet 1882, P. 8—9.

Dicey—Rule 147 &t Ist Ed. Rule 138.

要式問題一旦決定，然後更適用場所支配行爲原則以定其方式。例如婚姻契約，是否須有公務人員參與其締結？由當事人之本國法先行決定之，然後更依場所支配行爲原則，以定該契約之外部方式。

二　場所支配行爲原則之性質

法律行爲之方式，雖以行爲地法定者爲準，但其性質，殊非絕對，而有例外。換言之，特種行爲之方式，卽依行爲地法定方式，亦不能有效，此種例外，約略有二（註一）。

甲　屬人法之相反規定

當事人之一方或雙方，其屬人法有禁止依照行爲地法定方式之明文時，則行爲地之法定方式不能適用。荷蘭法典第九九二條，不准荷人在外國作成親筆遺囑，與法國民法第九九九條適相對反：在法國之荷人，雖依行爲地法定方式，其所立之遺囑亦不能成立。

（註一）Arminjon—Precis, II. P. 115 et S, No. 51 et S.

乙　僭竊法律之行爲

某種法律行爲，雖得依行爲地法定方式而成立，但當事者最初用意在僭竊法律者，仍不能認爲有效。或謂法律旣有准依行爲地法定方式之可能，卽不成其爲僭竊。是則不然，蓋場所支配行爲原則之根據，爲時勢上之必要，僭竊法律者，殊無必要之情形，此所以不能以僭竊行爲地法定方式爲有效者也。

丙　强制性質或任意性質

場所支配行爲原則之性質，是否爲强制或任意，則視其所處地位之效用而定。近時英美學者之主張，則謂如其目的僅爲莊嚴(Solemmization)起見者，爲任意性質，若爲行爲之成立所必需者，則爲强制性質（註一）。比國學者波勒則謂：對于公式行爲（Actes Authentiques）爲强制性質，對于私式行爲（Actes Sous Seing Prive）爲任意性質，玆據此略述之（註二）。

（註一）Wharton—Confliot of Laws, § 679.

甲　公式行爲

對于公式行爲，場所支配行爲原則爲强制性質者，謂此種行爲之作成，必依作成地法定方式，方得成立之意也。換言之，在外國作成公式行爲，須依作成地法定方式，否則無效。在法國之西班牙人或希臘人，依本國宗教儀式結婚者爲無效。又如在法國由私式行爲所作之贈與，亦不生效。但各國人民將向其本國駐外使領機關，仍依其本國法定方式作成之，此蓋爲强制性質之例外也。

乙　私式行爲

對于私式行爲，場所支配行爲原則任意性質，卽不必定以作成地法定方式爲準。換言之，依其他法定方式作成，亦生效力之謂也。何則，場所支配行爲原則之對于私式行爲，僅爲事實上之方便而然，而與作成法律行爲之本身有效與否無關。法學家北帶利斯（Portalis）曰：對于法律行爲之方式，應

（註二）Arminjon—Précis II, P. 132.

適用當事人之本國法；至若依作成地法，純爲恩惠通庸性質，藉以增進貿遷也。由是觀之，既爲通庸性質，當無必遵之義務，自可拒而不用，則其爲任意性質又奚疑。但亦有例外凡二：一、如雙方當事人國籍不同，或不能同時依照兩種法定方式時，應以作成地法定者爲準。二、法律行爲之管轄法律明文規定應依作成地法定方式者，亦須遵照之。

第二部　司法抵觸

第一章　司法抵觸（管轄問題部份）

第一節　司法抵觸與立法抵觸之區別

司法上之抵觸者，管轄權利之抵觸也：家住西班牙京城麥特里得之法蘭西人某甲，在倫敦駕車，將意大利人某乙衝倒，折斷腿骨；關于本案損失賠償之訴，英法西意各國法院，似均可管轄，究應由其中之何國法院管轄審判，此即司法上之抵觸問題，而亟須首先解決者也。

司法上之抵觸與立法上之抵觸，同屬法律抵觸範圍，而互有密切關係，然其本質，則非一物。蓋司法上之抵觸，僅在決定本國法院有無管轄權利；不若立法上之抵觸，同時應決定本國法可否適用，與應適用何國法律兩點。學者每將此二問題，混爲一談，連帶解決，殊屬謬誤，其原因不外有二：

一、對于某訟案，如本國法院無管轄權利，勢不能適用本國法律；換言之，欲適用本國法律，非由本國法院管轄不可，則本國法院之管轄，與本國法律之適用，似爲一物矣。其二、本國法律須由本國法院適用之，而不能讓之他國法院；則確定其由何國法院管轄，即所以指定適用何國法律也。有此二因，故每將司法上之抵觸與立法上之抵觸，混爲一物，而墜入謬誤焉。但該兩問題之本質，除例外以外，彼此各自獨立者也，玆分述於下。

一　司法上之抵觸與立法上之抵觸，在時間方面，有先後之别，而前者應解决于後者之先。英國男子與法國女子，在德國結婚，其婚姻有效與否之訴，先應確定由何國法院管轄審理，然後方發生應以何國法律爲準，以審判該婚姻之有無效力。

二　訴訟問題之審判，應適用甲國法律時，並不因此而必須由同一之甲國法院管轄審理。關于確定個人之身分能力，以其本國法爲準。法國人在中國結婚之能力問題，發生訴訟，向中國法院請求解决時，其究竟有無結婚能力，當然依其本國法定之，但仍由中國法院管轄審判。

三　訴訟問題，應由甲國法院管轄審判時，並不因此而必須適用甲國法律，爲裁判之根據。兩法國人以有無能力問題，向中國法院爭訟，處此光景，中國法院雖有管轄權利，但兩法國人之有無能力，仍應依照其本國法，斷不能以由中國法院管轄審判，而即適用中國法律。

據此以觀，司法上之抵觸與立法上之抵觸兩問題，各自獨立，而非一物。且此種獨立性質，即爲國際私法存在之條件，何則？若此兩問題純係一體，而不可分離，則中國法院管轄者，必適用中國法律；外國法院所管轄者，亦必適用該外國之自國法律；復有何適用外國法律之可能，更無選擇適用法律之必要矣。

以上所云，僅爲分別司法上之抵觸與立法上之抵觸的原則，但亦有例外，其情形有二：

一　由管轄權利引起適用法律之例外。

由甲法院管轄審理之某訟案，本宜適用乙國法律，但以乙國法律之規定與甲國之公共秩序相左，因而捨乙國法律，而適用甲國法律，此卽以由甲國法院管轄，而引起適用甲國法律之情形也。若此同一訟案，由丙國法院管轄，而丙國對于乙國關係法律之規定，不視之爲與丙國公共秩序有礙，則仍適用乙國法律，其結果，視由甲國管轄時，完全不同。

二　由適用法律引起管轄權利之例外

以公共秩序上之關係，適用甲國法律時，須亦由甲國法院管轄，方能發生實效，何則？各國對于公共秩序之觀念不同，甲國雖認爲與公共秩序有礙，乙國則否；若由乙國法院管轄，定不能依甲國之觀念而適用甲國法律，故往往以適用甲國法律，而亦由甲國法院管轄。復次，亦有以不適用其法律，而遂不之管轄審判者，例如有原由甲國法院管轄，而應適用乙國法律之訟案于此，惟若適用乙國法律，勢與甲國之公共秩序有礙，則甲國勢將不適用乙國法律，且因此而不爲之進行審判以解決其訟案，此爲以不適用其法律，遂不復爲之管轄審判之例外。

第二節　解決司法上抵觸之根本原則

一　對于涉外法律關係之訴訟，有無管轄審理之權，由各本國之法律定之。

司法上之抵觸，其應爲解決之唯一問題，爲各國對于涉外法律關係之訴訟，決定其能否管轄；而決定其有無管轄權利之標準，當惟各本國之法律是瞻，有如立法上之抵觸，雖可適用他國法律爲解決之標準，但究應適用何國法律，亦惟以各本國之法律（國際私法之規定）爲選擇之本。在今日尚無各國共有之準據法則，此爲時勢所必然之唯一辦法（註一）。

二　對于涉外法律關係之訴訟，應由何地法院管轄審理，由決定有無管轄權利國之法律定之。

一國之內，法院甚多，種類不一，等級亦異，如有某種涉外法律關係之

（註一）Code Bustamante, art. 316.

訴訟發生時，究應由何地何種更或何級法院管轄，宜依決定有無管轄權利之法律定之。此二問題，有密切關係，而不可分離，自當以同一法律之規定爲準。（註一）

三　對于涉外法律關係之訴訟，有無管轄權利之決定，不應以當事者國籍之不同，而立例外。

司法上之抵觸，普通雖由訴訟當事人國籍不同而發生，然決定關係國家之法院有無管轄權利之問題，與發生抵觸之原因，毫不相關。以平正利便言，若本無管轄權利，徒以當事者之一方爲本國人，因而越權管轄之；或本應管轄者，徒以當事人俱非本國人，而拒絕之；均失平正精神，斷不能進行順利，此所以不宜因當事人國籍不同，而故將管轄權利伸張或減縮也。關于本問題之眞相，暫將涉外法律關係之訴訟，分爲外國人爲被告，本國人爲被告，及原被告均係外國人三種情形，分別略論之。

（註一）Code **Bustamante** art. 318.

甲　內外國人間之訴訟

無特種關係之普通訴訟，其管轄權利，屬被告所在地法院（Actor sequitur forum Rei）（意謂原告隨被告之法庭）。其理由何在，姑置不論，然爲各國所同採，已屬一致。今若爲涉外法律關係之訴訟，自應依同一原則，以定管轄法院之何在。法國民法第十四條之規定，因原告爲本國人，而變更其常規，其文曰：與法國人締結之契約，關于該約之履行，外國人雖不在法國，法國法院亦可將其傳訊，外國人應履行之義務，雖原在外國締結者，亦可由法國法院審判。依此規定，若法國人爲原告時，不問締約地何在，亦不問被告何在，法國法院均有管轄審判之權，是將普通訴訟由被告所在地法院管轄之常例，一變而以原告所屬國法院代之。又法國民法第十五條，對于法國人爲被告時之規定曰：對于法國人在外國，雖與外國人締結之義務，亦可向法國法院訴究之。依此規定，法國人爲被告時，不問其現在何地，結約何在，惟以其爲法國人，法國法院卽有管轄受理之權。此兩條規定之要旨，不外爲保護本國人之利益，俾法國人之訴訟，得便利起訴或被訴，而享有本國法律之充分保障。然此種以國籍而變更一般原則之例外，在理論上，既欠平正實際上，亦屬無益，何則？不願依一般規定由外國法院管轄，無非藐視其有偏私不公之處，而不信任其裁判。此種態度，殊與國際友誼有損，恐啟互相報復之風，而彼此交惡；且爲保護本國人，而不顧外國人之利益，甚非公正之道。至在實際，依此規定，對于外國被告人，或在外國之本國被告人，傳集訊問，調查證據，既已非易，而將來執行判決之阻礙，恐亦不免，則保護本國當事人之目的仍不能達，如此妨害國交，違反公平，而徒勞無益之辦法，自無存在之餘地，而不足採焉。

乙　外國人間之訴訟

以上所云，原被兩方中必有一方爲本國人。今若訴訟之雙方當事者，均爲外國人，本國法院對之，有無管轄權利，且應否爲之審判。說者謂一國之法院，旨在保護本國人民，而審理與本國人民有關之訴訟，今若訴訟之雙方均爲外國人，而與本國人絕無關係，則本國法院自無保護外國人利益之義務，無須爲之審判，故本國法院對於純粹外國人之訴訟，非無管轄權利，乃無管轄之義務，換言之，得任意接受或拒絕之。緣訴訟目的，無非藉法院之權力，以確定個人之權利義務。權利之享有與義務之負担，在原則，不以有內外國人之別，而有何歧異。訴訟權利亦個人應享權利之一，何得以其爲外國人而剝奪之。以實際言，純粹外國人之訴訟，旣在本國發生爭議，則與本國之利益與秩序，亦不無相當關係。法國法例對於雙方當事者均爲外國人之訴訟，雖主無管轄審判之義務，但例外甚多，而不敢坐視，是殆情勢所趨而不得不然歟，是則以訴訟當事人純係外國籍，而拒絕爲之管轄審理之主張，殊不見充分也。故曰一國法院對於涉外法律關係之訴訟，不能以當事人國籍爲內外國人而得任意變更或拒絕之也。

第三節　解決司法上抵觸之準則

司法上之抵觸與立法上之抵觸，爲不同之兩種問題，而非一物。各國國際私法對於後者，已有相當準據法規，爲選擇適用法律之標準：對於前者，則猶付缺如，實爲一大遺憾。蓋司法上之抵觸，不能公平解決，雖有妥善之立法抵觸的準據法則，其精義亦必大受影響，在適用上殊不能充分表現。解決司法上之抵觸，爲解決立法上抵觸問題之第一步，若不將此首要問題先爲解決，或雖解決而不得其當，則第二步之立法抵觸問題，勢亦不能處置適宜。此二問題，性質雖異，而彼此獨立，但在解決方面，殊有首尾相連之關係，不可等閒視之也。

解決司法上之抵觸，各國俱無特定明文，以資依據。法國法例所採之辦法，甚爲簡單，卽將純粹內國法律關係訴訟的土地管轄 (Ratione Personae) 之規定 援引而適用之於涉外法律關係之訴訟問題，藉以規定法國法院對於涉外法律關係訴訟之管轄權限。此種辦法，雖同爲學者與法院所採用，惟將土地管轄與事物管轄 (Ratione Materiae) 混爲一物，殊屬錯誤。蓋茲所欲解決者，爲本國法院對於涉外法律關係的訴訟有無管轄權利，係事物管轄問題，雖亦應決定由本國之何處或何區之法院審理，但其性質決非純粹土地管轄可比，是不可不注意也。

解決司法上之抵觸，應如何決定，須以平正利順為本，視關係訴訟之性質，而為適當之規定。茲依各種訴訟問題之特殊情形，分別論述之。

一 關於人之訴訟

內國人在外國，或外國人在內國，或內外國人間之關於人的訴訟問題，應由何國法院管轄？學者主張與各國法例，殊不一致，猶未有妥善之規定。主由個人之本國法院管轄者之言曰：關於人之訴訟，各國均以個人之本國法為解決標準，既應依其本國法，自以由其本國法院管轄，較為便利；現時所在國之法院雖亦可適用被告人之本國法，究不如其本國法院適用之妥當，故關於人之訴訟，應由其本國法院管轄之。此種理論，顯將司法上之抵觸與立法上之抵觸混為一物，而墜入謬誤，殊不足採也。以實際利便言，今若訴訟當事人離國已久，且素未往返，對於本國幾於毫無關係，若於此時猶必待其其本國法院爲之管轄，非僅其本人或其他關係人，必感涉訟困難，卽其本國法院關於調查證據等，亦必大感不便，而難爲適當之審判。至以訴訟之利害關係言，訴訟之目的，非僅爲保護當事者之個人利益，同時與所在地之公益亦不無關係，例如禁治產之宣告，死亡之宣告，均與所在地之公共秩序，及所在地人民之私益有關，亦不宜置之不顧，而必移歸本國法院管轄。法國法例，對於涉外法律關係之訴訟，援引民訴第五九條第一項之土地管轄之規定，而以被告人住所地或居所地之法院爲管轄機關。此種辦法，理論上，殊欠充分，實際上之結果，則尚無不當。何則？旣以住所或居所何在爲決定管轄機關之標準，姑不問應由巴黎或里昂法院管轄審判，惟凡有住所或居所於法國者，法國法院卽有管轄權利，由此便可推知法國法院對於涉外法律關係之訴訟，有無管轄權利之標準爲如何。換言之，涉外法律關係之關於人的訴訟，凡其被告人有住所或居所於法國者，法國法院對之，有管轄之權。我國法律適用條例第六條曰：凡在中國有住所或居所之外國人……得宣告禁治產：又第七條曰：凡在中國有住所或居所之外國人……爲死亡之宣告。雖未明白規定中國法院之管轄權利爲如何，但由上列二條推之，對於涉外法律關係之人的訴訟，我國法院對之，似亦以有無住所或居所於中國爲決定有無管轄權利之標準，其辦法與法國法例之態度，無甚出入。然不宜將立法上之抵觸問題，夾雜其間，俾免含混。故關於涉外法律關係之人的訴訟，其管轄，應規定之曰：人的訴訟，由被告人之住所或居所地國法院管轄審判之。此司法上之抵觸解決後，他如究應由何級與何區法院審理，則更依該國之內國訴訟法決定之。

二　關於親族之訴訟

關於親族之涉外法律關係的訴訟，應由何國法院管轄？學者亦有以其個人身分地位有密切關係，主由個人之本國法院管轄者。此種謬誤，已於關於人的訴訟一節內論之，無庸再議；而應依照關於人的訴訟之同一辦法，以被告住所或居所何在，爲決定其由何國法院管轄之標準。或謂以被告人之住所或居所在本國，而本國法院卽須爲之管轄審理，恐不甚妥，設有土耳其人之第二妻，與其夫不睦，而來居我國，伊夫向我國法院提起同居之訴時，我國法院若以其第二妻居於我土，而爲之管轄審理，判令同居，殊與我國之公共秩序有礙，故我國法院似不宜以其居在中國，而遽爾受理。其實不然，管轄審理爲一事，判令同居又爲一事；判令同居雖必由管轄法院爲之，但管轄審判並不以判令同居爲條件。上列土耳其人對其第二妻，向我國法院提起同居之訴時，如認爲與我國之公共秩序有礙，可駁斥其所請，至僅管轄審理之本身，殊不能影響我國之公共秩序焉。故謂不應由被告人住所或居所地國法院管轄者，非適當之論。關於親族之訴的管轄，似應規定之曰：凡親族關係之訴訟，由被告人之住所或居所地國法院管轄之。

三　關於繼承之訴訟

關於繼承之訴訟，凡因遺產之繼承，分配，遺贈，因死亡而生效力之行爲，更或因繼承而負担債務等之關係訴訟均屬之。此種訴訟有涉外關係存在其間時，應由何國法院管轄？學者意見不一，有主由被繼承人之本國法院管轄者；亦有主由繼承開始所在地法院管轄者。主由被繼承人之本國法院管轄者之理由曰：繼承爲家族制度之一，與被繼承人所屬之社會組織，有重大關係，且繼承與身分地位問題，不能相離，在宗祧繼承，及家督繼承，固不待言，即就財產繼承言之，亦必以身分地位爲基礎，故由其本國法院審判，最爲相宜。此種主張，仍不免將司法抵觸與立法抵觸，混爲一物，而出此謬論，自不足採。爲審判上之方便計，應由繼承開始時所在地國法院管轄之。

四　關於財產之訴訟

關於不動產之訴訟，各國立法幾已一致規定，由不動產所在地法院管轄之。至有涉外法律關係存在時，當以其所在地爲決定由何國法院管轄之標準；何則？關於不動產之訴訟，如調查證據等必要行爲，非親至其地，無從着手；至審判後之執行，又格於領土主權之範圍，非有所在地國法院參加不可，故事實上，自應由不動產所在地國法院管轄。關於動產之訴訟，各國法例每以被告人之住所地法院，爲管轄機關。至若有涉外法律關係之動產訴訟，似以由動產所在地國法院管轄，較爲便利。蓋如追究被竊動產之訴，被告人與訴訟目的物各在一國，若向被告人之住所地之甲國法院追訴，而訴訟目的物則在乙國，對於審判之進行，殊多不便，反不如由動產所在地國法院管轄之爲直接了當也。

五　關於債權之訴訟

債權之訴訟，有本於契約有所請求而涉訟者；亦有本於侵權行爲有所請求而涉訟者；其管轄法院，當視情形而定，玆分別述之。

甲　本於契約有所請求而涉訟之訴，該契約之締結地國法院，債務人住所地國法院，與履行地國法院，似均可有管轄之權利，是卽所謂司法上之抵觸，而亟須解決者也。解決之道，學者各異其說，但以由履行地國法院管轄，最爲便利。蓋卽不謂債權之最終目的在乎履行，然在實際，最能使債務者依契約履行而直接生效者，當推履行地國法院之裁判與執行；故涉外關係之債權的訴訟，以由履行地國法院管轄爲最適當。

乙 本於不法行爲有所請求而涉訟之訴，法國法例在一九二三年十一月二六日以前，向由被告人之住所地法院管轄；然以之適用之於涉外關係的債權之訴，殊欠妥當。不法行爲之實質，各國法例咸以其與公共秩序有關，而主依不法行爲地法決定之。管轄與實質，雖各自獨立，而互不相涉，但欲知不法行爲之眞相，而須蒐集證據時，自以由不法行爲地國法院管轄，較爲便利；故本於不法行爲有所請求之訴訟，應以該行爲地國法院爲管轄機關。

六 關於法律行爲之方式的訴訟

法律行爲之方式，均主依行爲地法定者爲準，所以便利當事人之採用，而確保其效力也。至關於法律行爲方式之訴訟，應由何國法院審判之問題，雖與立法上之抵觸不能混爲一談，但欲裁判其是否有效，惟行爲地國法院最易爲公平之判斷，故以實際利害言，應由行爲地國法院管轄，毫無疑義。

七　混合性質之訴訟

混合性質之訴訟者，同時本於債權與物權上之請求，而涉訟之訴也。此種訴訟，將由普通債權訴訟之管轄法院審理之乎？抑由普通物權訴訟之法院裁判之乎？法國法例將民訴第五九條第四項之規定，適用之於涉外法律關係之混合性質之訴訟，同時得由被告人之住所地法院，或由財產所在地法院管轄審判之。然爲直接了當計，不如規定之由財產所在地國法院管轄，可仿我國民事訴訟法第十二條之明文，而規定之曰：對于同一被告，因債權，及担保該債權之不動產物權涉訟者，得由不動產所在地國之法院，合併管轄之。

八　同時向數國法院起訴之訴訟

同一訴訟，若在內國同時向數法院起訴者，得指定由其中之一法院審理，此種辦法，對於涉外關係之訴訟同時向數國法院起訴者，則不適用之。何則？各國司法主權，各自獨立而並峙，甲乙兩國法院互無剝奪對方國家所屬法院之管轄權利，則勢必仍由各關係國法院各自管轄審判之。

九　同時有數被告人之訴訟

同一訴訟有被告數人，而不在同一國土時，原告人得向其中一人之普通審判籍所在地國法院追訴之；被告人雖有數人，但訴訟之事實，理由，與目的，則並無歧異，若必須分別在各國起訴，殊屬繁瑣，自以原告人任擇一國法院管轄之，最爲便利。

十　訴訟之同意管轄

涉外關係之訴訟，依上列規定，雖有一定管轄機關，但當事人可否根據雙方同意，不依上列規定，而另定由其他法院管轄審判？換言之，管轄法院可否由當事人同意決定之。關於此點，雙方既屬同意，自無不可，但以無竊僭法律與故意規避之惡意爲條件。

第四節　司法抵觸法則之例外

以上所述，爲解決司法抵觸之一般規定，但有若干情形，以被告人之地位特異，而有例外，其情形約略有四：

一　外交代表

外交代表，向例不受駐在國法院之支配，此卽所謂外交代表享有治外法權，蓋外交代表爲國家之正式代表，倘受駐在國法院之管轄，勢不能充分活動，而每被牽制，故國際慣例，凡外交代表之行爲，不問其性質爲公或係私人行爲，概不受駐在國法院之審判。此種特權，非僅代表之首領得享有之，凡係外交代表人員之性質者，均可享有。雖然，若外交代表正式自願放棄此種特權時，固亦未嘗不可也。

二　領事

領事非外交代表，在原則，不能享有與外交代表同樣之特權，但有時亦以國家代表資格，而有所作爲，則於此時，似亦授與此種特權，俾免受駐在國法院之管轄支配。

三　外國元首

近世國際通例，以元首爲一國之最高代表；爲尊重外國之獨立主權，與維護國際友好起見，對於外國元首，亦賦予與外交代表之同樣特權，而不受滯在國法院之管轄。惟享有此種權利之範圍，各國略有廣狹之別，英國法院對於外國元首之任何行爲均不受理，以示優異（註一）。意大利法院則曾對於奧國王帝之賣買行爲，加以裁判（註二）。因之學者建議將外國元首之行爲分爲兩種：其以國家元首資格所爲之行爲，不受滯在國法院之裁判；其以私人資格所爲者，則不能享有此種權利；但區別之標準，殊難確定；故亦有人主張，不問外國元首行爲之性質如何，一概賦予此種特權，而不受滯在國法院之支配，但若自願放棄者，聽之。

四　外國國家

爲遵重幷確保外國國家主權之完整計，凡一國以國家資格所爲之行爲，

（註一）　High Court of justice, 21, decembre 1911, Revue Lapradelle,1913, P.535.

（註二）　Cass. Rome, 11 mars 1921, clunet 1921, P. 626.

統不受他國法院管轄審判；但若外國自動放棄此項特權，或關於不動產之訴訟問題，則不在此限。至以私人資格所爲之行爲，學者亦主視其行爲之性質爲公或爲私，而定其是否享有此種特權。

第二章　外國法院判決之效力

司法抵觸範圍內之問題有二：一爲管轄的抵觸問題；一爲外國法院判決之效力問題。第一問題，業已於本篇第一章內論述，茲所欲討論者，爲第二問題，卽管轄法院依法所爲之判決，能否在他國發生效力；如其能之，其條件如何？效力之範圍又如何？此本章所亟欲研究之問題也。

適用外國法律，非僅在適用，而尤須使其發生效力。欲使其發生效力，須依該外國法律所爲之判決，得以執行，方能完成其適用之效用。否則，一方雖適用外國法律，他方則拒絕其執行，何異間接推翻適用外國法律之規定；而國際私法之根本，亦必蒙其影響，將從此搖動矣。

依上理論，對於外國法院之判決，自應承認其效力，而使之得以執行。惟一國法院之權力，僅能行之於本國領土；換言之，外國法院之判決，只於本國領土範圍以內執行，不能侵害他國主權，而於他國領土逕自執行，此亦不能否認者也。由此以觀，則對於外國法院之判決，一方應承認其效力，他方須不妨害本國之主權，必使之具有相當條件，并經過一定手續以後，方得在我國領土有執行權力。故法國學者皮勒謂：關於外國法院判決之效力問題，同時應爲研究之點有二：一爲遵重已得權利，一爲取得執行權力（Force Executoire）（註一）。

一　外國法院判決取得執行權力之條件——承認（Exequatur）

一　承認之手續

一國內國法院判決之執行，不問爲何級法院之裁判，均由執行所在地之初級管轄法院執行之。承認之目的，在取得執行權力，故對于外國法院判決之請求承認，雖無明文規定，以理論言，應向該判決所欲執行之所在地第一審法院爲之；至外國法院判決之性質如何，該判決出自何級法院等，均屬無關，而不必置問。

（註一）Pillet-manuel de D. I Prive'. P. 682.

二　取得承認之條件

外國法院之判決取得承認後，即可在另一國領土執行，惟一國法院判決在他國領土執行之事實，乃侵害執行地國之主權者也，故欲取得承認而具有執行權力，至少須具有相當條件，玆分述之如下。

甲　須爲外國之有效判決。

一國法院之判決，欲向另一國請求承認，以該判決在其本國係有效合法之判決爲條件。蓋一般已得權利之承認，均以其自始合法有效取得爲條件者也。如何知其合法而有效，則惟有依照該判決所屬國之國內關係法規審定之，換言之，外國判決在其本國，曾否依法確定與具有執行權力，純係國內法上之問題，惟有依其本國法審定之。

乙　須爲法定管轄法院之判決

一國法院之判決，欲在另一國主張其已得權利，而請求承認，以該判決爲法定管轄法院所宣判者爲條件；否則，既非合法之判決，自無主張已得權利與請求承認之可能。至於合法與否，究以何者爲準而決定之，則在何國法院請求承認，卽以該國之國際私法定之。例如向中國法院請求承認之外國判決，該判決之是否爲合法管轄法院判決，則以中國國際私法上之準則定之，故接到請求承認之中國法院，對於外國判決，應審查其管轄法院是否存在而合法，審實以後，應取何種態度，則視情形之不同而異，茲略述其大概如下：

（1） 應由請求承認所在國法院管轄之訴訟

若依前章關於涉外關係訴訟之管轄規定，本應由現時請求承認所在國法院管轄者，此種訴訟之外國法院判決，當然不能認爲合法，而必拒絕其承認之請求，例如中國人與日本人爲賣買在中國之不動產而涉訟，日本人在其本國法院起訴判決後，欲向中國法院請求承認該判決，藉便執行，中國法院必拒絕之，因依中國國際私法之規定，關於在中國之不動產的訴訟，應由中國法院管轄，而日本法院則殊無管轄審判之權也。

（2）請求承認之所在國法院無權管轄之訴訟

倘請求承認之所在國法院，對於關係判決之訴訟，無權管轄；但接到承認請求之法院，仍應加以審查，俾知宣判該判決之法院是否有管轄審判之權。說者或謂，既與承認請求所在國法院無關，何必爲之審查，此說殊欠合理；蓋卽屬外國法院管轄範圍，但該外國法院之有否管轄權利，須依承認請求所在國之國際法定之，何得諉謂無關，而遽漠然視之。例如中國人與法國人爲賣買在比國之不動產而於德國涉訟，判決後，向中國法院請求承認，中國法院對於該訴訟雖無管轄權利，但不應以無關爲理由，而不爲之審核；蓋德國法院對於該案，究竟有無管轄權利，應依中國國際私法定之也。

（3）由有管轄權利法院所爲之判決

請求承認之判決，依請求所在國國際私法之規定，確爲有管轄權利法院之判決，則當然認爲合法，而予以承認。例如英國人與法國人爲賣買在法國之不動產而涉訟，法國法院對於該訴訟所爲之判決，當事者若在中國請求承認，我國法院必視之爲合法管轄法院的判決而承認之。但所謂法國法院，究係何級何種或何區之法院，是否亦應審查之？若有錯誤，譬如應由商事法院管轄，而誤由民事法院審判者，我國法院對之，應否幷依何種標準加以審查。換言之，普通管轄爲合法，而特別管轄爲不合法時，將如何處理之？對此情形，亦應加以審查，但以該國之內國法規，爲決定有無管轄權利之標準。以上例言，應依法國內國法之訴訟管轄規定爲審查之標準；蓋特別管轄問題，與中國毫無關係，殊不能以中國國際私法爲審核之準則也。

丙　須爲依請求承認所在國國際私法的規定所爲之判決

一國法院之判決，欲以之向另一國主張對於該判決之權利，而請求承認，須管轄法院於審判時所適用之法律，卽爲請求承認所在國國際私法所規定之法律。否則，由請求承認之所在國視之，該判決並非合法，而不能爲請求承認之根據。例如外國法院對於個人能力問題，依當事人本國法所爲之判決，當事人得以之在我國請求承認；蓋審判時所適用之法律，卽我國國際私法規定應爲適用之法律也。否則，必拒絕其請求。

丁　須不背請求承認所在國之公共秩序

外國法院之判決，雖已具有以上三條件，但違反請求承認所在國之公共秩序，則仍必拒絕之。例如土耳其法院准許重婚之判決，若當事者據之向我國法院請求承認，必遭拒絕，以其與我國之公共秩序相反故也。惟以出請求承認所得之權利有害我國之公共秩序的部份爲限，若其權利業已確定者，則不在此限（參閱以上第二二三頁以下）。

二　對於外國法院判決之審核權限——再審權

請求承認之所在國法院，對於外國法院之判決請求承認時，有審核其是否具有相當條件之權，爲准否承認之標準。玆所欲研究者，審核權限是否卽以上列四種條件爲範圍？抑或更可將外國法院之判決加以再審而校正？亦卽外國判決是否具有確定力（Autorite de la chose jugee）之問題，各國學者與判例，對此問題之主張，約略有四：

一　視對於何國人之判決，以定其有無確定力說。

此說意謂：對於本國人之外國法院判決，不能具有確定力；亦卽謂請求承認所在國法院，得將該判決再審而校正之。例如法國法院對於中國人所爲之判決，向中國請求承認該判決以便執行時，中國法院得以其爲對於本國人之判決，而否認其有確定力，并可加以再審而校正之。若爲對於外國人之判決，則認其爲有確定力，而不能加以再審校正之舉。例如法國法院對於英國人所爲之判決，以訴訟目的物之不動產在中國，故法國之當事者將該判決向中國法院請求承認，中國法院以其爲對於英人之判決，因認其爲有確定力，并不再爲之審核而校正。此種主張，以當事者國籍之何屬，爲承認外國判決有無確定力之標準，殊欠合理，衡之平正原則，實不足採取也。

二　外國法院之判決，具有完整之確定力說。

此說認外國法院之判決具有確定力，而不能加以再審與校正。其理由謂：外國判決以司法契約爲根據，訴訟當事者同意在外國涉訟，係契約性質，故其判決，當本於司法契約，此係兩願，自能發生效力，不應更爲審判而擅加校正。或謂判決猶如法律，對於適用外國法律，可主張已得權利，而不受再審與校正，根據同樣理由，對於外國法院之判決，不宜有何歧視。說者更謂：退一步言，卽僅以已得權利之原則爲本，已足爲外國判決具有確定力之根據而有餘。此說所據理由，似欠圓滿，蓋當事者向外國法院涉訟，每出於不得已之情勢，而非恆爲彼此同意。判決猶如法律之主張，亦不盡然，卽或如此，外國法律之適用，每因其與公共秩序有礙，而阻却其生效，當不能爲外國判決具有確定力之理由。至以已得權利爲根據，其理由略較充分，何則？外國法院判決之請求承認，其目的在承認，請求所在國法院如認爲已具有已得權利之條件，則准許之，否則拒絕之，兩言可決，殊不應擅爲之再審而校正也。

三　外國法院判決無確定力，而得以再審說。

此說主張請求承認所在國法院，有絕對再審校正之權。在准予承認再審之前，可將外國判決之全案，重行加以審查，然後准予全部或一部承認，或校正其一部，而以新判決代之，或全部拒絕之。考請求承認，志在取得執行權力，請求所在國法院自有考量之權；至外國判決有無確定力，係屬已得權利範圍內之問題，若已具備以上四種條件，即應准予承認，否則，全部拒絕之，若再審校正之說，殊與法理不合而欠公平也。

四　有限管束說

此說謂：一方應遵重外國判決之已得權利，他方亦須顧及請求所在國之公益，故主張在兩全範圍內，給請求所在國法院以相當管束之權，俾不至犧牲其本國之公益，猶如對於或種商品，以其有礙公益而禁止其局部或全部之運輸，惟關吏不能以他種物品替代其所禁止者，故法院亦不能以新判決替代外國法院之舊判決，依此理論，請求承認所在國法院得於下列辦法內擇一而行：

甲　完全拒絕之請求；

乙　完全准予請求承認；

丙　局部承認，而以在本國執行者爲限；

至於下列諸點，則不應擅爲處置：

甲　減少判決之數目，

乙　代以較高之數目，

丙　更改判決之客體。

三　外國法院判決取得承認後之效力

外國法院之判決，雖經承認，但仍爲外國之判決，並不因承認而變爲本國法院之判決。且外國判決所缺乏之者，爲執行權力，請求承認，其目的卽在取得該項權力，至其他效力，仍以其原有者爲準，故曾經取得承認之外國判決，其效力當依下列之限制：

甲　業經承認之外國判決，其在我國之效力，仍依該外國之法律定之。

乙　外國判決在我國之效力，不能大於在該外國所有之效力。

丙　凡與我國之公共秩序不相容之效力，一律不能有效。

四　未取得承認之外國法院判決效力。

請求承認之目的，在取得執行權力，除此以外之一切效力，對於承認之取得已否，毫無關係，而應遵重其已得之權利；惟欲主張已得權利，亦須具備相當條件，茲簡略述之如下：

甲　須爲外國管轄法院之判決；

乙　須爲適用管轄法律之判決；

丙　須不背我國之公共秩序。

五　外國法院判決之執行

一國雖承認外國法院之判決，然非必當爲之執行，倘欲執行，非經受訴法院或當事人之聲請不可，而執行又須經一定手續，法律上始臻完備。執行之方法與手續，依執行地法定之。故執行地法認爲須拘押被告時，雖審判法院地有相反之規定，仍然可以拘押之。至對於特定物，應否免除執行，亦依執行地法定之，學說法例，莫不採此辦法（註一）。

（註一） Wharto -conflict of Laws, II, s. 791 a.

附錄一

法律適用條例（七年八月五日教令第三十二號公布）

第一章　總綱

第一條　依本條例，適用外國法時，其規定，有背於中國公共秩序，或善良風俗者，仍不適用之。

第二條　依本條例，適用當事人本國法時，其當事人有多數之國籍者，依最後取得之國籍定其本國法，但依國籍法，應認爲中國人者，依中國之法律。

當事人無國籍者，依其住所地法；住所不明者，依其居所地法。

當事人本國內各地方法律不同者，依其所屬地方之法。

第三條　外國法人，經中國法認許成立者，以其住所地法，爲其本國法。

第四條　依本條例，適用當事人本國法時，如依本國法應適用中國法者，依中國法。

第二章　關於人之法律

第五條　人之能力，依其本國法。

外國人依其本國法爲無能力，而依中國法爲有能力者，就其在中國之法律行爲，視爲有能力；但關於親族法，繼承法，及在外國不動產之法律行爲，不在此限。

有能力之外國人，取得中國國籍，依中國法爲無能力時，仍保持其固有之能力。

第六條　凡在中國有住所或居所之外國人，依其本國法，及中國法，同有禁治產之原因者，得宣告禁治產。

第七條　前條規定，於準禁治產適用之。

第八條　凡在中國有住所或居所之外國人，生死不明時，祇就其在中國之財產，及應依中國法律之法律關係，得依中國法，爲死亡之宣告。

第三章　關於親族之法律

第九條　婚姻成立之要件，依當事人各該本國法。

第十條　婚姻之效力，依夫之本國法。

夫婦財產制，依婚姻成立時夫之本國法。

第十一條　離婚，依其事實發生時夫之本國法，及中國法，均認爲其事實爲離婚原因者，得宣告之。

第十二條　子之身分，依出生時其母之夫之本國法；如其夫於子出生前已死亡，依其最後所屬國之法律。

第十三條　私生子認領之成立要件，依認領者與被認領者各該本國法。

認領之效力，依認領者之本國法。

第十四條　養子成立之要件，依當事人各該本國法。

養子之效力，依養父母之本國法。

第十六條　扶養之義務，依扶養義務者之本國法；但扶養權利之請求，爲中國法所不許者，不在此限。

第十七條　前八條以外之親族關係，及因其關係所生之權利義務，依當事人之本國法。

第十八條　監護，依被監護人之本國法；但在中國有住所或居所之外國人，有左列情形之一者，其監護依中國法：

一、依其本國法，有須置監護人之原因，而無人行監護事務者。

二、在中國受禁治產之宣告者。

第十九條　前條之規定，於保佐準用之。

第四章　關於繼承之法律

第二十條　繼承，依被繼承人之本國法。

第二十一條　遺囑之成立要件及效力，依成立時遺囑人之本國法。遺囑之撤銷，依遺囑人之本國法。

第五章　關於財產之法律

第二十二條　關於物權，依物之所在地法。但關於船舶之物權，依其船籍國之法律。物權之得喪，除關於船舶外，依其原因事實完成時物之所在地法。關於物權之遺囑方式，得依第二十六條第一項前段之規定。

第二十三條　法律行爲發生債權者，其成立要件及效力，依當事人意思定其適用之法律。

當事人意思不明時，同國籍者，依其本國法；國籍不同者，依行爲地法。

行爲地不同者，以發通知之地爲行爲地。

契約，要約地與承諾地不同者，其契約之成立及效力，以發要約通知地爲行爲地；若受要約人，於承諾時，不知其發信地者，以要約人之住所地，視爲行爲地。

第二十四條　關於因事務管理，不當利得，發生之債權，依事實發生地法。

第二十五條　關於因不法行爲發生之債權，依行爲地法；但依中國法，不認爲不法者，不適用之。

前項不法行爲之損害賠償，及其他處分之請求，以中國法認許者爲限。

第六章　關於法律行爲方式之法律

第二十六條　法律行爲之方式，除有特別規定外，依行爲地法；但適用規定行爲效力之法律所定之方式，亦爲有效。

以行使或保全票據上權利爲目的之行爲，其方式，不適用前項但書規定。

第七章　附則

第二十七條　本條例，自公布日施行。

附錄二

一、關於結婚法律抵觸之海牙協約

本協約訂於一九〇二年六月十二日，曾由法，德，奧，匈，比，西，意，羅森堡，荷，葡，羅馬尼亞，瑞典及瑞士諸國簽字。迨後除法國於一九一三年，及比國相繼脫離外，現施行於以上其他各國；茲將其主要條文，譯述於左。（譯文中凡屬括內弧之字句 係由一九二八年第六次國際私法會議所添加者，其由該會議刪去者，則不再譯出矣）

第一條　締結婚姻之權利，依未婚夫婦之各該本國法定之；但其本國法明文規定適用他法時，不在此限。

「倘未婚夫婦之一方脫籍時，依本協約之規定，以其慣常之居所地法爲其本國法；無慣常居所時，以舉行婚姻之居所地法爲準」。

「倘未婚夫婦之一方，具有一個以上之國籍時，依本協約之規定，以其各本國法中同時爲其慣常居所地法者爲準；無慣常居所時，以同時爲舉行婚姻時之居所地法者爲準。倘在其各本國均無居所，則其結婚權利，如有其中之一本國法加以承認，即爲已足」。

「但當婚姻須在其各本國中之一國舉行時 ，該國可不問其居所何在，將絕對適用其已國法律，如是舉行之婚姻，亦將爲各國認爲有效」。

第二條　舉行地之法律，對於外國人婚姻之違犯下列各點之規定者，將加以禁止：一。血親或姻親之親等間之絕對禁例；二。與通姦有罪而一造之婚姻卽因通姦而消滅者結婚之絕對禁例；三。與通同計劃謀害夫婦一方生命之被判罪者結婚之絕對禁例。

違反上列禁例所舉行之婚姻，祇須依第一條指定之法律爲有效時，則不爲無效。

除本協約第六條第一項之適用保留外，任何締約國對於有前婚姻存在，或有宗教上阻礙，勢將違反其法律者，無爲之舉行婚禮之義務。此種禁例性質之違犯，除在舉行婚姻國外，在其他國家，不能使婚姻歸於無效。

第三條　舉行婚姻地之法律，對於第一條所指出之禁例，認爲純係宗教上之原因時，得不之顧慮而准外國人結婚。

其他國家對此種光景之下舉行之婚姻，得不承認其效力。

第四條　外國人欲結婚時，須證明業已具備第一條所規定之必要條件。此種證明，或用當事人所屬國使領機關所給之證書，或用國際協約或舉行地國主管機關認爲滿足之其他方法爲之。

第五條　關於方式，依舉行地法定者，到處認爲有效；惟須經宗教儀式之國家，對其人民未遵此律在外國所締結之婚姻，得不承認其有效。

本國法律關於公告之規定，須遵守之；但未遵守時，除在法律被違犯之國家外，在其他各國，不因此而使婚姻無效。

結婚文件之正式謄本一件，應寄交婦夫之各本國主管機關。

第六條　關於方式，倘締約之雙方，無一係舉行婚姻地國之人民，而該國不反對時，則在使領機關依其立法，舉行之婚姻，將到處認為有效。其對於有以前婚姻存在，或宗教上阻礙而違反其法律之婚姻，亦不能表示反對。

第五條第二項之規定，對於在使領機關舉行之婚姻，適用之。

第七條　婚姻之方式，在舉行地國為無效，但其方式依遵各當事者之本國法時，在其他各國仍得認為有效。

二、關於離婚與別居法律及管轄抵觸之海牙協約。

本協約亦訂於一九〇二年六月十二日，其簽約之各國及追後退出之國家，與關於結婚之協約者同。

第一條　夫婦非其本國法及請求離婚地法均准許時，不得為離婚之請求對於別居亦同。

第二條　離婚之請求，不問其原因如何，非同時經夫婦之本國法，及請求地法准許，不得為之。

對於別居之請求亦同。

第三條　倘請求地法律有此規定而准許，則可不顧第一與第二條之規定，而僅遵守其本國法。

「倘夫婦之一方脫籍時，依本協約之規定，以其慣常之居所地法爲其本國法。無慣常居所時，以其居所地法爲準」

第四條　以上各條所指定之本國法，不得被適用之於當夫婦雙方或一方爲他國籍時所發生之事實，例如離婚或別居原因之性質問題。

「惟其各本國，得視爲應絕對適用其自國法律」。

第五條　離婚或別居之請求，得向下列機關爲之：一、依夫婦本國法規定之管轄法院；二、夫婦住所地之管轄法院。倘依其本國立法，夫婦之住所不同時，則以被告之住所地法院管轄之，離婚或別居之訴提起後，放棄或變更住所時，其請求亦得向最後公共住所地法院爲之。

惟於相當範圍內，仍以本國法院爲離婚或別居之唯一管轄機關，至在本國法院不能爲離婚或別居請求之婚姻，外國法院對之，仍有管轄權利。

第六條　夫婦不得在其住所地國家爲離婚或別居之請求時，但仍得向該國之管轄法院請求處理其本國法所規定之結束共同生活之暫時辦法。此種辦法倘於一年內，經其本國法院追認，即維持之，惟其存在期間，依住所地法准許之時限爲度。

第七條　由第五條規定之管轄法院宣判之離婚與別居，將到處得被承認，惟以遵守本協約之條欵爲條件；若係缺席判決時，則須將被告依其本國法承認外國判決之特別規定傳喚之。

由行政法院宣判之離婚或別居，亦到處得被承認，惟以夫婦之各本國法承認此種離婚或別居者爲限。

第八條　「倘夫婦之一方，於結婚後變改國籍，則對於適用以上各條，以其最後之公共立法，爲其本國法；倘夫婦之國籍向不相同，或因各自取得新國籍，而不相同時，則離婚須夫婦雙方之本國法均准許時，方得宣判之。對於別居之宣判亦同」。

三、關於未成年人之監護協約

本協約亦訂於一九〇二年六月十二日，其簽約之各國，與關於結婚之協約者同，法國旋於一九一三年聲明退出。

第一條　未成年人之監護，依其本國法定之。

「倘未成年人脫籍時，依本協約之規定，以其慣常之居所地法爲其本國法」。

「倘未成年人具有一個以上之國籍時，依本協約之規定，以其數本國法中之同時爲其慣常居所地法者，爲其本國法。無慣常居所時，以其居所爲準。倘在其數本國均無居所，居所地之國家，爲其設立監護目的計，得向其國數本中之一國接洽之」。

惟未成年人之各本國，得認爲應絕對適用其自國法。如在其各本國，均有監護設立，其他各國應承認其有慣常居所地國所設立之監護。無慣常居所時，以其居所地國所設立者爲準。倘均無居所時，以首先設立爲準」。

第二條　倘本國法對於有慣常居所於外國之未成年人不爲之設立監護時，其使領機關經未成人本國之准可後，而慣常居所地國不表示反對時，得依未成年人之本國法設置之。

第三條　有慣常居所於外國之未成年人之監護，倘未依或不能依照第一條或第二條之規定設立時，則應依當地法律設置而行使之。

第四條　依第三條規定設置監護之事實，不能阻止依第一及第二條設置新監護之可能。

設置新監護時，須從速將此事實通知最先設置監護之政府，由該政府再通知設置之機關；無設置之機關時，逕行通知監護人。

在本條規定之情形之下，舊的監護應於何時停止，依該監護設立所在地國之法律決定之。

「未成年人變更國籍時，除須遵重已得權利外，其監護依其新本國法定之」。

「以前設置之監護，俟未成年人取得其國籍之新本國通知以前設置監護所在地之國家時，停止其存在」。

第五條　監護之開始與終止，其時期與原因，均依未成年人之本國法決定者爲準。

第六條　監護之管理範圍，及於未成年人之身體暨其全部財產，且不問其財產之所在何地。

上列規定，對於不動產因地位不同依法置於特別土地制度之下者，得有例外。

第七條　對於外國之未成年人，於未設置監護時，當地主管機關得採取保護其身體與財產之必要行為。

第八條　外國未成年人所在地國之主管機關，對於設置監護事，須於知悉後將其情形通知未成年人之本國主管機關

本國主管機關接到通知後，應立即將此情形通知表示應否設立意見之機關。

「監護所在地之國家得向另一締約國，請其供給並遞送監護管理上之必要資料。其手續依一九〇五年七月十七日關於訴訟手續協約第九與第十條之規定」。

四、關於禁治產及類似禁治產之保護手段協約。

本協約訂於一九〇五年七月十七日，簽約者為法，德，匈，奧，意，荷，葡，羅馬尼亞，及瑞典諸國，除法國於一九一七年聲明退出外，其餘諸國間，仍適用之。

第一條　關於禁治產，除下列各條內之相反規定外，依禁治產者之本國法定之。

「禁治產者脫籍時，依本協約之規定，以其慣常居所地法為其本國法」。

「禁治產者具有一個以上之國籍者，依本協約之規定，以同時為其慣常居所地，無慣常居所時，同時為其居所地法之本國法為準。倘在其各關係本國均無居所時，則居所地之國家得向其中

之任何一本國，接洽禁治產之事項。惟禁治產者之各該本國，得絕對適用其自國法律。倘在數本國宣告禁治產時，其他之非本國須承認有慣常居所或居所於其地之國家所宣告者。倘在其各該本國均無居所時，則承認首先宣告者」。

第二條　禁治產只可由禁治產者所屬國之管轄機關宣告之。其監護除下列各條所規定之情形外，卽依該國法律設置之。

第三條　倘在締約之一國，發現他締約國人民依其本國法，已具有禁治產之必要條件時，則當地機關卽可採取爲保護其身體與財產之暫時手段，幷通知其所屬之本國政府。

此種暫時手段，俟當地機關接到其本國機關通知，業已採取相當辦法，幷已由判決處置該當事人之地位時，歸於終止。

第四條　有慣常居所於其地之國家機關，知悉此種情形後，應通知關係外國人所屬之本國機關，幷應將所接到宣告禁治產之請求，及所採取之暫時手段交與之。

第五條　第三與第四條所云之通報，除准主管機關直接通報外，以外交上之方法行之。

第六條　當其本國機關未答復依第四條所爲之通報時，則在慣常居所地國之一切確定方法延緩之；倘其本國機關表示不願與聞，或於六個月內不答復者，慣常居所地機關，於顧慮其本國機關答復在其本國可生之阻礙外，得爲禁治產之處置。

第七條　依前條規定，慣常居所地機關有管轄權利時，則禁治產得由外國人之本國法及居所地法同時准許之人員，根據上列兩法同時准許之原因而請求之。

第八條　由慣常居所地機關宣告禁治產時，則禁治產者之身體與財產之管理，及禁治之效力，均依當地法律組織而決定之。

倘禁治產者之本國法，決定由指定之一人照拂時，則此種規定，應竭力遵守之。

第九條　由管轄機關依以上規定宣告之禁治產，對於禁治產者之能力與監護，在各締約國不必請求承認，逕可發行效力。

惟當地法律所規之關於宣告禁治產之公示辦法，亦可聲明對於由外國機關宣告之禁治產亦適用之，或代以類似辦法。締約各國應以荷蘭政府為中介，互相通報關於本問題之規定。

「監護所在地之國家，得向另一締約國，請其供給並遞送監護管理上之必要資料。其手續依一九〇五年七月十七日關於訴訟手續協約第九與第十條之規定」。

第十條　依第八條所設置之監護，不能阻止依其本國法設置之新監護。設立新監護之事實，應立即通知宣告禁治產國家之機關。

宣告禁治產國家所設置之監護，何時終止，即依該國法律定之。從終止時起，原由外國機關宣告之禁治產之效力，改依禁治產者之本國法定之。

第十一條　慣常居所地機關所宣告之禁治產，得由禁治產者之本國機關依其本國法取消之。宣告禁治產之當地機關，亦可根據其本國法或當地法定之理由，而取消之；其請求，凡以上兩法所准許者，均得爲之。

取消禁治產之決定，在締約各國，不必請求承認，逕可發生效力。

「倘禁治產者變更國籍，除須遵重已得權利外，其禁治產，依其新本國法定之」。

「以前設置之監護，俟禁治產者取得其國籍之國家，通知在其領土設置監護，或取消之者之國家後，歸於終止」。

第十二條　以上規定，對於無能力者之動產與不動產，均適用之。但不動產依其所在地置於特別土地制度之下者，不在此限。

第十三條　本協約之規定，對於未成人之禁治產，成年人之禁治產，法定監護之成立，及其他凡足以限制能力者之一切類似辦法，均適用之。

五、關於夫婦之身分財產及婚姻效力之法律抵觸協約

本協約訂於一九〇五年七月十七日，簽約者爲法，德，比，意，荷，葡，瑞典，及羅馬尼亞各國。除法國於一九一七年聲明退出外，其餘各國間，仍適用之。

一、夫婦間關於身分上之權利義務

第一條　夫婦間身分關係上之權利義務，依其本國法定之。

「倘夫婦於婚姻期間，從未有相同之國籍時，則其權利與義務，依結婚時夫之本國法定之」。

惟此種權利與義務，只可以同爲取得制裁地國家所准許之方法，以制裁之。

二、夫婦之財產

第二條　無契約時，婚姻對於夫婦財產上之效力，不問其爲動產或不動產，統依結婚時夫之本國法決定之。

夫婦或其一造變更國籍，不能影響其財產制度。

第三條　夫婦締結財產契約之能力，依結婚時之各該本國法定之。

第四條　夫婦之本國法，於婚姻期間內，得決定財產契約之締結，或解除，更或變更其婚姻契約。

「倘夫婦於婚姻期間內，從無相同之國籍，則惟可適用夫之本國法」。

財產制度之變更，不得有追溯既往效力，而損及第三者。

第五條　婚姻財產契約之成立與效力，依結婚時夫之本國法。倘該約係在婚姻期間內訂立者，則以締約時雙方之本國法爲準。

「倘夫婦於婚姻期間內，從無相同之國籍，則惟可適用夫之本國法」。

夫婦可否或在如何限度內得依照其他法律？亦由以上之法律決定，旣參照他法，則卽以該法決定婚姻之效力。

第六條　關於婚姻契約之方式，凡依其作成地國家法律，或依結婚時未婚夫婦之各本國法，倘係婚姻期間內者，更或依夫婦之各本國法締結者，均爲有效。

但未婚夫婦一方之本國法，或在婚姻期間內訂約時，夫婦一方之本國法，雖對於在外國締結者，規定一定方式爲成立之條件時，此種規定須遵守之。

第七條　本協約之規定，對於不動產由其所在地法置於特別土地制度之下者，不適用之。

第八條　各締約國保留下列各點：一、使財產制度須具特別方式，俾得對抗第三者；二、得適用其目的在保護第三者在其領土與執業之已婚婦女發生關係時之法律。

各締約國應將依前項規定得適用之法律，互相交換。

三、通則

倘夫婦於婚姻期間內，取得相同之新國籍，則以新本國法適用之於上列第一第四及第五各條所定之情形。

倘於婚姻期間內，其國籍變爲不同時，對於上列各條之適用，以其最後之共有法律，爲其本國法。

「倘夫婦之一方脫籍，依本協約之規定，以同時爲其慣常居所地法或居所地法之法律爲其本國法」。

「倘夫婦之一方具有一個以上之國籍，依本協約之規定，以同時爲其慣常居所地法，或居所地法之法律，爲其本國法」。

「惟其 本國得絕對適用其自國法」。

第十條　依上列各條，應適用之法律非爲締約國之法律時，則本協約不適用之。

附錄三　中西文對照表

二 畫 部

力諾爾脫　(Renault)

三 畫 部

凡塞爾　(Versailles)

凡爾登　(Verdum)

大爾強脫萊　(D'argentré)

四 畫 部

巴爾托利　(Bartolus)

巴爾德　(Balde)

巴佛林　(Bavarian)

巴愛克　(Bo ek)

巴爾當　(Bartin)

巴底愛　(Porthie r)

巴　底　(Baty)

巴　爾　(Bar)

戈　登　(Gordon)

日內瓦　(Genéve)

勿郎底尼　(Valentinien)

牛　津　(Oxford)

比　斯　(Pise)

五畫部

皮　勒　(Pillet)

皮爾克哈特　(Burckhart)

皮切德　(W,E,Bech ett)

皮帛斯郭　(Bibesco)

皮阿爾　(Beale)

北帶利斯　(Portalis)

北佛萊蒙　(Bauffremont)

北　伍　(Boëhn)

加脫拉尼　(Catellani)

加納齊　(Carnegie)

加斯脫落　(Paulus do Castro)

加拉蒙西梅　(Caraman-chiemay)

弗利克斯　(Foelix)

弗洛郎斯　(Florence)

弗勞郎　(Froland)

司多理　(S ory)

布拉圭　(Uruguay)

尼梅憶　(Niemeyeı)

白魯斯　(Perouse)

尼巴予　(Niboyet)

六畫部

扣帝司 (Rochus Curtius)

伊勃爾 (Ubbric Hubert)

灰 東 (Wheaton)

米 郎 (Milan)

七畫部

沙利西 (Salicet)

沙維尼 (Savigny)

克萊脫馬爾 (Kreittmayr)

克拉沙斯 (Krassas)

克留納 (Cluner)

克拉丁 (Gratien)

佛尼斯 (Venise)

佛來里 (Valery)

佛尼蘇拉 (Vénézuela)

初力克 (Zurick)

杜萊菲拉 (Dudleyfied)

武 愛 (Voet)

里 馬 (Lima)

希米特 (K, Schmid)

利維愛爾 (Rivier)

八畫部

阿爾孟雄　(Arminjon)

阿　塞　(Asser)

阿爾基斯　(Arcuse)

阿爾特里基　(Aldricus)

阿克沙　(Agesseau)

阿却單意　(Arthuys)

波爾郭納　(Bourgoine)

波勒諾阿　(Boullenois)

波　勒　(Poullet)

波意愛　(Bouhier)

波勞納　(Bologne)

花倫得　(Holland)

叔維爾　(Surville)

非利麻亞　(Phillimore)

拉潑拉特　(Lapradelle)

底提斯　(Titius)

九畫部

亞　省　(Alsace)

亞郭爾　(Eichorn)

洛　省　(Lorraine)

洛瑪那郭　(Lomonaco)

洛　桑　(Lausanue)

洛　郎　(Laurent)

勃爾彼西　(Pierrede Belleperche)

勃勒答尼　(Bretagne)

勃勒冬　(Breton)

勃洛西　(Brocher)

馬斯南　(Jean Masner)

馬克綏米林　(Maximilian)

馬利大奇斯　(Maridakis)

拜爾　(Paire)

范萊沙米　(Vareilles- Sommières)

革利松　(Grisons)

帝拉鴿　(Tiraqueau)

十畫部

特孟斜　(Demangeat)

特斯伯尼　(Despagnet)

特馬隆勃　(Demolombe)

恩　格　(Unger)

恩徐洛底　(Anjilotti)

格留克　(Gluck)

格羅西　(Hugo grotius)

唐寧街　(Dunning street)

唐　賓　(Danz)

徐爾克　(Gierke)

根脫　(Kent)

剛　特　(Gand)

留聲納　(Lucerne)

十一畫部

陸林捷革意孟　(Rolin Jacques hymaus)

陸　林　(Rolin)

郭　萊　(Kohler)

郭克巴　(Goichbarg)

郭奇爾　(Guy Coquille)

郭爾特斯密斯　(Goldsmith)

畢斯托　(Cinus de Pistoie)

基爾底　(Roclus curtus)

許斯底尼恩　(Justinien)

雪夫納　(Shaeffner)

雪　沙　(Maihler de Chassat)

都　郎　(Turin)

康　伍　(Kohn)

脫惠脫　(Travers Twiss)

麥特里特　(Madrid)

梅　利　(Meili)

梅　郎　(Merlin)

十二畫部

華希特爾 (Wochter)

華　東 (Wharton)

華雷脫 (Valette)

提　那 (Diena)

提摩郎 (Charles Dumoulin)

提　榮 (Dijoa)

斯脫萊得 (G.streit)

斯托潑尼司基 (Arsene Stoupnitsky)

斯篤克霍爾 (Stockholm)

斯高塔 (William Scott)

萊　渥 Léo

萊維尼 (Jocques de Revigny)

萊　納 (Lainé)

勞塞爾 Loisel

勞利梅 (Lorimer)

菲渥爾 (Fiore)

博艾亨 (Boehen)

登勃格 (Dernburg)

渥勃利 (Aubry)

越斯大特 (Oerstadt)

惠斯脫拉克 (Westlake)

十三畫部

愛克斯 (Aix)

愛斯彼松 (Esperson)

福爾郭 (Forgo)

福 脫 (Foote)

瑪志尼 (Mancini)

意 孟 (Hymans)

葛隆和德 (Grunhut)

齊 答 (Jitta)

塞脫爾孟 (Zitelmann)

十四畫部

德皮斯答孟脫 (De Bustamente)

德悪獨斯 (Théodose)

德維雪 (De Visscher)

維 斯 (Fr, de Wyss)

維脫萊 (Vitré)

蒙脫維持渥 (Montevideo)

蒙不利愛 (Montpellier)

十五畫部

潑拉太 (Plata)

潑萊脫斯基 (Peretersk i)

樊特黑佛爾 (Van den Heuvel)

十六畫部

衞乙斯 (Weiss)

錢 納 (Gêne)

鮑爾武愛 (Paul Voet)

十七畫部

戴 西 (Dicey)

戴拉氏 (Darras)

爵聲納 (Chesseneuz)

十八畫部

薩克斯阿頓波 (Saxe-a teubourg)

十九畫部

羅登堡 (Rodenburg)

中華民國二十一年十二月初版

國際私法

(每册實價大洋一元六角)
(外埠酌加郵費匯費)

著者　徐砥平

印刷者　民智印刷所　上海塘山路九百二十六號

發行者　民智書局　上海河南路二〇〇至二〇二號

分發行處　民智書局　南京　廣州　北平　漢口　武昌　長沙

分售處　海內外各大書坊　上海河南路中市

總發行所　民智書局　二〇〇至二〇二號

兩大法典

民智書局發行

立法專刊

立法院秘書處編

自立法院成立以來，所通過之立法原則，法律案，條約案及預算案等，無慮數十百種，皆於法治前途，有極大之關係。本刊係立法院秘書處所編，每半年刊行一次，自十七年十二月起至十八年五月止，所有原則法案，本集無不備載。其中之法律案及條約案，有已經通過而未公布者，尤爲外間所罕覯，關心法制外交財政者，咸當以先覩爲快也。

定價

	平裝	精裝
第一輯定價	八角五分	一元二角
第二輯定價	一元二角	一元五角
第三輯定價	一元	一元三角
第四輯定價	一元八角	二元二角
第五輯定價	一元二角	一元六角

民國法規集刊

劉爗元　曾少俊編

是刊每月印行一次，舉凡中央法令，各省市單行法規，最高法院判例，法令解釋，黨部及政府一切公布文件等類，莫不應有盡有，至於搜羅迅速，眉目清晰，更不待言。誠民國紀元以來最完備，最有系統之法令刊物。

第一集	一元	第二集	八角
第三集	八角	第四集	八角
第五集	六角五分	第六集	七角五分
第七集	八角	第八集	七角
第九集	八角	第十集	七角五分
第十一集	八角五分	第十二集	一元三角
第十三集	一元一角五分	第十四集	一元二角
第十五集	一元三角	第十六集	一元二角
第十七集	一元	第十八集	一元二角
第十九集	一元一角	第二十集	一元二角
第廿一集	一元一角	第廿二集	一元
第廿三集	一元一角	第廿四集	一元一角

第一函（一集至六集）定價四元八角
第二函（七集至十二集）定價五元二角
第三函（十三集至十八集）定價七元〇五分
第四函（十九集二十四集）定價六元六角

（凡購一函者贈送該函總目錄一冊及精製布套一副）